짧은 시의 응축 미학과 파열

신기용 지음

도서출판 이바구

저자의 말

짧은 시는 길이가 아니라 언어와 감정의 밀도에서 비롯한다. 이 책은 짧은 시의 문학적 정체성과 존재론을 탐색하며, 수필과 초단편 소설 등 짧은 형식 전반에 대한 실험과 사유를 담았다. 말보다 여백이, 의미보다 감각이 먼저 닿는 문장 속에서 '말하지 않음'이 전하는 울림을 발견하고자 한다.

짧은 시가 더 어렵다.
이를 간과하지 말자!

그동안 열 권의 평론집에 수록 발표한 원고를 수정 보완한 글도 있고, 아직 발표하지 않은 원고도 있다.

2025년 여름, 신기용

차례

저자의 말 · 03

제1장 1행시 이해 · 06
제2장 여백의 미, 단시(짧은 시) 이해 · 24
제3장 절장시조와 하이쿠 이해 · 44
제4장 디카시 이해 · 72
제5장 디카시의 이론적 한계와 상상력의 층위 · 86
제6장 시조의 시간성 이해 · 140
제7장 민조시 이해 · 152
제8장 풍시조 이해 · 162
제9장 일자시(一字詩) 이해 · 170
제10장 초단편 소설 이해 · 186
제11장 짧은 수필 이해 · 200
제12장 복합 다중 시론(複合多重 詩論)의 시적 실험과 탐색 · 208
제13장 장자적 상상력 이해 · 240

제1장

1행시 이해

짧은 시의 응축 미학과 파장

단 한 줄로 감정과 사상을 응축하는 시 형식.
최소한의 언어로 최대한의 울림을 전하며,
압축과 여백의 미학을 극대화한다.

1.
1행시 이해

1. 들어가기

 우리나라에서 진주의 시인 김병호(金炳昊)가 최초로 1행시(한 줄 시)를 시도했다. 그는 1928년《조선일보》에 1행시를 3차에 거쳐 발표했다. 그 후 많은 시인이 1행시를 실험하였다. 우리 시단에서는 1행시 실험이 진행 중이다.
 김병호 시인의 1행시 시도 이후, 1행시의 모습은 1행시에 머물러 있기도 하고, 실험적 발전을 거듭하여 일자시에 이르기도 했다. 특히, 성찬경 시인은 밀핵시와 일자일행시를 거쳐 일자시(순수 절대시)라는 시를 창작하기도 했다. 1행시는 실험성으로 똘똘 무장한 시인들에 의해 끊임없이 변모하고 발전해 왔다. 1행시는 완전성이라는 잣대를 들이대었을 때 한계점을 드러낸다. 아직도 미완의 시이다.
 시인의 역량의 문제일 수도 있으나, 시적 완전성을 갖추지 못하는 한계점 때문에 아직 실험 중이라는 표현이 적당하다. 그러함에도 1행시의 한계점을 감추고 논리성이 없는 주장으로 이를 옹호하는 평자도 존재한다. 미완의 1행시를 옹호하는 까닭이 무엇일까? 어쩌면 돈과 결부한 일 그러진 글 장난일 수도 있을 것이다. 어디까지나 근거 없는 상상일 뿐이다. 이 글을 통해 옹호의 가치가 있는지 분석해 본다.

이 글에서 1920년대 1행시를 발표한 시인 김병호(金炳昊), 1960년대부터 제목을 달지 않은 1행시를 실험한 시인 박희진, 2001년 1행시로 등단한 김수영 친조카 시인 김민, 2010년부터 문예교양지 계간 《연인》에 '한 줄 시'를 연재 발표한 시인 유창근 등 4명의 작품을 중심으로 읽어 본다.

2. 1행시의 한계

어떻게 보면 광고 문안 혹은 경구 수준에 머물러 버릴 수도 있는 것이 1행시이다. "대게 되게 맛있네"(서울신문, 2010. 12. 13. 20면)라는 문안은 대게 한 마리 사진이 크게 자리 잡은 바로 아래 편집되어 있었다. 이 문안은 광고 카피이다. 어느 시인이 이렇게 적어 놓고 언어유희와 위트를 불어넣은 시라고 주장한다면 그럴듯하게 보이기도 할 것이다. "대게 되게 맛있다"라는 말은 영남 지방에서 오래전부터 농담 삼아 우스갯소리로 하는 말이다. 광고 문안은 시로서 자격을 가질 수 없다. 1행시가 자칫 잘못하면 광고 문안 혹은 경구로 전락해 버릴 수 있는 한계가 있음을 살펴본다.

가. 1920년대 1행시를 발표한 잊혀진 시인, 김병호(金炳昊)

가람 이병기와 신석정이 공저한 『명시조 감상』(박영사, 1958)에서 이들은 노산 이은상의 양장시조 실험을 높이 평가하면서, 김병호(金炳昊)의 1행시를 언급하였다. "양장시조의 시험(實驗)은 그대로 시조시단의 한 혁명적 시도가 아니었던가 싶다. 신시에 있어서 진주의 시인 김병호의 일행시가 그렇듯이, 노산의 양장시조 또한 시작(試作)에서 끝마쳤다고는 할지언정 그만한 창의성을 작품화하기에 이른 노산의 작가적 정신은 높이 사야 할 것이다."[1]라고 하였다. 이것을 보더라도 1920~30년대에 우리 시단에도 '1행시' 시도가 있었음을 알 수 있다. 일제 강점기의 지식인들이 그랬듯이 1920년대 일본의 단시 운동과 하이쿠에 매력을 느껴 자극을 받았을 수도 있을 것이고, 자연 발생적 시도일 수도 있을 것이다.

박경수(부산외국어대학교 국어국문학과 교수)는 『잊혀진 시인, 김병호(金炳昊)의 시와 시세계』(새미, 2004)라는 저서에서 한국 현대시사에서 소외된 김병호의 시·동시·동화 등을 발굴하여 소개하였다. 그는 김병호 시인이 발표한 1행시에 대해 "일본의 하이쿠에 상응하는 것으로 생각하여 창작한 것으로 보이지만, 현재까지 3차례 정도 1행시를 지어 발표한 것에 그치고 있다."[2]라고 하면서 각주에 그 발표 일자를 밝혔다.(『조선일보』 1928.3.15./1928.4.3./1928.5.1.)

하지만 일본의 단시 운동은 1928년 《시와 시론》의 창간부터 일어난 신시 운동과 신산문시 운동과 맥을 같이 한다. 그렇다면 1928년 같은 해에 김병호가 발표한 1행시는 자연 발생적으로 탄생한 것일 수도 있다.

일본의 신산문시 운동의 추진자 안자이 후유에[安西冬衛]의 본격 단시는 제1시집 『군함 말리(茉莉)』(1929)이다. 최초로 단시 운동 거점을 확보한 기타가와 후유히코[北川冬彦]의 본격 단시는 제3시집 『전쟁』(1929)이다. 이 둘을 기점으로 본다면 김병호는 일본 단시 운동보다 약간 앞섰다. 그렇다면 '하이쿠'의 대응일 수도 있다.

그는 김병호의 1행시 작품에 대해 "관념을 사물에 비유하거나 상징적 상황을 설정하여 표현하는 방식을 보여 주고 있는데, 매우 짧은 기간에 시험적으로 쓴 작품 이상의 의미를 지니지 않는다고 본다."[3]라며

---

1) 이병기·신석정 공저, 『명시조 감상』(박영사, 1958), p.22.
2) 박경수, 『잊혀진 시인, 김병호(金炳昊)의 시와 시세계』(새미, 2004), p.208.
3) 위의 책, p.208.

실험적 시로 크게 성공하지 못하였다고 간접 표현했다. 다시 말해 박 교수는 김병호의 미완의 시를 옹호하지 않았다. 학자적 양심 때문일 것이다. 실제 1920년대 1행시는 우리 시사(詩史)에서 누락해 있다. 당시로써는 파격적인 실험이다. 그 실험성을 제시한 것만으로도 한국 현대시사에 포함해야 마땅하다고 주장하면서 그의 1행시를 읽어 본다.

1928. 3. 15자 조선일보에 발표한 9편의 1행시 중 4편을 아래와 같이 읽어 본다.

눈오는밤에거—지들은어대서자나?
— 「설야(雪夜)」 전문

나는深山에숨겨혼자피어혼자지는일흠없는꼿
— 「고적(孤寂)」 전문

말할줄아는 어엽분動物
— 「女」 전문

올밤이박쥐마을압헤물길러오는月下女
— 「밤의 시인」 전문

'거지', '일흠없는꼿', '어엽분동물', '月下女' 등은 어떤 존재의 표상일까. 박경수 교수는 '민중적 존재의 표상'이라고 말한다. 그래서 "민중 지향적 시 의식(詩意識)을 드러내고 있다."[4]라고 한다. 일제 강점기 우리 민족의 처량한 이미지와 시인 자신의 이미지를 관념화하고 상징화한

• • •
4) 위의 책, p.208.

시편들이다.

  1928. 4. 3자 조선일보에 발표한 11편의 1행시 중에도 이러한 민중 지향적 시 의식으로 똘똘 뭉쳐 있음이 드러난다.

> 저流星(유성)이님의무덤에나려지는가?
> ―「영별(永別)」 전문

> 童貞(동정)을가지고죽은젊은詩人!
> ―「원한」 전문

> 절박한者외다因緣을싣허버린
> ―「가위」 전문

> 이겨울에불상한동족이몃치나죽나!
> ―「겨울」 전문

「영별」을 비롯한 이들 시편은 시인 이상이 시도한 것처럼 띄어쓰기를 포기한 시이다. 「겨울」은 제목이 '겨울'이므로 본문의 '이겨울'은 생략하고, "불상한동족이몃치나죽나!"라고 했더라면 더 좋았을 것이다. 「원한」과 「가위」도 나라 잃은 슬픔과 나라를 되찾아야 한다는 절박한 심정의 시 의식이 사물을 빌려 말한다.

  1928. 5. 1자 조선일보에 발표한 9편의 1행시 중 8편은 일제에 대한 저항적 시 의식을 더욱더 잘 드러낸다.

> ……의몰락이저러하렷다!
> ―「낙화」 전문

내마음에원한을 다못이겨서풀은하나날을 울어러보네!

　　　　　　　　　　　　　　　　　　　　　　ㅡ「창공」 전문

　인용 시 「낙화」에서는 벚꽃이 와르르 지는 것을 보고 일본의 몰락을 상징화한 듯하다. 이때까지도 역시 저항적 시의식이 남아 있다. 「낙화」에서는 일본의 몰락을 예감하고, 「창공」도 「원한」처럼 절박한 심정의 시의식이 드러난다.

나. 제목 없는 1행시 실험, 박희진

　김준오는 『한국현대문학사』(현대문학, 2002)에 발표한 「순수·참여와 다극화 시대」라는 논문에서 "순수시는 언어와 형식 실험을 통하여 60년대 시의 미학을 다양하게 개화시킨다. 전봉건의 구문 해체, 성찬경의 「화형둔주곡(火刑遁走曲)」에서 볼 수 있는 것처럼 언어 골계로 구체화된 희극적 태도에서 능동적으로 언어를 실험한 것, 그리고 한 행 단위로 풍자적 잠언을 담은 박희진의 1행시 등은 모두 주목되는 실험이다."[5]라며 60년대 실험시 가운데 박희진의 1행시에도 주목하였다.
　시인 박희진은 순수시 형태의 1행시뿐만 아니라, 하이쿠를 '17자시'라 칭하며 많은 작품을 발표하였다. 그는 『1행시 960수와 17자시 730수·기타』(시와진실, 2003)라는 시집 제목에서 알 수 있듯이 1행시와 17자시(하이쿠)를 묶어 발표하였다. 이 저서의 서문 '1행시에 대하여'에서 1행시관(一行詩觀)을 4행시 한 편으로 요약한 것을 소개하였다. 내용은 다음과 같다.

- - -

5) 김준오, 「순수·참여와 다극화 시대」, 『한국현대문학사』(현대문학, 2002), p.382.

1행시는 단도직입이다. 번개의 언어다.
1행시는 점과 우주를 하나로 꿰뚫는다.
1행시는 직관적 상상력의 산물이다.
1행시는 시의 알파이자 오메가다.

 그는 4행시의 4행에 있던 그대로를 "1행시는 시의 알파이자, 오메가다."(「84」 전문)라는 1행시로 차용하였다. 차용이라는 표현보다는 '자기 표절'이라는 말이 적당할 것 같다. 그가 주장하고 싶었던 말은 1행시가 시의 처음(알파)이요, 마지막(오메가)임을 피력하는 것이다. 그의 1행시에는 하이쿠처럼 시 제목이 없다. 단지 시를 구분하기 위한 일련번호를 달아 놓았다.

  씨, 흙, 물, 빛, 싹, 잎, 돌, 샘, 벌, 꽃, 새, 숲.
                — 「141」 전문

 이 시는 한 글자의 명사 12자를 나열해 놓았다. 순수 한글이다. 김규영은 "이런 낱말 표현도 1행시라고 할 수 있는가 하는 반문이 생길 수도 있다. 단순한 단어들의 나열로만 본다면 그렇다. 개울에 놓인 징검다리 마냥. 허나, 그렇게 읽지는 않으리라, 적어도 시를 읽는 사람이라면."[6] 이라고 하면서 시의 낱말 또는 행 사이에 표출되지 않은 숨은 의미를 읽을 줄 알아야 한다고 말하였다. 박희진 시인의 1행시를 옹호하고 나아가 찬사를 보낸 것이다. 이들 12자를 '관계(關係)'라고 보면서 "씨와 흙과 물과 빛의 관계에서 싹이 트고, 잎이 되고, 돌 사이에서 샘이 솟으며 석

---

6) 박희진, 「1행시 960수와 17자시 730수·기타」(시와진실, 2003), p.181.

간수(石間水)란 말이 나오고 벌이 꽃 속에서 꿀을 취하며 수정(授精)이 되고 새는 숲에서 울며 산에서 산다."라며 12자 모두 '관계'라는 고리로 연결해 있음을 피력하였다. 그의 시에 감추어진 숨은 의미를 읽을 줄 알아야 함을 말했다. 물론 시라는 것이 이러한 연상 작용을 통해 빚어내는 예술이기도 하다. 하지만, 한 글자 한 글자에 숨어 있는 것을 다 들추어 내 보면 퍼즐 게임과 같은 언어유희에 그치고 말 것이다.

결국, 1행시의 한계가 여기에 있다. 가령 "돈, 돌, 놈, 똥, 빛, 참, 맛, ……"이라는 순수 우리말의 명사를 나열해 놓고, "돈(황금)을 돌 같이 여기는 놈이 똥의 빛깔을 보면서 참말로 맛있겠다고……"라며 관계를 연결해 나간다면 이게 시일까?

박희진 시인 자신은 "단언컨대 나의 1행시는 처음부터 하이쿠와는 무관한 것이었다. 첫째, 나의 1행시는 하이쿠와 같은 정형시가 아니다. 둘째, 나의 1행시는 다분히 잠언적 성격의 것이므로, 굳이 그 원류를 찾자면, 영국 시인 윌리엄 블레이크의 잠언시에서나 그 유사성을 볼 수 있으리라. 셋째, 나의 1행시에서는 흔하게 볼 수 있는 철학적 종교적 추상어들이 바쇼의 하이쿠에는 전혀 등장하지 않고 있는 점에도 유의해 볼 일이다."[7]라고 하이쿠와는 벽을 쌓아 놓았다. 일제 강점기 때 교육을 받은 그는 "내가 처음 바쇼의 이름과 하이쿠를 몇 수나마 기억하고 있었던 건 중학 1, 2학년의 일본어 교과서를 통해서"[8]라고 말한 것을 볼 때, 의식적이든 무의식적이든 하이쿠의 영향을 받은 것은 사실이다.

    美의 사찰들아, 자기집중하라, 집중하라, 집중하라.
                                                  ─「22」 전문

---

[7] 위의 책, p.322.
[8] 위의 책, p.319.

美의 사찰들아. 찬미하라. 찬미하라. 찬미하라.
　　　　　　　　　　　　　　　　　　　　ㅡ「281」전문

　　　지상에 쌓인 눈은 가시화된 하늘의 고요
　　　　　　　　　　　　　　　　　　　　ㅡ「203」전문

　　　왜 자연은 신성한가? 무아무위의 극치인 까닭
　　　　　　　　　　　　　　　　　　　　ㅡ「438」전문

　박희진 시인 자신과 김규영의 주장대로라면 그의 1행시는 풍자적 잠언시이어야 한다. 하지만, 「203」의 절묘한 표현과 「438」의 자연의 신성에 대한 정의는 잠언적인 면도 있으나, 자기 집중을 강조하는 「22」와 아름다움의 찬미를 강조하는 「281」은 명령조의 반복에 불과할 뿐이다. 대부분의 1행시는 잠언시로서 수준도 갖추지 못하고 그저 잠언인 것들이 대다수이다.

　가령 "시인은 이미지 사냥꾼이다"(「78」)라는 표현은 문학도들이 흔히 사용하는 말이라 낡고 닳아빠진 표현이다. "서예의 맛은 공간 구성의 묘에 있다."(「70」)라는 표현은 서예의 묘미가 공간 구성임은 서예의 입문 이론이다. 이러한 낡은 표현을 한 줄 써 놓고 시라고 한다면 '오줌 마려운 강아지가 낑낑거리는 소리'를 받아 적은 것도 시여야 한다. 따라서 박희진 시인의 1행시는 이론이 결여된 시이다. 어쩌면 그가 주장하는 대로 윌리엄 브레이크의 잠언시 영향을 받은 잠언이라는 가면을 쓴 잠언적 문구일 수도 있겠다고 위로해 본다.

다. 1행시로 등단한 김수영 시인의 친조카, 김민

2001년 《세계의 문학》에 「자벌레」외 4편을 발표하여 등단한 시인 김민은 첫 시집 『길에서 만난 나무늘보』(민음사, 2007)에 모두 '1행시'라고 명명한 시 86편을 엮어 발표하였다. 시집 해설에 그가 "김수영 시인의 친조카이며 뇌성마비 장애인이다."라는 대목이 있다. 그래서인지 마음 속에 품은 한을 짧고 간결한 시어로 응축시켜 강렬하게 토해 낸다. 짧지만 그 나름대로 내면적 깊이와 무게감이 드러난다. 등단작 「자벌레」, 「늦잠」, 「모래벌판 돌아 나오니 붉은 깃발을 든 역무원이 반가이 묻다 어디서부터 타고 왔냐고」도 함께 수록했다. 그의 시에는 주어와 술어가 하나씩 존재한다. 이렇게 한 줄의 글로 내면세계를 표현한다. 형용사와 부사 같은 수식어를 절제하여 시어를 압축함으로써 시적 치열성이 잘 드러난다.

1행시 본문의 부족한 진술과 표현을 제목에 의미를 담아 조응한다. 제목의 길이가 과도하게 긴 것도 있어 1행시의 한계를 드러내고 있기도 하다.

  왜 당신은 이곳에 서 있는 거요

  당신은 왜 이곳에 서 있는 거요

  당신은 이곳에 왜 서 있는 거요

  당신은 이곳에 서 있는 거요 왜

4편의 인용 1행시는 각기 다른 시이다. 모두 제목이 「발자국」이다. 시집 해설을 한 김종회는 "이러한 표현 방식과 의미 범주의 분화를 '말장난' 수준으로 치부해 버리는 경우라면 이 시인의 내면세계 또는 시적 인식과 조화로운 악수를 나눌 수 없다."라고 김민 시인의 언어유희에 대해 옹호하였다. 그의 주장대로 분명한 것은 "왜"라는 부사의 위치를 변형한 문장 재배열은 강조점이 달라지고, 어조와 분위기가 확 바뀌는 것은 맞다. 이것이 시라는 이름 아래 존재하기에는 타당성이 결여해 있음을 부인할 수 없다. 김종회가 자신의 명성에 누가 될 줄 알면서도 이를 옹호한 까닭이 궁금해진다.

김민 시인도 짧은 시를 창작하는 대부분의 시인과 마찬가지로 제목의 효용성과 가치를 중시한다. 짧은 시의 본문의 부족한 진술과 표현을 제목에 의미를 담아 조응하도록 하지 않으면 경구에 불과한 문장으로 전락하기 때문이다. 제목이 없는 하이쿠와의 차별화를 위한 행보일 수도 있다.

　　하늘역에 눈 내리다
　　　―「모래벌판 돌아 나오니 붉은 깃발을 든 역무원이 반가이 묻다 어디서부터 타고 왔냐고」 전문

　　마당 가득한 떨림
　　　―「바지랑대 끝 잠자리 앉았다 떠나네」 전문

　　연밥에 넣어 뒀습니다 나중에 열어 보시길
　　　―「가을」 전문

　　나나 쟤나 날갯짓만 요란하다니까
　　　―「하루살이」 전문

김민 시인은 모든 1행시에 제목을 달았다. 위 4편의 시에서 보듯 제목이 없다면 무엇을 말하고 있는지 도저히 알 수 없다. "하늘역에 눈 내린다"라는 시 본문 8자만으로는 아무런 감응을 느낄 수 없으므로 무려 34자의 제목「모래벌판 돌아 나오니 붉은 깃발을 든 역무원이 반가이 묻다 어디서부터 타고 왔냐고」를 달아 부연 설명한다. 이 시의 경우 제목이 주석의 역할을 하는 셈이다. 시「바지랑대 끝 잠자리 앉았다 떠나네」도 14자의 제목이 7자로 쓴 본문 "마당 가득한 떨림"을 부연 설명하는 역할을 담당한다.

  시 애독자라면「가을」에서 "연밥에 넣어 뒀습니다 나중에 열어 보시길"이라는 본문만 읽어 봐도 대충 주제가 무엇인지, 무엇을 말하고자 하는 것인지 짐작이 가능하다. 제목을 굳이 붙이지 않더라도 계절을 나타내는 시어 '연밥'을 본문에 넣어 두었기 때문이다.

라. 한 줄의 시를 문예지에 연재 발표한 시인, 유창근

  2009년 봄, 문예 교양지를 표방하고 창간한 계간 《연인》에 2010년 봄호부터 '한 줄 시'를 연재 발표한 시인이 있다. 바로 시인이자 교수인 유창근이다. 그는『한 줄의 시 싶다』(도서출판 문현, 2010)라는 시집에서 70편의 한 줄 시를 발표하였다. 한 줄 시의 여백에 영역(英譯) 표기와 함께 컬러 그림을 넣었다. 몇 편을 읽어 본다.

　　●

　　　　　　　　　　　　　　　　　　　　　　　　—「죽음」전문

　　말 말 말 말… 고놈의 주둥아리

　　　　　　　　　　　　　　　　　　　　　　　　—「입소문」전문

미안해, 미안해…

— 「유서」 전문

금방 터질 것 같다

— 「터널」 전문

서로 눈물 닦아주기

— 「사랑」 전문

그 때가 참 좋았어

— 「추억」 전문

뜰 때 날아라

— 「권력에게」 전문

가진 것 없이 힘만 센 돌대가리

— 「포크레인」 전문

더불어 오염될까봐 비껴간다

— 「쓰레기통」 전문

이들을 참으로 시라고 말하기는 곤란할 정도이다. 무엇보다도 시인으로서 치열성이 부족하다. 시 「죽음」은 기호 상징을 차용하였다. 관습적 언어를 버리고 새로운 언어를 만들어 내려는 몸부림으로 언어의 한계를 극복하려는 수단으로 기호 상징을 차용한 것이다. 시에서 기호란 무의미에서 의미화로 전이하는 효과를 가져온다. 이것은 기호의 형태가 드러내는 상징성 때문이다. 물론 기호의 형태가 실제의 대상과 불일치하여 무의미한 것이라 할지라도 기호는 의미화해 나가는 속성이 있다.

시 「죽음」에서 "●"이 본문이다. 이 검은 점을 처음 접했을 때, 과연 검은 점 하나가 의미하는 것이 죽음일까. 아무리 시인의 주관적 시점의 표현이라 하더라도 너무 난해하여 의문을 가지지 않을 수 없다. 한 글자도 아까운 것이 죽음일까. 검은 점 하나가 죽음을 의미하고, 죽음을 형상화한 것이라고 납득하기에는 아직 식견이 도달하지 못했다는 느낌 때문에 더 황당하다. 그러나 이 점 바로 아래 "period"라고 적혀 있다. 마침표의 점(.)을 조금 크게 확대하여 "●"로 표기한 것이었다. 삶의 마지막 끝이 죽음이다. 그래서 마침표 하나를 찍은 것이다. 느낌의 시임에는 분명 맞다. 하지만 영어 "period"를 빼 버린다면 죽음이라 읽힐까. 영어의 도움이 과연 필요할까. 우리의 시를 영어의 도움을 받아야만 이해할 수 있다는 사실에 한국 시의 무덤을 보는 듯하다.

"말 말 말 말… 고놈의 주둥아리"(「입소문」), "미안해, 미안해…"(「유서」), "그때가 참 좋았어"(「추억」) 등은 시라고 하기에는 너무 진부한 표현이다. 이들 언어는 시어로서는 너무나 낡은 표현이라서 타 언어 영역으로 확산해 나갈 힘을 상실하고 말았다. 시란 언어의 조합이다. 그 언어들은 의미의 독립체로서 타 언어의 영역으로 확산해 나갈 힘을 지녀야 시어로서 자격을 갖춘다. 시어란 각 언어가 의미의 독립성을 지닌 상태로 일정한 영역을 확보하려는 속성 때문에 다른 언어의 영역으로 확장해 나갈 수 있는 강한 힘을 발휘한다고 할 때, 결국 유창근의 한 줄의 시에서 낡은 표현은 관습적 언어의 나열에 불과하다.

"금방 터질 것 같다"(「터널」)는 터널이 왜 금방 터질 것 같을까. 고민하지 않을 수 없다. 너무 주관적이고 추상적이다. "서로 눈물 닦아주기"(「사랑」)는 슬플 때 서로 의지할 수 있는 존재라는 의미를 담았으나, 이것 또한 사랑이라는 셀 수 없을 정도로 많은 정의 가운데 하나에 불과하다.

"뜰 때 날아라"(「권력에게」), "가진 것 없이 힘만 센 돌대가리"(「포크레인」), "더불어 오염될까 봐 비껴간다"(「쓰레기통」)는 현실 정치의 참여시로 읽힌다. 왜 일까? 「권력에게」는 제목에서 권력에 토해 내는 시임을 밝힌 것이다. 「포크레인」은 개발과 추진력의 상징인 '불도저'에 상응한 사물임을 직감할 수 있다. 여기서 "가진 것이 없다"는 말이 '머리에 든 것이 없다'라고 읽히지는 않는다. 너무 많이 가졌다는 반어법적 표현으로 읽힌다. 권력과 금력을 너무 많이 걸머쥐고 횡포를 부리는 권력을 향해 경고의 메시지를 던지는 것이라고 읽힌다.

시 「쓰레기통」은 '인간 쓰레기'를 암시하는 듯하다. "더불어 오염될까 봐"를 곰곰이 읽어 보면, 그냥 사물로써 쓰레기통은 지나가도 오염이 될 리가 없다. 쓰레기통은 집집마다 침실과 거실 등에 가까이 놓아두고 사용하는 친근한 존재이다. 사무실에서는 자신의 의자 바로 옆에 놓아두고 생활하는 친근한 존재임을 누가 부인하랴. 그렇다면 오염은 사상적, 이념적인 문제로 읽힌다. 오늘날 시인의 눈에는 인간 쓰레기가 너무나 많이 보인다. 유 시인이 아마도 정치인을 향해 토해 낸 시일 것이다.

3. 나가기

앞에서 살펴본 김병호, 박희진, 김민, 유창근 등으로 이어진 1행시에 대한 최종 평가는 독자의 몫이다. 하지만 시인과 독자와의 매개자 역할을 해야 하는 평자들이 미완의 시를 옹호하는 것은 독자들의 머릿속을 헤집어 놓는 바보스러운 짓이다. 평자의 양심적 반성이 필요하다.

여기서 읽어 본 1행시는 대중성을 향해 일보 전진한다. 미래에 어떻게 인정을 받을지 알 수는 없다. 이들 몇 편의 1행시는 현재로서는 시라는 장르 안에 넣어 두기에는 무리가 있어 보인다. 이 1행시 운동 또한 시가 미래를 향하여 새로운 몸부림을 치고 있는 반증임을 상기해 보는 것만으로도 성과가 있었다고 본다.

일본의 17~19세기 하이쿠는 계절을 나타내는 기고[季語]라는 계절어와 구를 강제로 끊어 강한 영탄이나 여운을 남기는 기레지[切れ字]라는 조사나 조동사를 반드시 넣어야 했다. 하지만 근세에 들어 가와히가시 헤키고토[河東碧梧桐](1873~1937)가 계절어와 정형의 구속에서 벗어난 신경향 하이쿠 운동을 일으켰고, 그 추종 일파에 의해 영향을 받은 시인은 지금까지도 하이쿠의 여러 제약 요소를 뛰어넘은 하이쿠를 창작하기도 한다.

일본의 하이쿠에는 제목이 없는 대신 계어를 포함하는 이론이 존재한다. 시적 대상인 한 사물의 시간성과 공간성이 상호 작동하여 시의 주제와 숨은 의미를 명확하게 느낄 수 있도록 하기 위함이다. 따라서 우리의 1행시에서도 명확한 이론적 뒷받침이 필요하다. 이론이 없는 상태에서 '촌철살인'이라는 효과를 얻고자 한다면 무의미한 실험일 수밖에 없다.

1행시는 자칫하면 광고 문안(카피)처럼 비시적 수준으로 전락해 버릴 수도 있다. 광고 문안과 동일한 수준의 산문이 1행시라는 이름표를 달고 거만한 태도로 활보하는 것을 보고 있을 수만은 없는 일이다.

제2장

여백의 미,
단시(짧은 시) 이해

10행 이내의 간결한 시로, 여백 속에서 의미와 감정을 확장한다.
직설보다 암시로 독자의 상상력을 자극한다.

2.
여백의 미,
단시(짧은 시) 읽기

1. 들어가기

　한국 현대시의 단시는 1920년대 1행시(한 줄 시)를 시도한 진주의 시인 김병호(金炳昊)의 1행시를 출발점으로 잡아야 할 것이다. 그는 1928년 《조선일보》에 1행시를 3차에 거쳐 발표하였으나, 단시 운동으로 확산하지 못하고 단발적인 실험에 머물고 말았다.

　우리나라 단시는 김병호 시인의 1행시 시도 이후, '1행시의 모습'은 성찬경 시인의 밀핵시, 일자일행시를 거쳐 일자시(순수 절대시)에 도달하였다. 김기림의 단시(3~6행) 시도 이후, '1행 이상의 단시의 모습'은 시인이라면 한 번쯤 창작을 시도하였을 것이다.

　이 글에서는 1행 이상의 시, 대중적으로 널리 알려진 단시 위주로 읽어 보려 한다. 이들 단시와 여백의 조화로움이 우리에게 던져 주는 긴 여운과 감동을 읽어 본다.

2. 김기림의 짧은 시 읽기

1920년대 "일본의 단시 운동은 산문시 운동과 결부되어 있었다. 이 산문시 운동은 또한 사상주의(寫像主義)적인 면과 결부되어 있었다. 이미지가 순수성을 유지하려면 단형(短型)의 시어야 한다는 것이다. 흄의 시가 그 좋은 예다. 또한, 시각적인 것이기 때문에 언어의 음의 요소를 되도록 배제해야 한다는 것이다. 단시 운동이 곧 산문시 운동과 동의어가 된 까닭이 여기에 있다. 김기림의 단시가 이런 데서 영향되었는지 어떤지 하는 데 대하여는 그 자신은 물론 아무도 언급한 사람이 없기 때문에 말하기 곤란하나, 암암의 어떤 암시는 있었던 것이 아닌가 추측해 본다. 다른 시에서보다 단시에서 김기림은 훨씬 사상주의(寫像主義)에 접근하고 있기 때문이다. 일본의 단시는 대개 1행뿐인데, 김기림의 그것은 1행뿐인 것은 없다.[1]

    대합실은 언제든지 튜우맆처럼 밝구나
    누구나 거기서는 깃발처럼
    출발의 희망을 가지고 있다.

― 김기림, 「대합실」 전문

1행은 매우 암시적인 표현이다. 2행의 "누구나 거기서는 깃발처럼"은 3행의 "출발의 희망을 가지고 있다"를 수식하는 역할만 한다. 이것만으로도 이 시에서 이미지의 시간적 흐름이 없다는 것을 알 수 있다. 그래서 "대합실은 언제든지 튜우맆처럼 밝구나"라고 1행만으로 종결하였다면 오히려 이 단시가 더 생명력을 얻었을 것이다. 3행 모두 시간적 이동

---

[1] 김춘수, 『한국현대시형태론』, 해동문화사, 1958, 81-82쪽.

이 없고, 지나칠 정도로 정적인 이미지라서 시라는 자격을 부여하기에는 뭔가 찜찜한 느낌을 지울 수 없다. 김춘수는 『한국 현대시 형태론』에서 이 시에서 뭔가 부족한 이유를 "기지가 대신하고 있기 때문이다."[2]라고 하였다.

오후 두 시……
머언 바다의 잔디밭에서
바람은 갑자기 잠을 깨어서는
휘바람을 불며 불며
검은 호수의 떼를 몰아 가지고
항구로 돌아옵니다.

— 김기림, 「호수」 전문

 이 단시의 분행은 장면의 전환을 환기시키기 위한 것일 뿐, 이미지와 리듬 단위와는 별 상관이 없는 듯하다. 산문의 글을 장면 단위로 행 구분을 해 놓은 것에 불과하다. 이 단시에서 '호수'와 '항구'라는 공간에 보이지는 않지만, 이동하는 '바람'이라는 자연을 '머언 바다'에서 '검은 호수'로, '검은 호수'에서 '항구'로 이동시켜 놓았다. 이미지의 시간적 흐름을 만들어 놓은 것이다. 이것 때문에 겨우 시의 자격을 얻었다.
 김기림의 단시는 응축 미(美)가 없고, 설명적인 산문이다. 실험적인 모습을 갖추고 있어 완성도 면에서는 부족함이 많다. 그가 단시의 길을 열어 놓은 것만으로도 그의 업적이 크다 할 것이다.

---

2) 위의 책, 83쪽.

3. 고은의 짧은 시 읽기

백담사 입구에 고은 시인의 시비가 있다. 봉정암이나 대청봉을 오르내린 경험이 있는 사람이라면 산의 경관과 포근함에 감탄했을 것이다. 하산하여 백담사 앞에 이르러 시비에 새겨진 짧은 시 한 편을 읽고 나면 시를 잘 알지 못하는 사람이라도 다시 한 번 감탄한다. 물론 시를 사랑하는 사람 역시 이 시의 위대함을 느낄 것이다.

> 내려갈 때 보았네
> 올라갈 때 못 본
> 그 꽃
>
> — 고은, 「그 꽃」 전문

이 시비에는 제목이 없다. 고은 시인의 이름과 함께 15자의 단시가 새겨져 있다. 시인은 제목 없는 단문 두 문장을 3행으로 분행하여 배열해 놓았다. 좋은 시라고 하면 '오래도록 머릿속에 남는 시'이고, 위대한 시라 하면 '가슴속에 새겨지는 시'가 아닐까.

이 시비 앞에 서면 시인의 삶에 대한 철학적 치열성과 시의 가치를 알 수 있다. 산의 오름은 젊음, 내림은 늙음을 상징한다. 앞만 보고 허겁지겁 살아온 철없던 젊은 시절에는 이기적인 마음이 가득하여 세상의 아름다움과 조화로움이 눈에 들어오지 않았지만, 산전수전 다 겪고 사그라져 가는 노년에 접어들면 삶에 대한 너그러운 마음이 열리고 세상의 아름다움과 조화로움을 발견해 내는 눈을 갖게 된다는 의미를 내포한다. 독자의 가슴속에 세상을 보는 새로운 눈을 달아 주는 주술 같은 신선한 충격을 안겨 주는 시이다.

소설가 서해성은 《한겨레 신문》(2010. 10. 15일자, 29면)에서 "학생들이 이 시를 뭐냐고 물어오면 '발견하지 못한 걸 발견케 하는 치열한 비약'이라고 말하곤 한다."라고 했다. 짧지만, 사람의 눈과 마음을 통해 숨어 있던 세상을 재발견하게 하는 깨달음을 주는 시임이 분명하다. 이 신문에서 "내려갈 때 / 보았네 / 올라갈 때 / 못 본 / 그 / 꽃"(「꽃」)이라고 6행으로 분행하여 설명하면서 제목을 「꽃」이라 표기했다.

문학평론가 김재홍(경희대 교수)은 「현대시에서 꽃의 의미」라는 글에서 "내려갈 때 / 보았네 // 올라갈 때 / 못 본 / 그 꽃"(「그 꽃」)이라고 2연 5행으로 분행하여 설명하였다. 이 글을 바탕으로 제1회 전국문학인 꽃축제(통도사 서운암, 2011. 5. 14.)의 강연에서 "고은 시인이 시 제목을 붙이지 않은 상태에서 보내왔는데 제목을 「그 꽃」이라고 달아서 다시 보내드렸다."라고 설명을 덧붙였다. 이를 유추해 보면 창작 후 일정 기간은 물론 시비에 새겨 넣을 때만 해도 제목이 없는 상태였음을 추측할 수 있다.

분명한 것은 이 시만큼은 제목이 없는 상태가 더 많은 여운과 감동을 불러일으킨다는 것이다. 「그 꽃」이라는 제목이 오히려 이 시 속에 헤아릴 수 없이 많이 숨어 있는 상징과 의미에 대한 시적 상상력을 발휘하는 데 장애 요소이다. 제목의 가치성과 효용성 때문에 독자의 상상력은 알게 모르게 '꽃'의 상징성과 의미성에만 집착하는 경향을 보인다. 다시 말해, 독자는 제목 때문에 '삶을 표상하는 꽃' 또는 '꽃은 삶의 표상'이라는 한정된 상징성만을 읽을 수밖에 없고, 꽃에 집착하다 보면 '올라가다, 내려오다, 보다'라는 동사에 숨어 있는 시적 의미와 가치를 간과할 수도 있을 것이다. 만일 제목을 '삶' 또는 '인생'이라고 붙였다면 너무 재미없는 시이다. 시에서 제목이 차지하는 비중은 너무나 크다. 특히, 단시에서는 이루 말할 수 없이 중요한 것이다.

어쩌면 이 시에서 '그 꽃'은 '화려한 죽음'을 암시한 것일 수도 있다. 혈기 왕성할 때는 죽음이 두렵지만, 늙고 힘이 없어지면 죽음이라는 것을 자연스럽게 받아들여지고 화려한 죽음을 맞이하려고 하루하루 최선을 다해 가며 산다. 바로 '그 꽃'이라는 제목 때문에 이러한 상상력은 고개를 들다 말고 시들어 버리고 만다.

이 시를 시간의 순서에 따라 배열한다면 1행이 아래와 같이 3행의 자리에 위치할 것이다.

올라갈 때 못 본
그 꽃
내려갈 때 보았네

만일 이렇게 배열을 하였다면 시적 가치가 감소했을 것이다. 이 단시를 통해 고은 시인의 천재성을 엿볼 수 있다. 고은 시인은 《한겨레 신문》(2010. 10. 15일자, 29면) 인터뷰에서 또 단시 하나를 소개했다. "노를 젓다가 노를 놓쳐 버렸다. 비로소 큰 세상을 보았다."라는 시이다. 그는 이 시를 "거룻배를 젓다가 노를 놓쳐 버리면 사고무친이여. 문득 둘러봐. 거기 더 큰 세상이 있지. 그거 괜찮아"라며 설명을 덧붙였다.

그는 단시를 많이 발표하였다. 『고은 전집 2, 대륙』(청하, 1988)에 1970년에 발표한 단시집 『여수(旅愁)』, 『고은 전집 5, 서정시집 I』(청하, 1991)에 1986년 발표한 단시집 『가야할 사람』이 엮어져 있다. 「꽃」이라는 제목의 고은의 단시가 또 있다.

꽃이여 너 이 세상을 도울 수 있는 힘이여
― 「꽃」 전문

꽃의 힘은 대단하다. 꽃은 향기를 뿜어내어 벌 나비를 불러들이고, 열매를 맺어 대를 잇게 하는 힘을 지녔다. 나아가 사람들에게는 사랑을 이루게 하고, 화난 사람을 웃게 하고, 병난 사람을 일으켜 세우는 놀라운 힘을 지녔다. 시인은 이 시에서 꽃이 세상을 도울 힘을 지니고 있음을 노래한다. 이 시를 읽고 난 후, 꽃을 바라보면 마치 그 꽃이 마법을 부릴 것만 같아 보이는 것은 왜일까.

그는 시집 『가야 할 사람』(1986) 서문에서 "이 시들은 내 형식의 무애가 만든 것이다. 시가 짧을수록 숨길 수 없다. 실패도 행운도. // 한마디 더. 이 시 55편은 갑자기 쏟아진 것이라고 해야 옳다. 사나흘 동안이었다. 비가 내내 왔다.(1986년 여름)"라며 짧은 시의 즉흥성을 인정하고 있다.

고은 시인의 시집 『가야 할 사람』에서 표제 시 「가야 할 사람」을 비롯하여 짧은 시를 몇 편 더 감상해 보면, 풍자성도 내포해 있음을 알 수 있다.

가고 있다
가고 있다
가야 할 사람이 가고 있다
섭섭하게
여기까지는 참 좋다

― 「가야 할 사람」 전문

공장은 옷감을 만든다
그러나 10년 만에 한번은 역사를 만든다
총 없이!

― 「구로동」 전문

결국 자유는 저녁하늘이렷다

― 「제비」 전문

병든 아우야 내년의 단풍 보고 죽어라

― 「내장산」 전문

시대적 비극과 혁명성을 표현한 「구로동」, 자유와 강남의 제비를 대응시킨 「제비」, 지극히 사적인 외침인 「내장산」 등 다양성을 읽을 수 있다. 특히, 시적 치열성에 가치를 둔 단시 한 편을 더 읽어 보려 한다.

아이들 입에 밥 들어가는 것 극락이구나

― 「아버지」 전문

우리 부모 세대는 못 먹고, 못 입고, 못 배웠어도, 자식만큼은 잘 먹이고, 잘 입히고, 잘 가르치고 싶어 했다. 제대로 먹이지 못해 자식을 친척집으로 보내거나 남의 집에 머슴으로 보내어 입을 하나 덜기도 하였다. 생이별하지 않고 함께 살 수만 있어도 행복했던 시절이 있었다. 그래서 아이들을 굶기지 않는 것만으로도 행복이라 여겨 왔다. 시인은 더 나아가 입에 밥이 들어가는 것만으로도 극락이라 여긴다. 이 시의 아버지는 참으로 책임감이 강하다. 힘이 들더라도 생이별을 하지 않고 함께 살면서 밥벌이를 해 오고, 스스로 극락이라 여기고 있어 더욱 행복해 보인다.

4. 서정춘의 짧은 시 읽기

서정춘의 「30년 전」이라는 단시에서의 아버지는 배고픈 자식과 함께 살지 못하고 자식을 멀리 떠나보낸다.

어리고, 배고픈 자식이 고향을 떴다.

— 아가, 애비 말 잊지 마라
가서 배불리 먹고 사는 곳
그곳이 고향이란다

— 서정춘, 「30년 전 — 1959년 겨울」 전문

인용 시는 제목에서 알 수 있듯이 회상시이다. 인간은 고향에 대한 회귀 본능이 있다. 특히, 한국인에게는 고향이 어버이고, 어버이가 고향이기도 하다. 시인은 이 두 고향을 인용 단시에 등장시켜 놓고, 어린 시절의 배고픔에 대한 아픔과 너무 어릴 때 이별한 고향과 부모에 대한 그리움을 담아 놓았다. '1959년 겨울'이라는 부제에서 알 수 있듯이 이 시절에는 보릿고개라는 말이 있었다. 겨울에 먹을 것이 없어 산에서 칡을 캐다가 씹어 먹고, 소나무 껍질을 벗겨 씹어 허기를 달래던 시절이다. 땅속에 저장해 놓은 고구마, 감자, 무 등으로 연명할 수만 있다면 그래도 행복한 축에 들어갔다. 보리가 맺히면 그것을 따다 죽을 끓여 먹었다. 보리가 맺히면 죽을 고비를 넘기게 된다는 말이다. 그만큼 겨울나기가 어려웠다. 여기서 시인은 30년 후 현재 아버지의 말을 잊지 않고 있으나, 긍정도 부정도하지 않는다. 독자의 몫으로 남겨 놓았다. 인간 본능에 대한 고향의 의미를 더는 설명할 필요가 없었기 때문이다.

여러 새가 울었단다

여러 산을 넘었단다

저승까지 갔다가 돌아왔단다

— 서정춘, 「단풍놀이」 전문

단풍놀이는 가을빛이 완연한 단풍 절정기에 산행하면서 즐기는 것이 제격이다. 아마도 시인은 울긋불긋 화려한 단풍이 물든 오솔길을 걸으며 죽을 고비를 몇 번을 넘긴 고달프고 어두침침했던 과거를 회상하는 듯하다. '새의 울음'에 자신의 고달픔에 대한 울음을 '산 넘이'에 자신의 과거 삶의 고비를 환치시켜 놓고 단풍처럼 황혼에 물든 자신을 회상한다.

5. 안도현의 짧은 시 읽기

'국민 시'라고 말할 수 있는 단시가 있다. 안도현의 「너에게 묻는다」라는 시는 글을 아는 사람이라면 알고 있을 정도로 국민들로부터 사랑받는 시이다. 여러 사람의 책과 교과서에 실려 널리 알려졌음은 물론 짧으면서도 가슴에 새겨지는 시이기 때문이다.

연탄재를 함부로 발로 차지 마라

너는

누구에게 한 번이라도 따뜻한 사람이었느냐

— 안도현, 「너에게 묻는다」 전문

시를 가슴에 새긴다는 것은 형이상적 사상이나 철학이 있기 때문이다. 따뜻한 마음 참 바람직한 삶이다. 이 짧은 시가 사람들의 가슴을 따뜻하게 만드는 데 기여하기도 했다. 기부와 봉사 활동을 하는 사람들,

한 번이라도 따뜻한 사람이 되려는 사람들에게는 강령과 같은 시이기도 하다. 우리의 기부 문화와 봉사 활동의 근저에는 이 시가 자리하고 있음을 누가 부인하리오.

안도현의 시집 『그리운 여우』(창비, 1997)에 수록된 단시 2편을 더 읽어본다.

> 삼겹살에 소주한잔 없다면
> 어, 이것마저 없다면
>
> — 안도현, 「퇴근길」 전문

> 밤에, 전라선을 타보지 않은 者하고는
> 인생을 논하지 말라
>
> — 안도현, 「인생」 전문

「퇴근길」은 대한민국 직장인이라면 누구나 공감하는 정서를 간직한 시이다. 직장인에게는 퇴근길 소주 한잔이 세상 사는 낙이요, 활력소이다. 소주 한잔 기울이면서 여우와 토끼 자랑 풀어놓고, 상사를 안주 삼아 스트레스를 풀고, 군대 생활을 뻥튀기하고, 심지어 나라 걱정과 세계의 평화를 논하기도 하는 그런 술자리는 평범한 사람의 일상적 정서이다.

반면에 「인생」은 난해하다. '사적 상징' 때문이다. 지극히 주관적인 외침이라서 도무지 무엇 때문에 "밤에, 전라선을 타보지 않은 者하고는 / 인생을 논하지 말라"는 걸까? 전라선 야간열차를 수많은 사람이 타고 다니고 타 본 경험이 있기 때문에 '인생'과 결부하여 이해하기란 여간 쉬운 일이 아니다. 물론 정치적 대립에 의한 지역감정과 시대적 암울

함이 녹아 있는 것은 짐작으로만 알 수 있는 것이다. 가령 "귀신을 보지 않은 자하고 인생을 논하지 말라."라고 한다면 종교적이든 일상적이든 귀신이라는 객관적 대상이 명확하고, 고단위 영적 수준을 지니지 않은 사람은 귀신을 볼 수 없을 뿐만 아니라, 귀신을 본 경험이 있는 사람은 매우 드물기 때문에 수긍이 가는 문구이다. 그러나 시「인생」은 시인의 부연 설명 없이는 이해할 수 없다. 그렇다고 시인이 부연 설명을 할 필요는 없다. 백 명이면 백 가지, 만 명이면 만 가지의 해석이 가능한 것이 시이기 때문이다.

6. 백석의 짧은 시 읽기

백석은 「山비」, 「노루」 등 3행의 짧은 시를 몇 편 남겼다.

> 山뽕잎에 빗방울이 친다
> 멧비둘기가 난다
> 나무등걸에서 자벌레가 고개를 들었다 멧비둘기켠을 본다.
> ― 백석, 「山비」 전문[3]

「山비」는 산뽕잎에 소나기 빗방울이 내리치는 소리에 모이를 쪼고 있던 멧비둘기가 놀라 기겁하고 후다닥 어디론가 날아간다. 그때 고개를 들고 멧비둘기가 날아가는 모습을 바라본다. 자벌레가 죽음에서 벗어난 뒤 안도의 몸짓을 하는 듯하다. 이 시에서 약육강식이라는 관념이 담겨있다.

백석의 짧은 시 「노루」에 집터 다지는 '달궤'가 등장한다. '달구'의 평

---
3) 신경림, 『신경림의 시인의 찾아서』, 우리교육, 1998, 261쪽.

안북도 사투리이다. 달구질하는 풍속을 담은 이미지즘 시이다. 달구질의 주 도구는 '달구'이다. 경상도에서 '망깨'라고 한다. 달구는 집터나 무덤을 단단하게 다지는 데 쓰는 도구이다. 둥근 나무토막에 두 개나 네 개의 손잡이를 단다. 쇳덩이나 큰 돌덩이에는 줄을 매단다. 달구질하며 부르는 노동요를 '달구소리' 혹은 '달구질소리'라고 한다.

'달구소리' 혹은 '달구질소리'의 사전적 의미는 "시신을 땅에 묻고 흙과 회를 다지며 부르는 경기 민요.=회방아소리."(《표준국어대사전》)이다. 사전에는 경기 민요를 중심으로 풀이해 놓았다. 경상도에서는 '망깨소리' 혹은 '망깨질소리'라고 일컫는다. 평안북도에서는 '달구'를 '달궤'라고 한다. 백석의 시를 통해 '달구소리'를 읽어 본다.

    山골에서는 집터를 츠고 달궤를 닦고
    보름달 아래서 노루고기를 먹었다

                                        — 백석,「노루」전문

인용 시는 '먹었다'라는 동사가 과거형이다. 옛 산골에서 생활 중 달구로 집터를 다지고, 달구를 깨끗이 닦은 후 노루고기를 먹던 추억을 회상한다. 공간은 산골, 시간은 보름달이 뜬 밤이다. 회고적 시점의 아주 단편적인 이야기를 담은 시이다. '달구소리' 혹은 '달구질소리'는 간접 정서로 녹아 흐른다.

신경림은 『신경림의 시인을 찾아서』(우리교육, 1998)에서 이 시의 분위기를 "웬만한 독자면 다 이 시에서 '어허야 달구' 하는 달구질소리, 노루고기와 술에 취한 장정들이 시끌벅적 떠드는 소리, 아낙네들의 수다까지 들을 수 있을 것이다."[4]라고 했다. 이 분위기는 현대의 도시 젊은이

---

4) 위의 책, 261쪽.

들이 알 수 없을 것이다. 백석이 살던 옛 산골 마을의 풍속도이다.

7. 권태응, 신현득, 한하운의 짧은 동시 읽기

동시에도 단시가 많다. 동심이 가득 담긴 동시를 읽어 본다.

자주꽃 핀 건 자주 감자
파 보나 마나 자주 감자

하얀 꽃 핀 건 하얀 감자
파 보나 마나 하얀 감자

― 권태응, 「감자꽃」 전문

4행의 짧은 인용 시에서 동심을 느낄 수 있다. 보이는 것(꽃)과 보이지 않는 것(감자)에 대한 대립, 자주 감자와 하얀 감자와의 대립을 통해 사물의 관찰과 발견을 노래한 것이다. 물론 우리 민족의 동질성과 일본인과의 대립에 대한 은유적 표현이기도 하다.

빠꼼빠꼼
문구멍이
높아간다.

아가 키가
큰다.

― 신현득, 「문구멍」 전문

5행의 짧은 인용 동시는 아동문학가 신현득의 조선일보 신춘문예 (1959) 가작 입선 작품이다. 응모를 할 때 '상주국민학교 신현득'이라고 썼기 때문에 심사 위원들이 학생이 쓴 시일 수도 있겠다 싶어 당선작이 아닌 가작으로 뽑았다는 뒷이야기가 있다. 교사라 밝히지 않았더라도 성인이 쓴 동시임을 알았다면 가작이라는 꼬리표는 뗄 수 있었다는 것이다.

　이 동시를 읽으면 귀여운 아기가 무럭무럭 커 가는 모습이 그려진다. 예전에는 방문을 창호지라는 종이로 발랐다. 궁금증이 많은 아이는 바깥 일이 궁금하면 손가락에 침을 묻혀 창호지에 구멍을 내고, 그 문구멍을 통해 바깥을 보았다. 특히 추운 겨울에는 문조차 열기 싫어 그 구멍을 통해 눈이 오는지, 엄마가 무엇을 하는지 몰래 보았다. 그런데 그 문구멍 높이가 차츰차츰 올라간다. 그 아기의 키가 훌쩍훌쩍 커 가고 있기 때문이다.

　이 짧은 동시 하나에 아이에 대한 사랑과 우리 삶의 정경이 몽땅 담겨 있다. 하지만, 우리 일상에서 창호지를 바른 문이 사라지면서 어린이들이 이 동시를 읽고 이해하기는 매우 어려워진 게 사실이다.

　　　가갸 거겨
　　　고교 구규
　　　그기 가.

　　　라랴 러려
　　　로료 루류
　　　르리 라.

— 한하운, 「개구리」 전문[5]

---

5) 한하운, 『한하운 시초』, 정음사, 1949, 19쪽.

"이게 무슨 시야!"라고 말할 수도 있겠으나, 한센병을 앓았던 그 유명한 한하운 시인의 시이다. 그것도 고운 시인을 시인으로 이끌어 준 시집[6] 『한하운 시초』에 수록된 시이다. 무더운 여름밤 개구리가 우는 소리가 시인의 귀에는 마치 글 읽는 소리처럼 들렸던 모양이다. 어린아이들이 한글을 배울 때 쉬지도 않고 중얼거리듯 시인의 눈에는 개구리가 마치 한글을 읽듯 "가갸 거거 고교…… 나냐 너녀 노뇨…… 다댜 너녀 도뇨…… 랴랴 로료……" 밤을 새워 글을 읽고 있다. 참으로 재미있는 발상이다.

가―가
그―
가 가가
그
가꼬
갔다 카대.

서로
통하네.

― 신기용, 「의사소통」 전문

• • •

6) 1948년인가 미술부 활동을 마치고 캄캄한 십 리 길을 걸어 집으로 오는데 무언가 빛이 어려 있는 거야. 길가에 책이 있어. 날 위해서 책이 기다리고 있었어. 장물 취득도 아니고, 그냥 내 거야.(웃음) 그게 〈한하운 시초〉야. 새 책인데 오렌지 빛 표지도 기억나. '하룻밤 자면 눈썹이 빠지고, 또 하룻밤 자면 발가락이 떨어져 나가고'. 크하, 정말로 비극적인! 새벽까지 그걸 읽고 결심을 했어. 첫째, 문둥병에 걸릴 것!(웃음) 눈썹도 빠지고 발가락 하나씩 떨어져 나갈 것. 둘째, 집에 안 있고 떠돌 것! 나도 이런 시를 써야겠다고 다짐 한 거지.[《한겨레 신문》(2010.10.15일자, 29면) 인터뷰에서]

한하운의 「개구리」처럼 "이것도 시야!"라고 말할 수도 있겠으나, 아이러니 기법만으로 시의 자격을 얻었다고 말할 수 있다. 경상도 사람들이 일상에서 흔히 사용하는 말이기 때문이다. 그러나 이 문화에 접하지 않은 사람들은 1연에서 "갔다 카대"를 제외하고는 무슨 말인지 도무지 알 수가 없다. 이것을 표준어로 풀어 보면 "그 애가 / 그곳에 / 가지고 가서 / 그것을 / 가지고 / 갔다 하더라."이다. 그냥 일상적으로 하는 말인데 경상도 방언을 잘 모르는 사람에게는 생소하게 들릴 것이다. 표준어로 표현했다면 시가 될 수 없다.

경상도 방언은 표준어와는 달리 악센트 어(語)다. 표준어는 장단과 억양에 의해 뜻이 달라지지만, 경상도 방언은 장단과 강약의 악센트에 의해 뜻이 달라진다. 이것을 나열한 후 "서로 / 통하네."라며 에이런 기법으로 시화한 것이다.

8. 나가기

단시를 읽고 나면 뒤통수를 한 방 얻어맞는 느낌이 드는 시가 있는 반면에 아무런 감응이 없는 시도 있다. 뒤통수를 한 방 얻어맞는 느낌의 단시를 읽고 나면 우리는 흔히 '촌철살인'이라고 넉 자로 표현한다. '촌철살인'이란 사전적 의미로 '한 치의 쇠붙이로도 살인한다는 뜻으로, 간단한 경구(警句)로도 남을 감동하게 하거나 남의 약점을 찌를 수 있다는 비유의 말'이다. 이처럼 단시는 짧지만, 굵은 의미와 강한 이미지가 응축되어 있기 때문에 그 시에서 뿜어내는 메시지가 예리하다.

시가 짧다 하여 모두 촌철살인은 아니다. 고은의 「내장산」과 안도현의 「인생」은 지극히 사적인 외침이면서 주관적인 시점의 표현이고, 한하운의 「개구리」는 평면적인 언어의 유희 등 즉흥성에 그치고 마는 시도 있다. 이러한 시의 수준은 하위라 할 수 있을지언정 그렇다고 시가 아닌 것은 아니다. 시란 주관적 시점의 표현과 언어의 유희에도 목적성을 가지고 있기 때문이다.

제3장

절장시조와 하이쿠 이해

시조의 전통과 일본 하이쿠의 간결성을 비교하며,
절제된 형식 속의 정서와 계절감을 탐구한다.

3.
절장시조와 하이쿠 이해

1. 들어가기

　신라의 향가를 비롯한 고려의 속요, 조선의 시조와 가사 문학이 이 땅에서 발전을 거듭해 왔다. 근세에 들어 자유시라는 이름으로 서구의 시풍과 시론을 받아들였다. 모더니즘, 초현실주의(Surrealism), 포스트모더니즘, 무의식의 자동기술 등을 우리의 정체성과 연계하여 아무런 반성적 성찰도 없이 현대성의 수용이라는 차원에서 지난 한 세기를 풍미했다. 그 결과 시가 다양해지고 수준이 높아졌다고 평가하기도 한다. 현대성을 수용한 문인들이 우리 시를 무의미한 잔소리, 피폐한 난해성으로 몰고 갔다. 그 바람에 우리 전통시가 정체성을 잃어버렸고, 얼이 실종하는 씻을 수 없는 상처를 입었다.
　이제(2011) 우리 시조단에도 어떤 큰 변화가 일어나야 할 때가 도래한 듯하다. 새로운 형식과 언어 실험이라는 과정을 거치면서 그동안 샛길로 너무 멀리 벗어나 버린 것이 사실이다. 상처 입은 우리 시의 전통성을 치유하고 회복하는 과업 수행이 절실하다.
　우리 전통적 시적 미학을 갖춘 시조가 자칫 잘못하면 절장(단장)시조라는 미완의 실험성 때문에 무미건조한 수준의 한낱 휴지 조각처럼 취급될 수도 있겠다는 우려가 앞선다. 더불어 우리 고유의 얼이 깃든 완결의 시조 율을 버리고, 완결성에서 떼어 낸 토막 난 미완의 절장시조 율을 좇는다면 축소지향적 일본인 정신을 맹목적으로 따르는 얼빠진 시조가 되지 않을까 두려움도 밀려온다.

옛시조가 줄글이었기에 문장 부호는 반점(,)과 온점(.)을 사용하였다. 현대 자유시가 서양의 문장 부호를 일찍이 수용한 반면에 시조는 광복 전까지 본문에 문장 부호를 거의 사용하지 않았다. 세로쓰기의 경우 반점(,)과 온점(.)을 육당 최남선의 시조집『백팔번뇌』에서 표기하였지만, 그 이후 매우 드물게 사용하였다. 문장 부호 하나만 보더라도 시조는 우리 전통시로서 순결성을 지켜 오다가 현대의 옷으로 점점 갈아입기 시작하였다.

3장 6구의 시조도 단시형인데 여기다 종장 한 장만을 채택하는 절장시조는 '초단시형'이다. 절장시조는 하이쿠처럼 단시형이라서 자칫하면 경구나 속담, 좌우명과 같은 비시적(非詩的) 수준으로 전락해 버린다. 이런 절장이 허다하다.

노산 이은상이 제창한 양장시조는 시조가 근원적으로 초장과 중장이 결합할 수 있는 형식이므로 어느 정도 타당성을 인정받았다. 하지만, 이명길이 제창한 절장시조(이하 절장)는 시조에 반기를 든 이단적 형식이었고, 하이쿠의 한국적 기형으로 변형된 문학 양식이라는 인식이 팽배했다. 부정적인 기류 속에서도 시조시인 최승범, 경철, 허일 등이 실험성의 절장을 발표해 왔다.

절장에 동조한 시인의 대부분은 일본에서 유학하였거나 일제 강점기에 교육을 받았기 때문에 하이쿠 정신을 부담 없이 수용할 수 있었다. 이들이 시조단을 이끌어 왔고, 영향력을 행사한 시인이었기에 시조의 하위 갈래에 절장이 안착할 수 있었다. 이들의 실험 정신이 결국 문학에서 우리의 얼이 깃든 전통시를 파괴함과 아울러 우리의 얼마저 상실하게 하여 그 빈자리에 축소 지향적 일본 정신을 뿌리 깊게 박아 놓은 결과를 낳았다. 절장은 시조의 이단형이면서 하이쿠의 한국적 기형이다.

그동안 간과해 온 절장의 불완전성을 시조단에서는 분명한 선을 그을 필요성이 있다. 지금까지 시조의 한 유형으로 포함시켜 놓은 것부터가 문제이다. 이제는 절장을 시조의 하위 갈래에서 내쳐야 할 시기가 도래하였다. 시조단 스스로 자성하여 내쳐야 한다. 시조의 특징을 살리지 못하고 일본 하이쿠를 꼭 빼닮아 버린 표현과 묘사는, 결국 시조 정신마저 말라비틀어지게 할 것이기 때문이다.

"일본에서는 한시를 비롯해 와카[和歌]와 렌카[連歌] 가운데 정아(正雅)한 것으로 인정될 수 없는 이단(異端)의 작(作)을 하이카이라고 부르게 된 것이다. 그중에서도 하이카이렌카[俳諧連歌] 가운데 5·7·5의 음절로 된 첫구의 홋쿠가 따로 분리되어 독자적인 문학 양식을 이룬 것을 하이쿠[俳句]라고 부르게 된 것이다."[1] 이를 비추어 볼 때 절장 역시 시조에서 분리하여 독자의 길을 걸어가야 함이 마땅할 것이다.

이 글에서 절장과 하이쿠를 비교해 가면서 절장이 시조의 이단형이고, 하이쿠의 한국적 기형임을 밝혀 보고자 한다. 이것은 '절장을 시조의 갈래에서 내쳐야 하는 당위성을 확보하기 위한 최소한의 길인 것이다. 하이쿠와 절장의 보편성을 비교하여 반성적 성찰을 하고, 개별 작품에 대한 접근을 통해 절장의 새로운 출구를 제시하려 한다.

---

1) 이어령, 『하이쿠의 시학』(서정시학, 2009), p.275.

2. 관념시 고시조, 사물시 하이쿠, 형이상시 현대시조

모두 다 그러하지는 않겠지만, 고시조는 관념시, 하이쿠는 사물시, 현대시조는 형이상시로 분류하기도 한다. 고시조는 대체로 관념시에 머물렀으나, 현대 시조는 자유시의 변화와 함께 형이상시(Metaphysical Poetry)로 발전해 왔다. 미국의 신비평가 랜슴[John Crowe Ransom](1888~1974)의 주장처럼 사물시나 관념시는 편협한 시이다. 그러나 우리의 자유시와 현대 시조는 제3의 바람직한 유형으로 발전을 모색해 왔다. 관념시는 비유적 심상의 시로서 사상이나 관념을 나타낸다. 사물 이미지의 제시보다는 관념이나 의지의 표현에 주력한다. 사물시는 묘사적 심상의 시로서 사상이나 관념을 나타내는 것보다 사물의 심상 그 자체로 존재한다. 하이쿠가 여기에 속한다.

문덕수는 『시론』(시문학사, 1996)에서 "사물시가 반쪽시(반시, Half Poetry)라면 관념시는 사이비시(Bogus Poetry)다. 관념시는 이미지 뒤에 관념을 숨겨 두고 그것이 참된 사물인 것처럼 가장하려고 한다. 그러나 그 이미지는 자연이란 합리적이며 논리를 통해서 소유할 수 있음을 입증할 것 같이 항상 관념으로 번역되어 갈 수 있는 것이다."[2]라고 하였다.

우리 시에서도 사물시를 얼마든지 찾을 수 있다. 그 예로 박목월의 시「불국사」를 읽어 본다.

흰달빛
紫霞門

---

2) 문덕수, 『시론』(시문학사, 1996), pp.233-234.

달안개
물소리

大雄殿
큰보살

바람소리
솔소리

泛影樓
뜬그림자

흐는히
젖는데

흰달빛
紫霞門

바람소리
물소리

— 박목월, 「불국사」 전문

　인용 시는 사물의 심상 그 자체로 존재하는 이미지즘(Imagism) 시, 사물시(Physical Poetry)이다. "흰달빛 / 자하문"은 자연의 한 대상인 "흰달빛"과 사물의 한 대상인 "자하문"과 "대웅전, 큰보살"이라는 시적 대상을 제시한다. 여기에는 어떤 도덕이나 사상과 관념이 없다. "달안개 /

물소리"라는 정경 묘사는 감각적 이미지만 제시하였을 뿐, 아무런 사상도 관념도 없다. 즉, 달안개는 시각적 이미지, 물소리는 청각적 이미지로서 공감각적 이미지를 형성한다.

통사적 구조는 조사와 접속사가 없는 명사 종결형이다. 이 시를 서술어가 없는 명사로만 구성한 시라고 주장하는 사람도 있다.[3] 실제 6연의 "흐는히 / 젖는데"만은 동사 연결 어미로 서술어이다. 6연만은 이질적인 통사 구조이다.

최승범의 절장 4편[4]을 감상하면서 하이쿠 1편을 함께 읽어 본다.

    깨알도 절로 쏟아지는 신량(新凉)의 맑은 고적(孤寂)

                                               ― 최승범,「가을」전문

인용 절장은 시적 자아가 가을을 암시하는 깨알과 신량[서늘함]을 관조하는 즉물적 감각 표현으로 고적[쓸쓸함]을 이루어 낸다. 이것은 깨밭을 바라보는 시각적인 표현과 촉각적인 서늘함이 만난 공감감적 표현으로 쓸쓸함을 자아낸다.

현상학적 측면에서 보면, 공간(들녘. 깨밭), 시간(가을), 자아(마음)를 합일화한 시이다. 마치 깨알이 쏟아지는 모습이 보이고, 소리마저 들릴 것 같다. 그 작은 깨알이 쏟아지는 것이 보일 리 없고, 소리가 들릴 리 없지만, '가을'이라는 시간성은 서늘함과 맑음과 쓸쓸함을 시인에게 안겨다 준다. 즉, 시인의 생각이 '가을'의 시간성으로부터 서늘함, 맑음, 쓸쓸함을 획득한다.

---

3) 신경림,『신경림의 시인을 찾아서』(우리교육, 2002년판), p.308.
   "동사를 일체 배제한 채 간명하고 인상적인 명사만 가지고……"라는 대목이 있다. 이것은 인식의 오류임이 확실하다. 그러함에도 이를 그대로 수용하여 인용하는 사례도 허다하다.
4) 한춘섭 외,『한국시조큰사전』(을지출판사, 1985), p.959.

날씨가 쌀쌀해지기 시작하는 가을에는 하늘이 높고 맑지만, 서늘하다. 그 서늘함이 스며든 맑고 쓸쓸한 고요 속에서 깨알이 절로 쏟아질 것만 같다. 최승범의 의식 공간에서 절로 떨어지는 깨알은 맑은 '가을'의 시간성과 대칭한다. 그 시간성은 쓸쓸한 공간과 겹쳐 있기도 하다. 「가을」은 하이쿠의 '다다미에 떨어지는 동백꽃'을 연상하게 하는 절장이다. 하이쿠 한 편을 읽어 본다.

> 소리를 내며 다다미에 떨어지는 동백꽃인가
> 音なして畳に落る椿かな
>
> — 료스이[呂誰]

인용 하이쿠도 현상학적 측면에서 보면, 공간(다다미), 시간(겨울), 자아(마음)를 합일화한 시이다. 이어령은 이 하이쿠를 "아름다운 생명이 붕괴되는 그 순간의 소리, 상상적 공간에서 유리가 떨어져 부서지는 듯한 소리가 났을지도 모른다. 그러나 현실적으로는, 더구나 바닥이 딱딱하지도 않은 '다다미' 위에서는 시들어 떨어지는 동백꽃의 소리를 듣기란 어려운 일이다. 설사 소리가 났다 해도 그것은 오히려 더 큰 침묵의 소리일 것이다. 그러므로 '소리를 내며'라는 표현은 반대로 소리도 없이 떨어지는 꽃의 아픔을 말해 준다. 료스이는 의식의 공간에서 소리를 내며 떨어지는 동백꽃을 조용한 '다다미'의 공간과 대칭시킴으로써 그 소리를 밖으로 끌어내었던 것이다."[5]라고 해석하였다. 이 하이쿠와 최승범의 절장 「가을」을 비교해 보면 절장에 우점(優點)을 매길 수 있을 것이다.

---

5) 이어령, 앞의 책, pp.45-46.

  도솔란 오동색 꽃 끝에 비행을 멈춘 낙천가

— 최승범, 「고추잠자리」 전문

  인용 절장 고추잠자리를 낙천가로 의인화하였다. 시조의 특징인 관념화가 아닌 하이쿠의 특징인 시각화에 치중하였다. 즉물적인 것이다. 시조 종장이 가져야 하는 주제의 관념이 전혀 없다. 오로지 하이쿠처럼 두 사물의 결합으로 확산하는 시적 이미지만이 존재한다.

  "도리아와세[병렬법]에 의한 두 사물의 만남, 그 융합과 상호 작용을 통해 제삼의 요소로 발전 확산되는 시적 이미지의 추출과 발견이 하이쿠의 특성"[6]인 것처럼 이 절장은 '도솔란 꽃'과 '고추잠자리'가 만나 '낙천가'로 확산해 나간다. 이것만 보더라도 하이쿠와 닮은 즉물적 사물시임을 알 수 있다.

  풀섶길 달려오는 소녀, 하이얀 칼러에 젖어든 향내

— 최승범, 「백합」 전문

「내 머릴 선산 발치로 돌려다오!」 호곡 없는

요(寥)

요

적(寂)

적

— 최승범, 「임종」 전문

  인용 절장 「백합」과 「임종」이 언뜻 보면 사물시가 아닌 듯하지만, 사

---

6) 위의 책, p.299.

물의 심상에 치중한 묘사적 심상의 사물시임을 알 수 있다. 「백합」은 '소녀'와 '풀 향내'가 병치 융합하여 하얀 색채와 풀섶 길의 공간이 새로운 심상으로 확산해 나아간다. 「임종」은 '선산'이라는 '고요'한 공간을 지향하는 심상이다. 예전에는 죽으면 선산에 묻혔다. '선산'이라는 공간이 '고요함'이라는 아이러니 공간을 만들어 낸다. 따라서 이 2편의 절장도 옛시조처럼 관념이나 의지의 표현에 주력하거나, 현대시조처럼 형이상적인 것을 지향하지도 않고, 하이쿠의 창작 기법을 원용한 것이라 여겨진다. 결국, 하이쿠의 냄새가 난다.

현상적 측면에서도 「백합」은 하이얀 '옷깃'을 대신하여 '칼러'라는 외래어를 사용하였다. 이질감을 주는 시어이다. 이로 말미암아 풀의 향내가 하이얀 옷깃에 젖어드는 것이 아니라, 오히려 풀의 향내가 날아가 버릴 듯하다. 「임종」은 죽음에 대한 적막감이 밀려오는 지극히 주관적 시점의 표현이다. 적요함을 강조하기 위해 한 글자씩 분행하여 기사하였다.

3. 하이쿠를 모방한 절장시조와 단시조, 단시

강아지 꼬리에 흰 눈 얹고 이리저리 뛰는 꽃

— 이명길, 「무심(無心)에서」 전문

인용 절장은 회화적이다. 세상을 흑백으로 밖에 볼 수 없는 강아지는 눈이 오는 날이면 미친 듯이 좋아서 꼬리를 흔들며 폴짝폴짝 날뛴다. 그 날뛰는 강아지 꼬리에 흰 눈이 얹혀 있다. 강아지가 잠자는 동안 눈이 내렸나 보다. 잠에서 깨어난 강아지는 하늘에서 내려오는 눈을 보고 이리저리 뛴다. 이것을 시 제목 '무심'과 연결해 보면, 그 강아지는 생각 없는 행동을 한다. 시인은 어떤 사람을 강아지의 이런 꼴과 동일시해 놓은 것이다. 아래 하이쿠와 비교해 보면, 시상이 같음을 알 수 있다.

눈 위에
고양이의 발자국
매화나무의 꽃[7]

인용 하이쿠를 두고 이어령의 『하이쿠의 시학』에 의하면 에즈라 파운드가 「달타니언의 20년 후」라는 글에서 다음과 같이 설명하였다 한다. "대부분의 하이쿠는 두 개의 측면을 지니고 있다. 이것을 부주의한 독자가 읽는다면 단순히 두 면밖에는 보지 못할 것이다. 즉, 두 개의 시각적인 이미지만으로 이해하게 될지 모른다. 하지만, 이 두 개의 이미지는 그 사이에 넓은 공간과 색채의 확산을 자아낸다. 거기에는 제삼의 요소로서 매화의 열매에서 고양이의 발자국 그림자에 이르는 번짐이 있다. 거기에는 제삼의 요소로 포착된 분위기 이외의 어떤 우의(寓意)도 담겨져 있지 않다. 그러나 하이쿠가 단순히 이질적인 것을 한데 병치하였을 때 생기는 이미지의 확산이라고 하는 것은 좀 더 세심한 검증과 설명이 필요하다."[8]

이 하이쿠는 고양이가 눈 위에 남긴 발자국과 눈 속에서 피어나는 매화를 동일시해 놓았다. 하얀 눈 위에 조용히 지나간 고양이 발자국이 매화꽃처럼 맑고 순수하다는 의미이다. 이질적 이미지인 '매화꽃'과 '고양이'가 서로 병치 융합하여 단일적인 새로운 이미지로 확산하여 번져 나간다.

이명길의 절장 강아지가 이리저리 뛰며 남겨 놓은 산만한 발자국과 하이쿠의 고양이가 조용히 남겨 놓은 발자국과 비교해 보면 이명길의

7) 위의 책, p.299.
8) 위의 책, pp.299-300.

절장은 동적이고, 하이쿠는 정적인 분위기가 감돈다.

이명길 시인은 시조의 특징인 관념화에 충실하려 했던 흔적이 보인다. 하지만 이질적 이미지인 '꽃'과 '강아지'가 서로 병치 융합하였다 하더라도 단일적인 새로운 이미지로 연결하지 못했다. 시를 아는 많은 사람에게 이 두 수를 놓고 점수를 매겨 비교해 보라면, 부끄러운 일이지만, 강아지(절장)보다는 고양이(하이쿠)에 더 많은 점수를 던질 것이다. 예를 든 절장이 시조의 묘미를 상실한 기형이 되어 버렸기 때문이다.

이처럼 절장은 하이쿠 같으면서도 시조도 아닌 시형이 되고 말았다. 절장은 시조의 팔다리를 잃은 몸통만 있는 형상이다. 시조는 3장이 제격이다.

여기서 자유시 형태의 짧은 동시를 한 편 감상해 보려 한다. 윤동주의 동시 「개」도 위 절장과 하이쿠와 시상이 동일하다. 하이쿠의 시상을 차용한 듯하다.

눈 위에서
개가
꽃을 그리며
뛰오.

― 윤동주, 「개」 전문[9]

윤동주 동시 「개」는 하이쿠의 '고양이'가 '개'로, '매화나무 꽃'이 '꽃'으로 바뀐 모습이다. 윤동주 시인도 일제 강점기에 일본식 교육을 받았다. 일본에서 유학할 때 당연히 하이쿠를 접하였을 것이다. 단정할 수는 없지만, 시상을 차용했다는 추측은 가능하다. 아니면 우연의 일치일까?

• • •
9) 윤동주, 「새벽이 올 때까지」(오상출판사, 1987), p.60.

우리나라에 잘 알려져 있고, 세계적으로도 널리 알려져 있는 바쇼의 하이쿠, 그리고 이 하이쿠와 시상을 꼭 빼닮은 시조 한 편을 읽어 본다.

고요함이여 바위에 스며드는 매미의 소리
閑かさや岩にしみ入る蟬の聲

— 바쇼[芭蕉][10]

인용 하이쿠에서 바쇼는 어떠한 관념화나 부연 설명을 하지 않는다. 공감각적 표현만으로 생물인 매미와 무생물인 바위를 마주 보게 하여 새로운 이미지와 의미를 만들어 낸다. 즉, 바위와 매미를 한 공간에 데려와 고요함을 창조해 낸 것이다.

바위와 매미를 병치시켜 놓고, 즉물적 감각 표현으로 고요함을 만들어 냄과 동시에 하이쿠의 시적 깊은 맛을 살려 내었다. 이는 청각적인 시끄러운 매미 울음소리와 시각적이면서 촉각적인 딱딱한 바위가 만나 새로운 이미지와 의미로 빚은 것이다.

짜아한 매미 소리
돌 틈으로 스며들고

구름도 산도 숲도
바람마저 조는 오후

톡,
톡,

---
10) 오석윤 편,『일본 하이쿠 선집』(책세상, 2009 4판), p.18.

톡,
고요를 딛고
솔방울이 구른다.

— 허일, 「참회」 전문

허일의 단시조 「참회」의 초장 "짜아한 매미 소리 / 돌 틈으로 스며들고"를 바쇼의 매미 소리와 비교해 보면 시상을 그대로 차용한 것을 알 수 있다. 허일은 바쇼의 하이쿠에 나타난 청각적 이미지인 "고요함이여"에 대응한 "고요"를 종장에 배열하여 시조의 특징에 걸맞게 주제로 삼았고, 중장에서는 사물을 의인화하여 "구름도 산도 숲도 / 바람마저 조는 오후"라고 한적함을 표현함으로써 한층 더 깊은 고요한 분위기를 조성한다.

문제는 초장에 있다. 하이쿠의 "바위에 스며드는 / 매미의 소리"를 "짜아한 매미 소리 / 돌 틈으로 스며들어"라고 순서와 단어를 바꾸었지만, 시상은 그대로 차용했음이 쉽게 드러난다. 이것은 허일이 하이쿠에 대해 많은 연구를 하였고, 대학 강단에서 하이쿠를 강의한 적이 있기에 의도적으로 차용했을 가능성이 높다.

이것은 허일의 단장시조집 『촌철살인의 단장시조, 일도류의 하이쿠를!』(시조문학사, 2009)에 수록된 64편의 절장이 3·5·4·3 자수율만이 하이쿠 5·7·5와 다르고, 내용은 사생주의적 하이쿠 작풍으로 읽혀지고 있음과 무관하지 않은 것 같다.

바쇼의 하이쿠 '매미'처럼 생물과 무생물을 마주 보게 하여 고요함의 이미지를 만들어 내는 하이쿠와 하이쿠 작풍으로 창작한 절장을 더 읽어 본다.

해묵은 연못이여 개구리 뛰어드는 물소리로다
古池や蛙飛びこむ水の音

― 바쇼[芭蕉]

인용 하이쿠는 미국 교과서에 소개되어 있을 정도로 세계적으로 널리 알려져 있다. 우리나라에서도 널리 알려져 있어 "오랜 연못에 개구리 뛰어드는 물소리 텀벙", "오래된 연못 개구리 뛰어드는 물소리 풍덩" 등으로 번역되기도 하였으나, 이어령의 『하이쿠의 시학』에 수록된 것이 가장 하이쿠답고 물소리가 난 다음에 밀려오는 고요함을 가장 잘 표현한 번역이므로 여기에 인용한다.

앞에서 읽어 본 바쇼의 하이쿠 매미의 고요함과 잘 비교해 볼 필요가 있다. '매미'를 '개구리'로, '바위'를 '연못'으로, '매미 소리'를 '물소리'로, '스며든다'를 '뛰어든다'로, 대치되어 있음을 알 수 있다.

소나기
지나간 자리
청개구리 한 마리

― 허일, 「적요」 전문

허일의 「적요」는 『촌철살인의 단장시조, 일도류의 하이쿠를!』에 수록된 64편의 절장 중 한 편이다. 이 절장이 요구하는 고요함은 바쇼의 '개구리'의 시상을 차용한 고요함이다. 시적 수준은 그저 흉내만 냈을 뿐 하이쿠의 시적 깊이와의 맞섬에서 패배한 꼴이다. 바쇼의 개구리의 핵심 열쇠는 시간의 영원성이 내포된 '해묵은 연못'이라는 공간이다. 이 공간에 바쇼는 침묵과 정적을 장치해 놓았다. '해묵은 연못'은 흘러온 오랜 세월을 측량할 수 없는 시간의 초월성을 내포하고 있어 개구리가 뛰어드는 한 순간의 시간을 액체화하여 멈추게 만든다. 앞의 바쇼의 '매미'에서도 시간의 영원성을 내포한 '바위'가 매미 소리를 고체화하여 멈추게 만드는 시간의 초월성 때문에 고요함의 깊이가 더해진다.

허일의 「적요」에서는 바쇼의 '해묵은 연못'과 '바위'에 의해 표상된 고요함과 정적감이 너무나 미약하다. '소나기'는 영원성과는 거리가 먼 일시적인 기상 현상이라서 그 정적감의 깊이가 거의 없다. 그래서 시상을 차용하여 고요함을 약간 드러냈으나, 너무나 평면적인 표현이라서 시적 수준을 갖추기에는 빈약하다는 느낌을 지울 수 없다.

바쇼의 '개구리'는 무엇에 놀랐는지 개구리 떼가 물소리를 내며 연못으로 일제히 뛰어든다. 그 뒤에 고요함의 깊이가 더해진다. 허일의 '청개구리'도 소나기 내리는 동안 울다가 소나기가 그치면 울음을 멎는다. 즉, 소나기 내리는 동안 울어 대던 청개구리가 소나기가 지나가고 난 뒤, 고요함을 획득한다.

그러나 소나기 지나간 뒤, 청개구리 한 마리라는 시각적 사생으로는 청각적 적요의 느낌이 약하다. 바쇼의 개구리에서는 시각적인 사생보다는 청각적 고요함으로 확산해 나간다.

> 범종에 앉아 하염없이 잠자는 나비 한 마리
> 釣鐘にとまりて眠る胡蝶かな
>
> — 부손[蕪村]

고요한 절간의 범종에 나비 한 마리가 날아와 내려앉아 잠을 잔다. 범종의 소리가 멈춘 상태의 공간이다. 이 얼마나 적요한가. 범종과 나비 한 마리의 두 사물의 결합 작용으로 고요함으로 확산해 가는 시적 이미지, 이것이 하이쿠다.

나비는 꽃에 앉아 꽃을 더 아름답게 웃게 하는 능력을 가졌다. 그래서 이 꽃 저 꽃으로 옮겨 다니며 꽃이 활짝 웃도록 날갯짓으로 간지럼을 태운다. 이러한 나비의 날갯짓은 '나비'와 '꽃'의 생명이 절정기에 이른 생동적인 이미지이다. 꽃 대신 차갑고 딱딱한 금속인 범종에 내려앉아 날갯짓을 멈추고 잠이 들었다면 이미 나비의 이미지는 움직임이 없는 죽음의 문턱을 넘는 것이다. 이것은 나비의 금속화를 통해 고요함을 번지게 하려는 의도이다.

허일의 절장 「적요」와 비교해 보면, '범종'에 내포된 소리의 영원성이 '소나기'와 소나기 내릴 때 울던 청개구리의 순간성 소리보다 고요함의 깊이가 뛰어나다. 이래서 절장은 한계를 드러낸다.

4. 아이러니 공간화

가. 공간의 대립항

시조의 초장은 기(起)이다. 기에서 시간, 공간을 장치하여 정황을 녹여 놓는다. 종장은 전환구와 결구이다. 이에 반전과 주제, 결말을 장치한다. 절장은 시간과 공간을 녹여 넣기에는 한계가 있다. 여기서 아이러니 공간화에 기여하는 공간 대립항의 절장을 살펴본다.

　　　　담벽에 풀 무성한 자리는 내가 자란 고향
　　　　　　　　　　　　　　　　　　　　　— 이명길, 「본향」 전문[11]

인용 절장은 무성한 풀의 아이러니를 공간화하였다. '담벽'과 '고향'은 대립항을 이루는 풀이 무성한 공간이다. 이 절장에서 "담벽에 풀 무성

---
11) 한춘섭 외, 앞의 책. p.554.
　- 《시조문학》 제3집(1961.7)에 발표한 '절장초록' 10수 중 1수임.

한 자리"가 "내가 자란 고향"과 등가적 관계로 표현한 것이다. 앞이 막힌 좁은 공간인 '담벽'과 확 트인 넓은 공간인 '고향'이 대응하여 그 담벽과 고향에는 풀이 무성함을 연출한다. 좁은 공간인 '담벽'의 무성함이 넓은 공간인 '고향'의 무성함으로 전이하여 시야와 사유의 폭이 확산한다. 앞이 막힌 '담벽'의 이미지는 단절감을, 확 트인 '고향'의 이미지는 개방감을 주는 공간으로 대응한다. 여기서 '무성한 풀'의 푸름에 대한 색채감과 부피에 대한 물질감이 함의해 있음을 알 수 있다.

인용 절창은 아래 시키[子規]의 하이쿠와 비교해 보아도 아이러니 공간화의 기교면에서 뒤처지지 않는다.

> 서늘함이여 석등화사석(石燈火舍石) 구멍도 또한 바다라
> 涼しさ石燈籠の穴も海
>
> — 시키[子規]

시키[子規]의 인용 하이쿠에서 석등화사석은 서늘한 공간 이미지이다. 이를 이어령은 "서늘함의 아이러니를 공간화한 것이다. 넓은 바다가 여기서는 '석등의 화사석 구멍에도 또한 바다'로 표현되고 있다. 고체인 석등의 돌과 바다의 액체가 대응해 그 화사석 구멍은 더위에 감싸인 서늘함을 나타내 주는 것이다. 그것이 오히려 시야 전체를 바다로 노래하는 것보다 더 서늘함을 고조시키는 것이다. 한낮이 더우면 더울수록 여름날의 첫새벽이라든가 해 질 녘의 서늘함이 한결 더해지는 이치와 같은 것이다."[12]라고 하였다. 석등과 바다라는 공간의 이질성을 끌어와 병치한다. 이를 겹쳐 놓음으로써 바다라는 시원한 공간으로 확산해 나간다.

---
12) 이어령, 앞의 책, p.40.

나. 열림의 공간, 광장

> 광장에 반향없는 총소리 지나가는 구걸자
> ― 이명길, 「광장은 비[空]다」 전문[13]

오늘날과 달리, 5.16 군사 정변이 일어난 그해(1961) 죽음을 각오하지 않고는 이러한 글을 의도적으로 쓸 수는 없었을 것이다. 이명길은 《시조문학》(제3집, 1961. 7.)에 절장초록(絕章抄錄)이라는 제하로 10편의 절장을 발표하였다. 그 10편에 살짝 끼워 넣어 발표한 군사 정권을 빗댄 절장인 것으로 읽힌다. 잘살아 보자, 잘 살게 해 주겠노라는 구호 아래 총소리가 울렸다. 총소리가 울려 퍼지던 광장에는 구걸자들만 지나간다. 당시의 혁명군에 대한 세상사 아이러니하다는 말을 던진다. "광장"도 아이러니한 공간이다. 당시 출판물 검열에서 이 작품의 속뜻을 읽어 내지 못한 듯하다. 그 속뜻을 알았다면 이명길 시인의 혼이 나갈 뻔했다. 이 광장은 과거 여의도 소재 5.16 광장을 의미하는 것이기도 하다.

다. 닫힘의 공간, 방 안

> 찬바람 가난에 문풍지 떨어 숨결마저 고프다
> ― 이명길, 「한파」 전문

> 추석날 제사도 없이 천정만 보는 가난함
> ― 이명길, 「공방(空房)」 전문

---
13) 한춘섭 외, 앞의 책, p.553.

인용 절장 「한파」의 본문에는 방이라는 낱말은 없지만, 문풍지 떨리는 소리를 듣는다. 화자는 방 안에 있음이 분명하다. 찬 바람 부는 겨울에 문풍지 떨리는 소리에 가난이라는 의미를 부여해서 찬바람의 추위를 증폭시켜 놓았다. 이러한 수법은 많은 의미를 담는다. '찬바람 부는 계절적 추위', '가난함에 대한 사회적 추위', '문풍지 떨리는 소리에 대한 청각적 추위', '배고픈 숨결에 대한 육체적 추위' 등이 녹아들어 있다.

인용 절장은 감각적 표상에 관심을 둔다. '문풍지'라는 형태적 상상력을 통해 '가난'을 말하려 하지만, 문풍지의 형태적 상상력보다 찬바람(촉각), 떨림(청각), 숨결(청각), 고프다(촉각) 등의 감각적 표현에 치중하여 가난을 말한다. 감각 표상에 관심을 두었던 것이다. "가난"이라는 낱말을 제거하여 제목으로 삼았다면 더 좋은 절장으로 탄생했을 것이다. 그뿐만 아니라 3·5·4·3 음수율도 맞출 수 있었을 것이다. 제목을 '한파'보다는 '가난'으로 하였다면, '우점(優點)을 받을 수 있었을 터인데' 하는 생각에 아쉬움이 남는다.

여기서 닫힘의 공간 방 안에서 읊은 잇사의 하이쿠와 비교하면서 읽어 본다.

    가을밤이여 장지문의 구멍이 피리를 부네
    秋の夜や障子の穴の笛をふく

                                             — 잇사[一茶][14]

일본인은 과학적 시간성을 몸으로 느끼기보다는 가슴으로 느끼는 것에 익숙하다. 겨울밤보다 가을밤을 더 길게 느낀다. 아마도 늦가을의 쓸쓸함 때문일 것이다. 일본 문학에서 '가을의 긴 밤(秋の夜長)'이라는 표

---

14) 최충희, 『고바야시 잇사[小林一茶] 하이쿠 선집, 밤에 핀 벚꽃』(택학사, 2008), p.140.

현이 흔하다. 늦가을 쓸쓸한 긴 밤에 더 쓸쓸함을 느끼도록 하는 피리 소리가 들려온다. 가만가만 장지문을 보니 구멍이 뚫려 있다. 그 구멍으로 가을바람이 밀려들어 오면서 마치 피리 소리를 낸다. 그래서 장지문의 구멍이 피리를 부네라고 의인화한 것이다. 인용 절장과 하이쿠를 보면, 계절만 다르고 '방 안'의 공간에서 느낌을 묘사한 것이다.

이명길은 '가난'을, 잇사는 '쓸쓸함'을 노래한 것이다. 이명길의 「한파」는 한국인의 정서를, 잇사의 하이쿠는 일본인의 정서를 표출한 것이다. 이명길의 절장이 3·5·4·3의 구조적 완결성을 이루지 못한 상태이면서 시적 수준도 미완의 상태임이 아쉬움으로 남는다. 이명길이 잇사의 이 하이쿠를 접하였다면 시상을 모방한 것이지만, 수준 면에서는 모방한 것 같지는 않다.

이명길은 「공방」에서도 가난을 뼈저리게 묘사하고 있다. 이는 '빈방'이라는 의미이다. 한국 사회에서 '추석날 제사가 없다'는 것은 외로운 객지 생활일 것이다. 여기서 '추석날 차례를 지내지 못할' 정도의 가난'이라 해석함이 옳을 것 같다. 우리 사회에서 추석날 차례를 지내지 못할 정도의 가난은 거의 거지 수준이다. 천장만 바라보며 한숨을 쉬어 본들 구들장만 깨어질 지경이다. 추석이라는 풍성함의 시기(시간)에 빈방(장소)에서 천장만 바라보는 심정은 풍성함과 가난함의 대립항을 이루는 빈방의 아이러니를 공간화한 것이다. 빈방의 역설적(패러독스) 이미지가 매우 돋보인다.

절장은 단시형이라서 경구나 표어 수준으로 전락하기 쉽다. 이명길의 '절장 동시조' 두 편을 더 감상해 본다.

새아침 어서오십시오 생활노래 풍만토록

— 이명길, 「신념」 전문

징글벨 그 노래 속에 어린 시절 갔더라

— 이명길, 「회상」 전문

    시는 다의적인 의미를 지녀야 하지만, 2편의 인용 절장은 단순단일적인 의미만을 지닌다. 시에 대해 모르는 사람이 아니고서야 이를 두고 시조라 하겠는가. 「신념」은 새해를 맞이하는 경구에 불과하다. 「회상」은 제목 그대로 어린 시절 성탄절을 회상하는 심정만을 표출한 매우 평면적인 표현이다. 아주 무미건조하다. 시조의 품격과는 너무 동떨어져 있다. 그뿐만 아니라 자유시로서도 가치가 없다. 단지 실험 정신만을 높이 평가한다.

    절장은 우리 속담 "개미 쳇바퀴 돌듯 산다.", "샛바람에 게눈 감추듯 먹는다." 등과 차별화를 이루어 내야 한다. 이명길의 「신념」과 「회상」은 오히려 은유를 담는 수준 높은 우리 속담보다도 시적이지 못하다. 하이쿠와 대비하여 짚고 넘어가야 할 것이 있다. 하이쿠는 철저하게 다의적인 의미를 담는 것을 원칙으로 함을 뼛속 깊이 새겨야 한다. 절장이 실험시라 하더라도 하이쿠가 모방의 표본이라고 가정해 볼 때, 하이쿠보다 시적 수준이 떨어진다면 시적 가치를 논할 의미가 없다. 시적 실험 가치를 높여 가야 하는 과제를 안고 있다.

    다음은 경철의 '절장 동시조'를 읽어 본다.

메마른 우리 가슴에
젖어오는 그 손길

— 경철, 「어머님」 전문

오랑캐 넘나들면서
쑥밭으로 빚은 얼룩.

— 경철, 「판문점」 전문

　두 편의 인용 절장은 지시적 의미를 담아 어린이들에게 교훈적 메시지를 전달하려는 듯하다. 이 절장이 다의적 의미를 담았다 하더라도 어린이 눈높이에서는 난해하다.
　경철의 절장 「어머님」과 「판문점」은 하이쿠와는 거리가 먼 나름대로 독자적인 시적 수준에 도달하였다. 어린이 눈높이에서 이해하기에는 불가능하다. 짧기 때문에 완성도가 떨어진다는 논리와 맞닿아 있다. '동시조'라는 이름표를 떼어 버렸다면, 좋았을 걸 하는 아쉬움을 주는 절장이다.
　남녀노소를 불문하고, '어머니'라는 존재의 위대함에 머리 숙여지고 가슴이 두근거려진다. 그런 측면에서 어린이들에게 "메마른 우리 가슴에 / 젖어 오는 그 손길"이라는 표현은 너무 고차원적이다. 어린이는 그 자체가 순수성의 존재이다. 순수성을 간직하고 있는 보편적 어린이들은 "메마른 우리 가슴"이라는 표현을 이해할 수 없을 것이다. 특히, 현상계에서 메마른 가슴을 가진 어린이가 몇이나 될까? 몇 안 되는 특별한 어린이를 대변한 '우리'라는 대명사로 일반화 혹은 공통화하려는 표현부터가 괴리감을 준다. 물론 동시조를 어린이만 읽는 것이 아니다. 어린이 눈높이에 맞아야 동시조로서 자격을 갖는 것은 분명하다. 차라리 "엄마 손 / 약손 / 그 온기로/ 힘낸다.(신기용, 「그리움」)"라는 동시가 훨씬 더 좋아 보인다. '판문점'은 임진왜란과 한국 전쟁을 대변하는 상징적 공간이다. 그래서인지 「판문점」은 어린이들이 이해하지 못하는 역사성이 내포된 관념적인 절장이다. 어린들이 이 절장을 읽고 별도의 역사적인 배경 설명 없이 곧 바로 이해하기란 여간 쉬운 일이 아닌 것 같다. 동시조로서는 성공하지 못한 작품이다.
　앞에서 살펴본 바와 같이 대체로 성공적인 작품도 있으나, 대부분의 절장은 시조가 아닌 하이쿠풍이다. 시조의 특징에서 벗어나 '지금, 여기'에서 즉흥적인 감회를 말하는 사물시(事物詩)에 가깝다. 그것은 하이쿠의 특성을 지니고 있기 때문이다.

 절장의 실험을 무의미하고 진정성이 결여되어 있다고 단정할 때, 시조의 새로운 발전을 모색한 실험 정신이라고 옹호해 왔던 온갖 미사어구들이 한갓 하이쿠의 모방을 옹호한 결과물이었음이 드러난다. 만일 절장의 옹호를 지속한다면 시조의 격이 땅에 떨어져 사람들의 발에 짓밟히고 말 것이다. 밟히기만 하면 그나마 다행이다. 버림받을 수도 있을 것이다.

라. 닫힘의 공간, 담벽

 공간의 대립항에서 언급한 이명길의 「본향」을 다시 한 번 닫힘의 공간으로 읽어 본다.

> 담벽에 풀 무성한 자리는 내가 자란 고향
>
>   — 이명길, 「본향」 전문

 이 절장의 즉흥성이 어떻게 나타날까? 객지 생활을 하는 시인이 방문을 열고 담벽을 본다. 어느덧 풀이 무성하게 자랐다. 시인은 그 담벽 넘어 지금쯤 풀이 무성하게 자라고 있을 떠나온 고향이 떠오른다. 그 담벽 넘어 존재하는 고향을 그리워한다. 담벽은 고향에 갈 수 없는 처지의 자신을 차단하는 경계이면서 장애물이다. 그 담벽을 통해 고향을 본다. 자신의 성장기를 돌아본다.

 공간적인 의미에서는 '닫힌 공간'에서 '열린 공간'으로 지향하는 의식의 표출이다. 내부에서 외향 지향성의 심상으로 확장해 나가는 것이다.

바쇼의 닫힘의 공간 '담장' 관련 하이쿠 두 구를 읽어 본다.

나비의 날개 몇 번이나 넘는가 담장의 지붕
蝶の羽の幾度越る塀のやる

— 바쇼[芭蕉] 전문[15]

인용 하이쿠의 계어(季語)는 나비(봄)이다. 바쇼는 방랑 생활을 하는 자신이 나비처럼 날 수 있는 존재였으면 한다. 담장을 몇 번이나 넘나드는 나비는 자유롭다. 나비의 가벼운 날갯짓은 공기 이미지이다. 나비는 가벼이 담장을 자유롭게 넘나든다. 정처 없이 떠돌아다니는 자신은 나비보다도 자유롭지 못함을 노래한다. 저 담장을 넘어가서 따뜻한 밥이라도 한 그릇 얻어먹고 싶었던 것이 아닐까. 이는 자신이 담장이라는 닫힘의 공간을 자유롭게 넘나들 수 없음을 한탄하는 것일 수도 있다. 또는, 장자의 호접지몽(胡蝶之夢)처럼 물아일체(物我一體)를 장치한 것일 수도 있을 것이다.

오동나무에 메추라기가 우는 담장의 안쪽
桐の木にうづら鳴なる塀の内

— 바쇼[芭蕉] 전문[16]

바쇼는 담장 밖에서 메추라기 울음소리(청각)와 담장 위로 우뚝 솟아 있는 오동나무(시각)를 통해 담장 안쪽을 말한다. 시골의 큰 저택은 높은 담장에 둘러싸여 있다. 담장을 지나는데 메추라기 우는 소리가 들려온다. 그 울음소리를 좇아 눈을 돌리니 자신의 키보다 훨씬 높은 담장만

---

15) 오석윤 편저, 앞의 책, p.46.
16) 오석윤 편저, 위의 책, p.56.

보인다. 오동나무 한 그루가 우뚝 솟아 있다. 오동나무에서 메추라기가 운다. 바쇼는 가난한 서민의 눈으로 담장 안쪽으로는 근접할 수 없고, 보이지 않는 부귀와 권세를 향한 부러움도 깔아 놓았다.

바쇼의 하이쿠 두 구는 절장 「본향」과 같이 담장이 안팎의 경계이다. 이명길은 '닫힌 공간'에서 '열린 공간'으로 지향한 반면, 바쇼는 '열린 공간'에서 '닫힌 공간'으로 지향한다. 바쇼도 이명길도 '열린 공간'과 '닫힌 공간'을 넘나들고 있다.

  후미진 벽에 착 달라 붙어 있는 빈티 나는 눈
  うら壁やしがみ付きたる貧乏雪

               — 잇사[一茶][17]

인용 하이쿠는 잇사 자신의 자화상을 묘사한 것이다. 노년을 보내고 있던 고향에서 생활의 어려움을 겪고 있음을 표현한 것이다. 후미진 벽에 녹지 않은 아주 작은 눈덩이를 보고, 외진 곳의 그늘과 가난을 결부시켜 놓았다. 잇사 자신의 심정을 노래한 것이다.

이 하이쿠는 이명길의 「본향」처럼 내부에서 외향 지향적 심상으로 확장해 나가려는 의지가 약하게 보인다. 이미 이 시기에 잇사는 늙을 대로 늙어 버렸나 보다.

5. 주정적 절장과 하이쿠

앞에서 읽어 본 최승범의 절장 「고추잠자리」를 주정시 측면에서 다시 읽어 본다.

---

17) 최충희, 앞의 책. p.196.

도솔란 오동색 꽃 끝에 비행을 멈춘 낙천가

　　　　　　　　　　　　　　　— 최승범, 「고추잠자리」 전문

　인용 절장은 주정적이다. 어느 가을, 도솔란에 오동색 꽃이 활짝 피었다. 꽃의 꼭대기에 고추잠자리가 내려앉아 날갯짓을 멈추었다. 꽃에 앉아 쉬었다 갈 수 있는 자라면 낙천가이다. 최승범 시인은 고추잠자리처럼 낙천가이고 싶어 하는 심정을 노래했다.

　　낙엽송은 쓸쓸한 나무로다 고추잠자리
　　から松は淋しき木なり赤蜻蛉

　　　　　　　　　　　　　　　— 헤키고토[碧梧桐][18]

　인용 하이쿠도 주정적이다. 헤키고토는 계어의 틀에서 벗어난 신경향 하이쿠를 주장한 시인이다. 이 하이쿠에서 고추잠자리(가을)를 계어로 등장시켰다. 우리가 낙엽송이라 부르는 침엽수를 일본어로는 가라마츠[唐松]라 한다. 이 낙엽송의 가을은 노랗게 물들어 추위가 닥쳐오면 우수수 모든 잎이 떨어지고 만다. 헤키고토의 눈에 노랑의 옷을 입은 낙엽송이 쓸쓸하게 보였던 것 같다. 맑고 푸른 가을 하늘과 낙엽송의 노랑이 겹쳐진 곳에 고추잠자리가 빨갛게 날아간다. 가을의 정경을 노래했다. 누가 뭐라 해도 헤키고토의 '고추잠자리'보다 최승범의 '고추잠자리'에 좋은 점수를 던질 수 있을 것 같다.

---

18) 오석윤 편저, 앞의 책, p.161.
19) 이어령, 앞의 책, p.275.

6. 나가기

"원래부터 단시형으로 출발한 시조와 와카[和歌]와는 달리 하이쿠는 하이카이렌카[俳諧連歌]의 렌쿠[連句] 가운데 첫구만이 떨어져 나온 것으로 발생 자체가 기형성을 지닌 것이다."[19] 이처럼 하이쿠의 기형성과 같이 절장도 분명 시조의 기형임에는 틀림이 없다.

하이쿠는 제목을 달지 않고도 17자 고정으로 충분히 특징을 살리는 반면, 절장은 15자 안팎으로 시조의 특징을 살리지 못하므로 이를 보완하려고 제목을 단다. 그러함에도 이들 절장은 시조의 특징이 아닌 하이쿠의 특징에 머물고 만다.

지금까지 예를 든 절장의 일부는 뭔가 부족한 듯하면서도 시조 작풍인 것을 부정할 수 없다. 대부분은 하이쿠 작풍이라는 것을 부인할 수 없는 일이다. 물론 시인의 개별 역량과 관련이 있을 수 있다. 시조 정신이 아닌 하이쿠 정신에 물들어 버린 절장은 시조의 하위 갈래의 이름으로 더 이상 창작해도, 창작돼도 안 될 일이다. 이름만 절장이지 시조가 아니라 하이쿠의 변형인 것이다. 그렇다면 다른 이름을 달아야 하지 않겠는가.

시조에서 파생하여 시조의 유형으로 남아 있는 절장은 이제 일본의 하이쿠가 하이카이렌카[俳諧連歌]에서 파생 독립한 것처럼 시조로부터 떼어 내어서 독립시켜 놓아야 한다.

시조단에서는 우리의 얼과 전통시를 보전하려는 절장을 내쳐야 한다. 절장에 동조하는 시인들은 스스로 완결성을 향하여 시조라는 말을 빼고 '절장시', '단장시' 등으로 독자적 문학 양식으로 독립을 추진하여야 한다. 새로운 시 정신으로 무장하려는 의지를 보여 줄 시기가 도래한 것이다. 이제 절장은 시조라는 갈래 이름으로는 더 이상 어울리지 않는다. 물론 태생적 차이점은 있지만, 민조시와 풍시조(諷詩調)처럼 다른 이름표를 달고 새 시대에 걸맞는 새로운 시로 태어나기를 빌어 본다.

제4장

디카시 이해

사진과 시의 결합인 디카시는 감각의 순간과 언어의 형상을 하나의 프레임에 담는다. 단순한 시각 기록이 아니라, 이미지와 언어가 상호 작용하며 새로운 의미망을 생성한다. '찍고 쓰기'의 결합 속에서 독자는 눈으로 보고 마음으로 읽는 시적 체험을 한다.

4.
다카시 이해

— 디카시야, 현실 설명에서 벗어나자

1. 들어가기

최근 우리나라 인터넷 공간에서 '사진시(寫眞詩)', '시사진(詩寫眞)', '디카시(digital camera詩)', '디지털시(digital詩)', '포토 포엠(photo poem)' 따위의 꼬리표를 단 시의 소비가 늘어 가는 추세이다. 웹툰(Webtoon), 웹 소설(Web Novel), 앱 소설(App Novel)만큼의 인기는 아니다.

인터넷 공간에서 디지털 사진과 함께 5행 이내 짧은 시, 즉 디카시의 인기가 상승 추세임을 부정할 수 없는 일이다. 대부분 디카시의 소비는 SNS, 밴드, 카톡, 블로그, 카페 따위의 모바일(mobile, 정보통신의 이동성)로 이루어진다. 즉, 손바닥의 휴대폰이나 태블릿 PC를 통해 소비가 이루어진다. 창작과 독서 소비가 디지털 공간에서 실시간 이루어진다.

전통적 종이책 독서 방식인 디카시집으로 소비가 이루어지기도 한다. 디카시 전문 문예지도 있다. 지면의 일부를 할애하는 문예지도 있다. 종이책으로도 디카시 소비가 이루어진다. 이는 태생적 목적, 기능과 거리가 먼 괴리 현상이다. 디지털 공간에서 창작하고, 소비한 뒤, 다시 종이책으로 인쇄하여 소비한다는 점은 태생적 본령과는 거리가 멀다. 모순이다. 인터넷 공간에서 디카시 확장 네트워크의 생태 구축이 연약하다는 의미이기도 하다.

2. 디카시 개념 체계 이해

먼저 《우리말샘》의 표제어를 중심으로 개념을 살펴본다. 디카시는 사진시의 하위 체계이다. 사진시(寫眞詩)란, "사진을 활용하여 창작하는 시. 대표적으로 디카시가 있다." 디카시(digital camera詩)란, "디지털카메라로 자연이나 사물에서 시적 형상을 포착하여 찍은 영상과 함께 문자로 표현한 시. 실시간으로 소통하는 디지털 시대의 새로운 문학 갈래로, 언어 예술이라는 기존 시의 범주를 확장하여 영상과 문자를 하나의 텍스트로 결합한 멀티 언어 예술이다." 우리나라 최초의 디카시집은 디카시를 창안하고 실험을 시도한 이상옥 시인의 『고성가도』(문학의전당, 2004)이다.

디카시와 개념의 차이는 있지만, 비슷한 용어를 살펴본다. 시사진(詩寫眞)이란, "표현하고자 하는 감흥에 어울리는 사진을 함께 엮은 시"이다. 디지털시(digital詩)란, "조형물이나 퍼포먼스를 동원하고 각종 전자 기기의 음향과 미디어 기기를 활용하는 실험적인 시."이다. 포토 포엠(photo poem)이란, "표현하고자 하는 감흥에 어울리는 사진을 함께 엮은 시."이다.

대표적인 디카시를 중심으로 살펴본다. 현재 포스트모더니즘 시대의 탈경계 측면에서 충분히 수용할 수 있는 문제이다. 사진과 5행 이내의 짧은 시와 융합 측면에서 시도할 수 있는 문제이다. 창시자 이상옥 시인이 포토 포엠은 사진과 시가 각각의 독립성을 유지한 융합의 개념이지만, 디카시는 사진과 시의 '동체'(『앙코르 디카시』, 20쪽.)라고 주장한다.

디카시 발표는 등단 절차를 밟은 시인이든 비전문가이든 창작할 수 있다. 시와 사진의 상호 보충 설명 형식이라서 대체로 질 낮은 산문 형식을 취한다. 특히 명성이 높은 시인이 발표한 디카시도 낮은 단계의 시 수준이다. 그래서 대중문화 현상으로 인정할 수 있지만, 언어 예술인 시 갈래로 인정받기에는 한계가 있다.

모바일을 통한 창작과 읽기를 언제 어디서든 가능하다는 장점이 있다. 시간과 장소의 제약이 없다. 그래서 웹 소설(Web Novel)이나 웹툰(Webtoon)처럼 자연스럽게 모바일로 창작하고 소비한다. 웹 소설과 웹툰은 이미 젊은 애독자가 두텁게 소비 계층을 형성했다. 디카시의 향유층은 젊은이도 있지만, 노년층이 많다. 한국디카시인협회 회원의 대부분은 중년과 노년층이다.

디카시는 정통 시단의 시선에서 보면, "사실(事實)과 현실을 기록한 사진을 설명하는 산문의 글에 시라는 이름표를 붙이는 것은 적합하지 않다. 사진 자체가 현실이므로 문자는 설명하는 기능에 그칠 수밖에 없다. 현실을 설명하는 사족에 불과하다. '디카 에세이'라는 용어가 적합하다."라는 비판의 목소리도 크다. 몇몇 신문사 신춘문예에서 '디카 에세이'라는 이름으로 공모하는 이유일 것이다.

또한, 문학 이론가들이 디카시에 대해 우려를 표명하기도 한다. 이 가운데 문학평론가 김관식은 디카시 붐에 대해 비판적 시각을 드러내고 있다. 이를 읽어 본다.

> 디카시는 일본의 하이쿠 시를 모방한 시이다. 하이쿠가 이미지를 중심으로 상상력을 확장시켜 주는 반면, 디카시는 사진이 곁들어져 있어 사진 설명에 지나지 않는다. 문학 놀이를 즐겨하는 한국의 문학 풍토에서 디카시는 문학보다는 문학 향유자들이 문학을 빙자하여 문학인처럼 위장하여 남에게 자신을 돋보이려는 명리적 가치 실현을 하기 위한 놀이 문화이다. 시적 능력이 없는 글을 사진으로 위장하여 구렁이 담 넘어가듯이 넘어가려는 한국적 문학 병리 현상에 불과하다.

여러 비판적 시각이 있지만, 생략한다. 언제 어디서든 창작하고 읽을 수 있다는 긍정적인 장점도 있다. 디카시 향유층인 중년과 노년층에게 시간과 장소의 제약이 없다는 지점은 매우 매력적이다. 대중교통을 이용할 때나 일상의 자투리 시간에도 손바닥 안에서 창작하거나 소비할 수 있다. 우리 일상생활 깊숙이 들어와 있다.

디카시의 경우 사진작가의 시선(예술 사진작가라는 의미가 아님.)과 시인의 시선을 동시에 드러낸다. 사실을 기록한 사진, 즉 현실을 기록한 사진의 시각적 심상과 시의 시각적 심상이 하나의 텍스트로 만난다. 사진의 시선과 시의 시선이 결합한 동체이다. 현대 문화의 현상인 과학기술과 인문학의 '융합' 차원을 넘어 사진과 언어 예술이 상호 작용하는 하나의 동체라는 점에 주목해 본다. 문화 현상 측면에서 사진의 시선과 시의 시선을 통해 새로운 시각적 심상을 만들어 낸다. 대부분 시각적 심상에 그친다.

사진의 속성은 사실 기록, 현실 기록이다. 시각적 심상으로 기록하는 것이다. 시각적 심상의 현실을 설명하는 글 수준이라는 지점이 디카시의 한계이다. 오감을 통한 감각적 심상뿐만 아니라, 비유적, 상징적 심상으로 확장해 나가지 못함이 아쉬운 지점이다.

3. 사진과 문학의 융합 역사

사진과 시의 융합이라는 측면에서 편집 방식은 영상 문학 편집과 닮은 점도 많다. 세계에서 처음으로 문학과 사진이 함께 결합한 것으로 알려진 작품은 조르주 로덴바흐(Geores Rodenbach)의 소설 『죽음의 도시 브뤼주(Bruges-la-Morte)』(1892)이다. 벨기에 출신인 로덴바흐는 소설 작품에 35장의 사진을 편집하여 죽음의 도시 브뤼주를 설명하는 문학적 도구로 사용하였다. 독일에서 최초로 사진을 문학적 도구로 활용한 작품은 1929년에 출판된 쿠르트 투홀스키(Kurt Tucholsky)의 『독일, 독일 만세』이다. 그래서 투홀스키는 '사진 텍스트'라는 새로운 문학 장르를 탄생시켜 놓았다.

우리나라에서는 소설가 조세희의 '사진-산문집'『침묵의 뿌리』(열화당, 1985)에서 산문과 사진, 박남철의 『반시대적 고찰』(도서출판 흐겨레, 1988)에서 시와 사진을 함께 편집한 책을 접할 수 있었다. 앞의 두 책은 그 당시 매우 생소하고 충격적인 낯선 편집 형태였다. 사회 고발적 내용 때문에 대중의 관심을 끌기도 했다. 그 후 사진작가이기도 한 신현림 시인이 영상 에세이집 『나의 아름다운 창』(창작과비평사, 1998)과 『다시 사랑하고 싶은 날』(책읽는오두막, 2014)에서 수준 높은 사진에 시와 에세이를 함께 편집하여 발표하기도 했다.

사진과 산문의 만남은 생소하지 않다. 그러나 감상해야 할 사진을 설명한다는 측면에서 바람직한 일은 아니다. 시와 사진의 만남을 실험한 박남철 시인은 탈경계, 낯설게하기 기법 측면에서 한국적 해체시로 인정받았다.

4. 국어 교과서에 실린 디카시

오마이뉴스(2018. 1. 25.)는 교과서에 처음으로 수록한 디카시를 소개했다. 사진 하단에 '창비'에서 출간한 〈국어 교과서 작품 읽기-중1 시〉에 실린 서동균 시인의 디카시 "봄"이라고 설명해 놓았다.

쉿!
봐 봐, 움직이잖아
꿈틀꿈틀
개똥쑥 같은 그늘에서

초록 햇살을 품고 가는 애벌레야

— 서동균, 「봄」 전문

결행 "초록 햇살을 품고 가는 애벌레야"라는 공감각적 심상(시각+촉각, 품고를 촉각 심상으로 읽을 수도 있다.)만으로도 설명조에서 벗어나려고 노력한 흔적을 읽을 수 있다. 설명조 산문에서 벗어난 디카 동시(童詩)이다. 누구든 이에 버금가는 디카시를 창작해야 할 것이다. 그러나 인터넷에 떠돌아다니는 서동균의 디카시도 사진을 설명하는 산문이 꽤 많다.

현재 진행형인 디카시는 생활 문학(生活文學)이다. "일상생활에서 흔히 경험할 수 있는 일을 소재로 한 문학."(《우리말샘》)이다. 대체로 '시 놀이', '문학 놀이'라는 '유희'에 그치는 수준이다. 시의 유희 기능만 확연히 드러난다. 디카시 운동은 우리나라뿐만 아니라 세계의 문화 현상으로 자리 잡아 가는 중이라는 측면에서 긍정적으로 평가할 수 있다.

5. 디카시 창작론

디카시가 시각적 심상의 현실 기록인 사진과 시가 상호 보완의 관계라는 측면에서 보면, '디카 산문(에세이)'이라는 말은 성립한다. 디카시라는 말이 성립하려면 해결해야 할 요소가 많다. 대표적인 요소가 '시는 설명하지 않는다.'이다. 디카시가 설명조의 짧은 산문 수준에 그친다는 지점에 주목해 본다.

설명하는 시는 죽은 시다. 그런 측면에서 디카시의 사진은 그 자체가 시각적 설명이다. 시는 사진을 설명하는 수준에 그친다. 정통 시에서 설명하는 시는 죽은 시이다.

설명하는 사진도 죽은 사진이다. 사진은 현실 기록이다. 정지한 사진에도 기승전결이 있다. 반전의 장치가 강할 수도 있고, 약할 수도 있다. 사진에 시라는 이름으로 설명을 덧붙이는 순간, 생명력을 잃어버린다.

시에 현실 기록인 시각적 심상의 사진으로 설명을 덧붙일 필요가 있을까? 시인이 시를 설명하려 들면 스스로 작품성을 포기하는 행위이다. 시는 있는 그대로 두어야 깊은 맛이 난다. 백 사람이 읽으면 백 가지의 해석이 나와야 시다운 시이다. 사진으로 설명할 필요가 없다. 현실 기록을 마주한 상호 설명 때문에 하나의 해석에 그치고 만다. 즉, 디카시는 껍데기만 시이다. 죽은 시이다. 현실에 설명을 덧붙인 산문이다.

창시자 이상옥 시인과 김종회 문학평론가가 주장하는 디카시 창작론의 일부만 읽어 본다.

> 나는 자연이나 사물, 사건에 깃들인 시의 형상(극순간적 감동의 형상)을 날시(raw poem)이라고 명명한 것이다. 그렇다면 디카시는 날시의 포착에서부터 시작되는 것이다. 즉, 날시(raw poem)를 디지털카메라로 찍는 것이 시 창작의 단초다.
>
> 디지털카메라로 포착한 날시는 여전히 침묵하는 언어인데, 시인이 그 침묵의 언어를 듣고 옮겨 놓으면 디카시는 완결되는 것이다. 그래서 디카시는 날시를 디지털카메라로 찍어 문자로 재현한 시라고 정의한 것이다.
>
> — 이상옥, 『앙코르 디카시』, 19쪽.

시인이 영감으로 포착한 현실 자체를 '날시'(그렇다고 모든 현실이 날시가 되는 것은 아니다)로 보고 그것을 육화하듯이 언어로 옮겨 놓는다.

— 이상옥, 『앙코르 디카시』, 15-16쪽.

디카시는 시인의 창작 역량과 노력에, 영감(靈感)을 더하고 섬광(閃光)의 시간이 함께 작동하는 예술 형식이다.

— 김종회, 『디카시, 이렇게 읽고 쓰다』, 64쪽.

이상옥 시인은 "자연이나 사물, 사건에 깃들인 시의 형상을 날시(raw poem)"라고 명명한다. '날시'를 "극순간적 감동의 형상"이라고 주장한다. 디카시 창작은 '날시'의 포착에서 시작한다고 강조한다. 나아가 이 '날시'를 "시인의 영감으로 포착한 현실"이라며 '영감'을 강조한다. 김종회 문학평론가도 "디카시는 시인의 창작 역량과 노력에, 영감(靈感)을 더하고"라며 '영감'을 강조한다. 명성 높은 두 이론가가 주장하는 '영감'이 디카시에서 가당키나 한 말일까?

디카시 창작론이 '영감'에 의존한다는 점은 매우 우려스러운 일이다. 이 지점은 '순수 직관'이다. 순수 직관을 영감으로 둔갑시켜 주장하는 디카시 창작론은 뿌리째 흔들릴 수밖에 없다. 순수 직관적 사유의 산물, 형상적 사유의 산물을 영감이라고 주장하는 것은 보편타당한 시각이 아니다. 이런 말은 허술한 이론으로 무장한 현장 비평가들도 하지 않는다. 이성주의, 합리주의, 과학주의 제도권 대학에서 교수였던 두 강단 이론가의 주장치고는 깃털처럼 가볍다. 디카시 창작론 자체가 학술적 근거가 궁핍하다는 의미이기도 하다. 문예 창작에서 이미 퇴물인 영감설을 내세운 디카시 창작론은 설득력이 없다. 학술적 줄기와 뿌리가 빈곤해도 너무 빈곤하다.

또한, 김종회 문학평론가가 강조한 "시인의 창작 역량과 노력에, 영감(靈感)을 더하고"라는 대목은 시인 개별자의 '문학 능력(literary competence)'의 '내면화' 구조 체계 문제이기도 하다. 즉, '영감'의 작동이 아니고, '내면화' 작동 문제이다. 분명한 것은 '영감'은 적확한 용어가 아니다.

이 지점은 영감설을 추종하는 비뚤어진 일부 기독교인이나 무속인들처럼 다룰 사안이 아니다. 이론가가 말장난으로 언급할 문제도 아니다. 학술적 이론에 근거하여 정확하게 무겁게 다루어야 할 문제이다. 이 사안만 보더라도 디카시 창작론 자체가 말장난에 불과하다.

시상 포착 단계인 '날시'는 그림으로 말하면 스케치 형상, 글로 말하면 메모 형상이다. 이를 영감이라고 한다면 빗나가도 한참 빗나갔다. 이는 형상적 사유의 산물이다. 순수 직관적 사유의 산물이다. 이를 사진으로 찍는다. 이때 사진은 순수 직관적 산물이다. 이를 다시 감각과 감정을 이입하여 문자로 재현한다. 이 역시 형상적 사유의 산물이다. 이들이 '영감'이라고 주장한 지점의 현상학적, 인식론적 오류는 폐기하는 것이 마땅하다.

디카시 창작론을 가스통 바슐라르의 상상력 측면에서 보면, 지각이나 기억에만 관련된 재생적 상상력 영역에도 미치지 못해 이를 제대로 촉발하지 못한다. 시의 본령을 제대로 구현하려면 실재나 감각으로부터 자유로운 창조적 상상력의 단계까지 확장해 나가야 한다. 디카시 창작론 인용문만 보더라도 디카시는 산문이라서 상상력의 영역과는 거리가 멀다. 이에 주목해야 한다. 디카시 창작론의 다른 부분을 읽어 본다.

> 디카시는 현실 속에서 시적 형상을 (ㅋ)순간 포착한다는 점에서 전통적 의미의 창작자로서 시인의 개념보다는 에이전트로서 선택자나 포착자라는 개념이 우세하다. 소위 랭보가 말한 견자로서의 시인이라고 보아도 좋다. 어떻든 디카시는 현실 속에 존재하는 시적 형상을 극순간 포

착하여 그것을 사진과 문자인 멀티 언어로 형상화한다는 점에서 기존 시의 개념과 다른 국면이다.

(……) 기존의 경우에는 창작의 주체는 시인이고, 시의 대상인 현실 (사물)은 객체다. 그런데 디카시는 현실이 주체가 되고, 시인이 객체가 된다는 점이다.

— 이상옥, 『앙코르 디카시』, 17쪽.

디카시 창작론만 읽어 보더라도 '디카시'가 아니라 '디카 산문'이라는 용어가 가장 적합하다. 특히 "디카시는 현실 속에 존재하는 시적 형상을 극순간 포착하여 그것을 사진과 문자인 멀티 언어로 형상화한다는 점에서 기존 시의 개념과 다른 국면이다."라는 말은 낮은 단계의 시적 형상, 즉 산문을 의미한다. 즉, 에세이즘을 바탕으로 한 짧은 산문이다. 사진은 현실이다. 이를 보완하는 글도 현실을 설명하는 수준에 머물 수밖에 없다. 설명 수준에서 한 단계 앞선 디카시를 평가하면 그나마 진술 수준이다. 표현 면에서 이를 뛰어넘어야 한다. 창안자가 한국문학도서관에 연재한 첫 작품 '봄밤'(2004. 4. 2.)을 읽어 본다.

얇은 속옷 같은
어둠이 은은히 드리워진
봄날의 캠퍼스
늦은 강의동 몇몇 창들만 빤히 눈을 뜨고
— 이상옥, 〈봄밤〉

인용 디카시를 김종회 문학평론가는 "어두운 전체 화면 가운데 대학

강의동의 몇몇 창틀에 불빛이 서려 있을 뿐이다. 그 어둠과 빛의 공존을 두고, 시인은 '얇은 속옷'의 '봄밤'을 떠올렸다. 아니면 그 두 개념에 캠퍼스의 야경을 불러왔는지도 모른다."(『디카시, 이렇게 읽고 쓰다』, 88쪽.)라며 해설했다.

  달리 보면, 직접 정서로 사진을 설명한 산문이다. 결행의 '몇몇 창들'에 주목해 본다. 위의 해설처럼 '몇몇 창틀'이라고 표기했다면 아무런 이견이 없을 것이다. 우리말은 셀 수 있는 명사 뒤에 접미사인 복수 '-들'을 붙일 수 있다. 몇몇이 복수라서 '몇몇 창'이라고 표현해도 무방하다. '몇몇 창들'이라고 표현함으로써 시어의 긴장이 느슨하다. 2행의 "어둠이 은은히 드리워진 / 봄날의 캠퍼스"도 일본어식 피동(被動)으로 설명한 산문이다. 물론 '-지다'는 보조동사이다. 그러나 화자가 피동의 유체 이탈 화법으로 남 이야기하듯 이끄는 것은 바람직하지 않다. 주체와 객체의 혼돈만 가중할 뿐이다. 그리고 외래어 '캠퍼스'보다 '교정'이라는 시어를 채택했다면 더 좋았을 것이다. 시인은 우리말을 빛나게 하는 데 앞장서야 한다. 우리말을 죽이려고 덤벼드는 듯한 행위는 바람직하지 않다. "드리운 어둠(어둠 드리운) / 봄날의 교정"이라고 했다면 함축미와 긴장미를 동시에 획득했을 것이다.

비 내리는 봄날 늦은 오후
구형 프린스는 통영 캠퍼스로 달린다
차창을 스치는 환한 슬픈 벚꽃들 아랑곳 하지 않고
쭉 뻗은 고성 가도街道의 가등은
아직 파란 눈을 켜고 있다
　　　―〈고성 가도固城 街道〉 전문

인용 디카시 '고성가도'는 이상옥 시인의 첫 디카시집의 표제시이다. 두 개의 직접 정서의 설명조 문장을 행만 갈라놓은 점에 주목해야 한다. 디카시가 아닌 디카 산문임을 증명한 시이다. 앞의 인용 디카시처럼 2행에 캠퍼스라는 외래어가 또 등장한다. '아랑곳하다'는 하나의 동사이다. 띄울 수 없는 단어이다. 이는 시적 자유가 아닌 오류이다. 결행에 "아직 파란 눈을 켜고 있다."라는 현재 진행형 설명조에 주목해 본다. 우리말 시제에 현재 진행형은 없다. 굳이 국적 불명의 번역체 문장을 채택하여 시행을 느슨하게 만들 필요가 있을까? 시라면 당연히 시어의 긴장미, 내용의 긴장미, 행간의 긴장미를 추구해야 마땅하다. 번역체 문법의 산문을 시처럼 행을 갈라놓았다고 해서 시일 수는 없다.

또한, 디카시 등단자 작품을 읽어 보면, 한자 관념어 남발, 직접 정서의 설명조 남발, 외래어 남발이 도배 수준이다. 이런 점이 운문이 아닌 산문임을 증명한다. 클리셰 같다. 심지어 문장 부호 마침표마저 생략을 원칙으로 하는 표어 같기도 하다. 일부 수준 높은 디카시를 고려하여 긍정적으로 평가한다면, 이미지즘의 짧은 산문시 정도이다. 성공적인 시의 자격을 얻기 위해선 창작 기법 보완이 필요하다.

6. 나가기

디카시처럼 상호 보완적인 설명을 하면서 태어난 시는 죽은 시이다. 사족을 단 시이다. 미완의 시이다. 대부분 디카시는 현실을 기록한 사진의 시각적 심상과 시의 시각적 심상이 상호 보완하는 수준이다. 즉, 형상적 사유의 산물, 순수 직관적 산물에 머물러 있다. 이 지점이 아쉬운 점이다.

향후 표현 면에서 현실 설명에서 벗어나야 한다. 현실 진술에서도 벗어나야 한다. 비현실적인 공감각적 심상을 비롯한 묘사에 비중을 둬야

할 것이다. "회화나 조각의 감각을 시 형식의 텍스트로 바꾼"《우리말샘》 그림시(그림詩)처럼 시적 수준을 드높여야 할 것이다. 현실의 기록인 사진의 시각적 심상과 상호 보완하는 형상적 사유의 산물, 직관적 사유의 산물을 뛰어넘어야 할 것이다. 시의 심상 측면에서는 감각적, 공감각적, 비유적, 상징적 심상으로 확장해 나가야 할 것이다. 나아가 지각이나 기억에만 관련된 재생적 상상력을 넘어 실재나 감각으로부터 자유로운 창조적 상상력을 발휘하는 영역까지 확장해야 할 것이다. 디카시 창작론의 보완이 필요한 지점이다.

앞으로 수준 높은 디카시 창작이 보편화할 날이 다가올 수 있기를 기대해 본다. 전문 시인이든 비전문가이든 디카시 창작에 한 번쯤 참여하는 것도 바람직할 것이다. 단, 시적 수준을 늘 고투해야 할 것이다.

디카시가 세계의 문화 현상으로 확산해 나갈 수 있게 노력을 아끼지 않은 분들에게 감사의 말씀을 올린다. 디카시를 창시한 이상옥 시인의 실험 정신에 찬사를 보낸다. 모든 창작자께서 성공적인 작품을 남길 수 있기를 바라면서 응원한다.

제5장

디카시의 이론적 한계와 상상력의 층위

디카시는 시각적 즉시성과 감각적 몰입을 제공하지만, 설명적 서술과 감정 직설에 치우칠 경우, 시적 긴장미가 약화한다. 이 한계를 넘어서는 길은 이미지와 언어의 여백을 확장하고, 재생적·창조적 상상력을 통해 사진 속 세계를 새롭게 열어 가는 것이다.

5.
디카시의 이론적 한계와 상상력의 층위
— 정동 이론과 창조적 상상력을 중심으로

I. 들어가기

디지털 기술의 발달과 함께 등장한 디카시는 사진과 시가 결합한 독창적인 표현 양식이다. 한순간의 감각과 의미를 압축적으로 담아낸다. 그러나 지금까지 디카시 연구는 주로 장르적 특성, 형식상의 장단점, 미학적 가치 논의에 집중했다. 창작과 수용 과정에서 작동하는 상상력의 내적 구조를 충분히 설명하지 못했다.

특히 이상옥이 제시한 '날시' 개념은 디카시의 현장성과 순간성을 강조한다. 사진 이미지와 언어가 어떤 인지적·문화적 과정을 거쳐 하나의 작품으로 완성하는지에 대한 분석은 상대적으로 부족하다.

디카시 창작의 출발점은 이미지가 불러일으키는 정동(affect)이다. 정동은 언어 이전의 감각적·정서적 반응을 의미한다. 이는 창작자와 수용자 모두에게 강렬한 몰입의 순간을 제공한다. 이 감각은 곧 시각적 형상과 언어적 이미지로 변환한다. 개인적 경험이나 사회적 맥락 속에서 새로운 의미로 재구성한다. 나아가 창작물은 반복적 소비와 재해석을 거치며 문화적 코드로 편입한다.

이러한 과정을 단계적으로 분석하는 틀은 디카시의 미학적 작동 원리를 설명할 뿐만 아니라, 디지털 시대 문학이 지닌 사회·문화적 확장 가능성을 조명한다.

이 글은 디카시 창작과 해석 과정을 정동→심상화→의미 재구성→문화적 코드화라는 네 개의 상상력 층위로 구분하여 고찰한다. 이를 통해 디카시가 단순한 '사진+시'의 결합이 아니라, 감각·언어·서사·문화가 연속적으로 작동하는 복합 예술임을 밝히고, 향후 디카시 비평과 창작의 새로운 분석 틀을 제시하고자 한다.

II. 디카시 이론의 한계

1. 디카시 이론의 맹점은 무엇인가

디카시는 기술과 창작의 융합으로 새로운 문학적, 예술적 시도를 가능하게 했지만, 그 이론적인 틀에서는 몇 가지 중요한 맹점이 있다.

가. 디지털 미디어의 제한적인 예술적 표현

디카시는 기본적으로 디지털 미디어(텍스트, 이미지, 소리 등)를 기반으로 한 예술 형태이다. 이 매체가 기존의 문학적인 깊이나 감성적인 표현을 온전히 전달하는 데 한계가 있을 수 있다. 즉, 기술적인 특성이 때로는 예술적 표현을 제한하거나, 너무 즉각적이고 빠른 소비를 유도하는 경향이 있다.

문제점: 디카시는 전통적인 문학처럼 긴 서사나 깊이 있는 감정을 표현하기 어렵다는 점에서 한계가 있다. 텍스트와 이미지를 결합한 디카시는 시각적이고, 상징적인 메시지를 전달할 수 있다. 그 표현을 즉각적으로 이해하고 지나쳐 버리기 쉽다. 이는 서사(이야기)의 흐름이 장기

적이고 깊이 있는 감정의 축적을 필요로 하는 전통적인 문학과는 차별화 지점이기도 하다.

나. 저작권과 창작의 정의

디카시에서 사용하는 사진은 창작자가 직접 찍어 사용하는 것이 원칙적이다. 그러나 이미지나 사운드, 비디오 클립 등의 요소들은 종종 인터넷에서 찾을 수 있는 무료 또는 상업적으로 사용 가능한 자료들이다. 이러한 매체의 재사용과 변형은 저작권 문제를 일으킬 수 있다. 창작의 본질과 그에 대한 정의를 흐리게 만들 수 있다.

문제점: 디지털 매체의 특성상 기존 작품을 쉽게 수정하고 변형할 수 있다. '창작이란 무엇인가?' 이에 대한 논의가 불분명해질 수 있다. 기존의 예술 작품을 단순히 결합하거나 변형하는 것에 대한 예술적 가치나 창의성을 의심하는 시각이 존재한다. 이는 디카시의 이론적 기반을 약화시킬 수 있다.

다. 텍스트와 이미지의 결합이 초래하는 의미의 축소

디카시는 텍스트와 이미지를 결합하는 예술 형식이다. 이 두 매체의 결합이 항상 효과적인 의미 전달을 이루는 것은 아니다. 텍스트와 이미지가 함께 있을 때, 시각적 요소가 텍스트의 의미를 압도하거나, 반대로 텍스트가 이미지의 감성을 차갑게 만들 수 있다. 즉, 텍스트와 이미지의 결합이 시너지 효과를 내지 못하고, 오히려 각각의 의미를 희석시킬 위험이 존재한다.

문제점: 이미지와 텍스트를 결합한 디카시에서, 두 요소 간의 상호작용이 불완전할 경우, 관람자는 메시지를 혼란스럽게 해석하거나 의

미를 간과할 수 있다. 즉, 이미지를 통해 감정을 전달하고, 텍스트가 그 감정을 말로 표현하려 할 때 과잉 설명을 할 수 있다. 텍스트와 이미지가 서로 충돌할 수도 있다.

라. 전통적 문학 이론의 한계

디카시가 디지털 매체에 기반을 두고 있다는 점에서 전통적인 문학 이론의 적용이 어려울 수 있다. 전통적인 문학 이론은 텍스트를 중심으로 한 분석을 기반한다. 이는 시나 소설 등의 문학 갈래를 다룬다. 디카시는 시각적 요소와 결합한다. 기존 문학 이론만으로 디카시의 특성을 설명하기에는 한계가 있다.

문제점: 기존 문학 이론이 디지털 매체의 복잡한 상호 작용을 설명하기에는 너무 제한적일 수 있다. 새로운 이론적 틀이 필요하다. 디카시가 텍스트와 이미지, 비디오를 포함한 복합적 매체로 구성한다. 이를 완벽하게 해석할 수 있는 이론적 틀이나 접근법이 아직 충분히 발전하지 않았다.

마. 디지털 매체의 상업화

상업적 플랫폼에서 디카시는 빠르게 소비하는 경향이 있다. 이는 디카시가 상업적 이용이나 트렌드에 맞춘 소비적 성향에 맞춰지는 현상을 초래할 수 있다. 예술이 순수성을 잃고, 상업적 목적이나 대중의 취향에 맞춰지는 경향이 발생할 수 있다.

문제점: 디지털 미디어는 상업적 목적을 위한 즉각적인 반응을 유도하는 특성이 있다. 이는 디카시가 가질 수 있는 깊이 있는 예술적 메시지나 철학적 접근을 경시하거나 소비하는 속도에 의해 그 의미를 축소

할 위험이 있다. 디지털 미디어에서 예술적 진지함이나 깊이가 빠르게 소멸할 수 있다는 점에서 이론적인 맹점이 발생할 수 있다.

바. 기술 의존성과 단점

디카시가 기술에 의존하는 예술 형식이라는 점에서, 기술적 장비나 소프트웨어의 한계가 작품의 품질에 영향을 미칠 수 있다. 즉, 디지털 파일의 손상, 기술적 오류, 디지털 장비의 제약 등이 디카시의 창작에 큰 영향을 미칠 수 있다.

문제점: 디카시의 본질이 디지털 매체에 의존한다는 점에서, 기술적 장비가 고장이 나거나 호환성 문제가 발생할 경우, 그 작품이 정상적으로 재현되지 않는다. 심지어 존재 자체가 사라질 수도 있다. 이는 디지털 매체의 불완전성을 고백하는 부분이기도 하다. 기술의 발전에 따라 예술의 지속성과 안정성에 대한 불확실성을 초래할 수 있다.

사. 소결론

디카시 이론의 맹점은 디지털 미디어와 예술적 표현의 융합으로 인한 기술적, 이론적 한계에서 발생한다. 기존의 문학 이론이나 예술 이론이 디지털 매체의 복잡성을 충분히 다루지 못하고 있다. 디카시의 특성을 명확히 설명하고, 규명할 수 있는 이론적 틀이 부족하다.

또한, 디지털 미디어의 특성상 상업적 소비나 즉각적인 반응에 집중하기 쉽고, 기술적 의존성이나 저작권 문제 등도 그 이론적 맹점으로 지적할 수 있다.

2. 디카시 저작권 침해 가능성

디카시(Digital Poetry)와 관련된 저작권 소송 사례는 아직 대중적으로 큰 논란을 일으킨 사례가 없는 듯하다. 디지털 미디어와 사진, 이미지 기반의 예술 형식인 디카시에서 저작권 문제가 발생할 수 있는 주요한 상황이 존재한다. 주로 '이미지 사용'과 관련한 법적 분쟁으로 발생한다. 그러함에도 불구하고 디카시 자체로 특정한 저작권 소송 사례는 알려지지 않고 있다. 몇 가지 비슷한 유형의 사례를 통해 디카시에서 발생할 수 있는 저작권 문제를 유추할 수 있다.

가. 저작권 침해 및 무단 사용

디카시에서 사용하는 많은 이미지가 인터넷에서 자유롭게 접근할 수 있는 자료들이다. 많은 작가가 이러한 자료를 무단으로 사용할 위험이 있다. 실제로 사진작가나 이미지 제작자가 자신의 작품을 무단으로 사용했다고 주장하는 소송은 존재한다. 이 경우, 디카시 작가가 다른 사람의 이미지나 사진을 적절한 허가 없이 사용하면 저작권 침해로 이어질 수 있다.

예를 들면, 사진작가가 촬영한 이미지를 디카시 작가가 사용하면서, 사진작가의 허가 없이 이를 온라인에 게시하거나 상업적인 용도로 사용하는 경우 저작권 침해가 발생할 수 있다. 디카시에서 사용하는 이미지가 다른 이의 창작물이라면 해당 창작자가 저작권 침해를 이유로 소송을 제기할 수 있다.

나. 플랫폼에서 발생한 저작권 문제

디카시 작품들이 온라인 플랫폼, 즉 소셜 미디어나 예술 공유 사이트에 업로드할 때도 저작권 분쟁이 발생할 수 있다. 예를 들어, 작가가 자신의 디카시 작품을 공유하면서 다른 작가의 작업을 사용하는 경우, 원작자는 자신의 저작물이 허락 없이 사용되었다고 주장할 수 있다.

사진작가가 제공한 이미지를 사용한 디카시 작품을 예술 플랫폼에 업로드했을 때, 사진작가가 이를 무단 사용으로 간주하고 저작권 소송을 제기할 수 있다.

다. 저작권 소송 사례

비록 디카시 자체의 저작권 소송은 구체적으로 사례가 드러나지 않았지만, 디지털 예술 사진에서 저작권 분쟁은 일반적으로 발생하는 문제이다. 특히 사진 편집, 이미지와 텍스트를 결합한 작품에서 자주 문제가 된다.

예를 들면, 유명한 '이미지 도용' 사건에서는 예술 작품에서 사용된 특정 이미지가 원작자의 허가 없이 다른 작가에 의해 사용하였을 때 저작권 소송으로 이어지곤 한다. 이는 디지털 작가들이 원본 이미지나 사진을 수정하거나 변형하여 사용하면서 문제가 발생할 수 있다.

라. 소결론

디카시에서 발생할 수 있는 저작권 소송은 주로 저작물의 무단 사용과 관련이 있다. 기존의 사진, 또는 다른 디지털 콘텐츠를 사용하면 발생할 수 있다. 디지털 예술의 특성상, 기존 이미지를 수정하고 편집하는 과정에서 저작권 침해가 일어날 위험이 크다. 디카시 작가들은 작품을 만들 때 저작권법에 대한 깊은 이해가 필요하다. 또한, 이런 문제를 방지하기 위해 원작자의 동의를 얻거나, 저작권이 없는 공공 도메인 자료를 사용하는 것이 중요하다. 핵심은 디카시 창작 작가가 직접 디카로 촬영한 사진을 활용해야 한다.

디카시와 관련된 구체적인 저작권 소송 사례는 앞으로 더 많이 발생할 수 있다. 디지털 예술 분야에서 법적 기준이 더 명확해질 필요가 있다.

지금까지 디지털 매체의 물성, 소비 방식, 상업성, 저작권, 이론의 미비점 등을 다각도로 지적하였다. 이를 아래 표와 같이 요약할 수 있다.

문제 영역	내용 요약
디지털 표현의 제한	깊이 있는 서사 전달 어려움
저작권 문제	이미지 재사용 → 침해 가능성
텍스트-이미지 관계	의미 과잉 또는 충돌 가능성
전통 이론의 부적합	기존 문학 이론으로 설명 불충분
상업화 경향	소비 중심의 즉각 반응 유도
기술 의존성	저장/재현의 불안정성

표1. 디지털 매체 문제 영역

3. 날시는 정동 단계에 머문다

'날시'는 정동 단계의 글이다. 아래와 같이 창시자가 스스로 이론에서 밝혔다. 이를 읽어 본다.

> 나는 자연이나 사물, 사건에 깃들인 시의 형상(극순간적 감동의 형상)을 날시(raw poem)이라고 명명한 것이다. 그렇다면 디카시는 날시의 포착에서부터 시작되는 것이다. 즉, 날시(raw poem)를 디지털카메라로 찍는 것이 시 창작의 단초다. 디지털카메라로 포착한 날시는 여전히 침묵하는 언어인데, 시인이 그 침묵의 언어를 듣고 옮겨 놓으면 디카시는 완결되는 것이다. 그래서 디카시는 날시를 디지털카메라로 찍어 문자로 재현한 시라고 정의한 것이다.
>
> — 이상옥, 『앙코르 디카시』, 19쪽.

이상옥이 디카시 이론에서 언급한 '날시(raw poem)'는 매우 중요한 개념이다. 이를 통해 디카시를 어떤 방식으로 창작하고, 그 창작의 본질이 무엇인지 이해할 수 있다. 이론적인 관점에서 날시는 정동의 단계와 매우 밀접하게 연결한다. 구체적으로 어떻게 그런 관계가 성립하는지, 디카시 창작 과정에서 날시가 어떤 역할을 하는지 차근차근 살펴본다.

가. 날시의 개념

이상옥은 '날시(raw poem)'를 극순간적 감동의 형상이라고 정의한다. 여기서 '극순간적 감동'이란 순간적으로 내면에서 일어나는 직관적이고 즉각적인 감정이나 정서적 반응을 의미한다. 이 감동이 극적인 순간에 일어나는 감정의 폭발로, 정동의 상태에 가깝다.

이 극순간적 감동은 일상적인 인식을 넘어서는 본능적이고 직관적인 반응이라고 할 수 있다. 자연이나 사물, 사건이 일으키는 정서적 충격이나 즉각적인 감동이 바로 날시이다. 이를 디지털카메라로 포착하고, 시인이 그 '침묵하는 언어'를 디지털 이미지로 재현한 뒤 이를 문자화하면 디카시가 완성된다는 점에서, 날시는 디카시 창작의 출발점이자 본질적 요소이다.

나. 날시와 정동의 관계

날시는 정동 단계에 머문다. 날시가 정동 단계에 해당한다고 주장하는 이유는, 날시가 즉각적이고 본능적인 반응에서 출발하기 때문이다. 정동은 우리가 감정적으로 어떤 자극에 즉각적으로 반응하는 상태를 의미한다. 그것이 날시를 포착하는 감동의 본질과 맞닿아 있다. 즉, 정동은 감정의 초기 단계로서 본능적이고 직관적인 반응을 기반으로 한다. 이는 날시를 통해 시적으로 드러나는 감각적이고 직접적인 충격을 포착하게 한다.

디카시는 이 감동을 디지털 매체를 통해 시적 형태로 재구성한다. 날시가 정동 단계에서 시적 창작으로 이어지는 중요한 고리 역할을 한다.

따라서, 날시는 단순한 감정의 표현이 아니라, 정동을 직관적으로 포착하는 순간의 미학이자 시적 시작점이다.

다. 디카시 창작의 과정

이상옥의 이론에 따르면, 디카시 창작의 핵심은 디지털카메라로 포착한 날시이다. 여기서 디지털카메라는 감동의 즉각적 포착이 가능하다. 시인은 그 포착된 이미지를 보고 듣고 그 침묵의 언어를 해석하고 재구성하는 작업을 한다. 즉, 디지털 이미지는 시적 감동을 직관적으로 포착하지만, 그 자체로는 아직 언어가 아니다. 시인이 그 이미지를 통해 언어화해야만 디카시는 완성을 이룬다.

디지털카메라는 날시의 시적 이미지를 포착하는 도구로 기능한다. 그 이미지를 통해 시인은 정동의 언어를 들을 수 있다. 이를 통해 디카시는 감각적이고 직관적인 반응을 시적 언어로 재현하는 과정이다.

라. 날시와 침묵의 언어

'침묵하는 언어'라는 표현은 상당히 중요한 철학적 의미를 지닌다. 날시는 말로 표현하지 않는다. 즉, 감정적으로 내면에서 일어나는 직관적이고, 원초적인 반응을 의미한다. 이는 언어로 표현되지 않은 상태이다.

그 '침묵'을 디지털 이미지로 포착한다. 그 이미지를 언어로 변환함으로써 디카시를 완성하는 것이다. 디카시는 감각적 직관을 언어화하는 작업이다. 이는 정동적인 반응을 언어적 이미지로 변환하는 과정이다.

마. 디카시와 정동의 경계

디카시에서 날시가 중요한 이유는, 그것이 정동의 본능적인 반응을 디지털 이미지를 통해 포착하고, 언어로 재현하는 과정이기 때문이다. 여기서 정동은 시적 표현을 위한 기초적인 감정적, 감각적 상태로서 작용한다. 디카시 창작의 출발점이다. 정동이 감정적 반응의 초기 단계라면, 날시는 그 반응을 극단적으로 형상화한 감동의 순간이다. 이를 디지털 이미지로 포착하고, 언어화하는 것이 디카시의 본질이다.

바. 소결론

이상옥이 주장하는 날시는 정동 단계에서 즉각적이고 본능적인 감정적 반응을 시적 이미지로 포착하는 것으로 볼 수 있다. 디카시 창작은 이 날시의 포착에서 시작한다. 디지털카메라로 그 순간을 이미지화한다. 그 이미지를 언어로 번역함으로써 디카시가 완성을 이룬다. 정동은 디카시 창작의 핵심이 되는 직관적이고 감각적인 반응을 제공한다. 이로써 디카시는 단순히 디지털 이미지를 사용하는 것 이상의 감각적이고 직관적인 감동을 언어로 재현하는 시적 과정이다.

III. 정동 이론과 디카시

1. 정동 이론 이해

가. 스피노자의 정동(Affectus)

스피노자(Baruch Spinoza, 1632~1677)는 『에티카』에서 "나는 정서(이 책에서는 정동을 정서로 번역)를 신체의 활동 능력을 증대시키거나 감소시키고, 촉진하거나 저해하는 신체의 변용인 동시에 그러한 변용의 관념으로 이해한다."[1]라고 강조했다. 정동(Affectus)을 감정, 욕망, 생각과 밀접하게 연결된 인간의 신체적, 정신적 상태로 정의한다. 그의 정동은 능력의 변화와 관련이 있다. 즉, 정동은 어떤 주체가 자신의 능력이나 행위의

---

1) B. 스피노자, 강영계 옮김, 『에티카』, 서광사, 2025(개정판), 153쪽.

범위를 확장하거나 축소하는 힘으로 작용한다고 본다.

　정동의 역동성 측면에서 보면, 스피노자에게 정동은 내적 힘의 변화를 의미한다. 예를 들어, 어떤 일이 나의 능력을 확장시키면, 기쁨을 느끼고, 반대로 능력이 축소되면 슬픔을 경험한다. 이 변화는 생명력의 움직임으로 간주된다.

　이론적 적용 측면에서 보면, 시나 문학적 표현에서, 정동은 독자에게 감정적인 충격이나 변화를 일으킬 수 있는 중요한 요소로 기능한다. 문학적 표현은 주체의 능력 변화를 이끌어 내고, 독자는 그 변화를 통해 새로운 시각이나 경험을 얻을 수 있다.

나. 마수미의 감정과 정동(Emotions and Affects)

　마수미(Brian Massumi, 1956~)는 『가상계』에서 감정과 정동을 구분하여 설명한다. "정동은 그동안 자주 정서(emotions, 이 책에서는 정서로 번역)와 동의어로 아무렇게나 사용되어 왔다. 그러나 (……) 명료한 교훈 하나는 정서(감정)와 정동(정동이 강렬함이라면)이 서로 다른 논리를 따른다는 것이며, 서로 다른 질서에 속한다."[2]라고 보았다.

　"정서(감정)는 주관적 내용으로, 경험의 질을 사회언어학적으로 고정하는 것"[3]이고, "정동이란, 실제적인 측면에서 보이는, 그 지각과 인식에 잠재해 있는, 그러한 양-측면이다."[4]라고 강조했다.

　감정은 주관적이고, 상징적이고, 내러티브적인 특성을 지닌다고 보았다. 그 반면에 정동은 보다 원시적이고 직접적인 신체적 경험에 뿌리를 두고 있다고 본다. 마수미는 정동을 특정한 상황에서 감각적으로 불러일으켜지는 반응적이라고 본다. 또한, 상징적 해석 없이 몸으로 느끼는

---
2) 브라이언 마수미, 조성훈 옮김, 『가상계』, 갈무리, 2011, 53-54쪽.
3) 위의 책, 54쪽.
4) 위의 책, 67쪽.

것으로 설명한다.

몸과의 연결 측면에서 보면, 정동은 신체적 상태의 변화를 통해 나타난다. 즉, 마음의 상태가 신체에 영향을 미친다고 본다. 예를 들어, 긴장감이나 두려움, 기쁨과 같은 감정은 신체적인 변화(심박수 증가, 손끝 떨림 등)로 나타난다.

이론적 적용 측면에서 보면, 이 관점에서 보면, 문학적 혹은 예술적 표현에서 정동은 비언어적이고 비합리적인 감각적 요소들을 끌어내는 방식으로 전개될 수 있다. 독자는 그 감각적 변화를 통해 자신을 해석하거나, 자아의 변화를 경험한다.

다. 톰킨스의 정동 이론(Tomkins' Affect Theory)

연구 심리학자 톰킨스(Silvan Solomon Tomkins, 1911~1991)에게 정동은 "신체 요동들(drives)을 추진시키는 제일의 '관심' 동기부여자"[5]이다. 정동이 인간 행동과 경험의 핵심적인 원동력이라 주장한다. 인간의 사회적 행동과 밀접하게 연관된 정동의 역할을 강조한다. 그는 감정을 다섯 가지 기본적인 정동(기쁨, 슬픔, 분노, 두려움, 놀람)으로 분류했다. 정동의 과잉 반응을 통해 개인의 경험을 탐구하려 했다.

정동의 사회적 역할 측면에서 보면, 톰킨스는 정동이 개인의 내적 세계를 표현하는 데 그치지 않고, 타인과의 사회적 관계를 형성하는 중요한 역할을 한다고 보았다. 예를 들어, 기쁨은 타인과의 연결을 증진시키고, 두려움은 위협을 차단하거나 방어적 자세를 취하게 만든다.

이론적 적용 측면에서 보면, 문학에서 정동은 독자와의 상호 작용을 촉진하는 중요한 도구이다. 예를 들어, 기쁨이나 슬픔을 다루는 시나 이야기는 독자가 동일한 감정을 경험하고, 이를 통해 자신의 사회적 존

---

5) 멜리사 그레그 외, 최성희 외 옮김, 『정동 이론』, 갈무리, 2016, 23쪽.

재나 관계를 돌아보게 만들 수 있다.

2. 정동과 문학적 적용

위의 철학적·심리학적 접근을 바탕으로, 정동은 문학에서 주체의 감정과 몸의 반응, 사회적 상호 작용을 형성하는 중요한 기제로 작용한다. 정동적 반응은 독자가 감정적 변화를 경험하는 과정을 선도한다. 이는 시나 소설 등의 문학 장르에서 생동감 넘치는 경험을 제공한다.

문학의 정동적 효과 측면에서 보면, 문학 작품에서 정동은 개인적 경험을 넘어 집단적 경험이나 사회적 규범에 영향을 미칠 수 있다. 예를 들어, 고전 문학에서 슬픔이나 기쁨의 표현은 특정 시대나 사회적 맥락에서 감정적 흐름을 이해하는 데 중요한 역할을 한다.

정동을 통한 해석학적 전환 측면에서 보면, 정동의 철학적·심리학적 접근은 독자가 작품을 감정적으로 해석하게끔 유도한다. 이 과정에서 독자는 텍스트를 심리적, 사회적, 철학적 차원에서 재구성한다. 이는 자신만의 독특한 해석을 도출해낼 수 있다.

가. 정동의 서사화: 감정의 내러티브로의 전개

정동적 순간은 본질적으로 직관적이고 순간적인 반응이다. 이를 서사적 구조로 확장하는 과정은 정동을 보다 깊고 체계적인 감정적 이야기로 풀어내는 방식이다. 서사화는 정동의 흐름을 시간적 순서로 배열하고, 이를 통해 주체의 감정적 변화를 따라가게 한다.

서사의 구축 측면에서 보면, 정동에서 출발한 창작은 감정의 발전적 과정을 따라 서사를 전개할 수 있다. 예를 들어, 슬픔의 정동이 주인공에게 특정한 사건을 촉발하고, 그 사건을 통해 주인공은 점차 자아를 찾아가는 여정을 시작할 수 있다. 이 과정에서 정동은 단지 감정적 발산이 아니다. 주인공이 경험하는 심리적 변화와 내적 갈등을 통해 서사적으로 확장한다.

정동의 서사적 기능 측면에서 보면, 정동을 서사화하는 데 중요한 기법은 내적 독백이나 심리적 전개이다. 시나 소설에서, 주인공의 내면적 정동이 서사의 주요 모티프로 등장한다. 이를 통해 감정의 복잡성과 다층적 변화를 서술할 수 있다. 예를 들어, 정동이 불러일으킨 변화가 주인공의 행동에 영향을 미친다. 그 결과로 사회적 관계나 정체성을 형성하거나 재구성하는 과정을 그릴 수 있다.

나. 정동의 시각적 상징화: 이미지와 상징을 통한 확장

정동은 감정적이고 신체적인 반응을 시각적 언어나 심상으로 상징화함으로써, 보다 추상적이고 심오한 예술적 표현으로 발전할 수 있다. 여기서 중요한 것은 정동의 물리적 경험을 시각적 이미지로 변환하여 관객에게 그 감정을 전달하는 것이다.

심상화와 상징화 측면에서 보면, 예술 작품에서 정동은 상징적 심상을 통해 구체화한다. 예를 들어, 불안의 정동은 불안정한 선이나 휘어진 형태로, 기쁨은 밝은 색깔과 활기찬 구도로, 슬픔은 차가운 색조와 고요한 배경으로 시각적으로 구현할 수 있다. 이렇게 감정적 정동을 형상화하고 비유적 이미지로 풀어내면, 정동은 더 이상 추상적인 개념이 아니라, 구체적인 시각적 언어로 재구성한다.

예술적 확장 측면에서 보면, 정동을 시각적으로 확장하는 과정은 예술 작품의 감각적 차원을 풍부하게 만든다. 예를 들어, 현대 디지털 아트에서 정동적 순간을 다중 이미지나 비디오 예술을 통해 실시간으로 확장하고, 다양한 시각적 기법을 통해 감정의 흐름을 추적할 수 있다. 이는 감정의 물리적 감각을 더욱 강화하고, 관객이 그 감정을 몸으로 느끼도록 유도하는 방식이다.

다. 미래 지향적 제안: 창작의 정동적 확장

정동을 기반으로 한 창작의 확장 가능성은 다음과 같은 방식으로 미래 지향적으로 발전할 수 있다. 인터랙티브(Interactive, 상호 작용) 예술 측면에서 보면, 디지털 매체에서 관객과의 상호 작용을 통해 정동적 순간을 더욱 다채롭고 역동적으로 표현할 수 있다. 예를 들어, VR(가상 현실) 또는 AR(증강 현실) 기술을 활용한 작품에서 관객은 자신의 감정을 입력하거나 변화시킬 수 있다. 그에 따라 작품이 실시간으로 변형하며 정동적 흐름을 지속적으로 경험할 수 있다. 이는 정동을 유동적이고, 다층적인 경험으로 확장하는 방식이다.

정동 기반의 음악과 미디어 아트 측면에서 보면, 정동은 단순히 시각적 이미지뿐만 아니라 음악적 요소나 사운드 디자인에서도 확장할 수 있다. 예를 들어, 사운드 예술에서 음향을 통해 감정의 변화를 포착한다. 이를 디지털 매체와 결합하여 정동의 변화를 음악적 리듬이나 소리의 톤으로 표현할 수 있다. 이렇게 정동은 감각의 복합적 경험으로 확장한다. 청각, 시각, 촉각을 아우르는 종합적 예술 경험을 만들어 낼 수 있다.

정동과 인공 지능 측면에서 보면, 인공 지능(AI) 기술을 활용한 창작에서, 정동은 감정 인식 시스템을 통해 작품에 반영할 수 있다. 예를 들어, AI 시인은 특정한 감정적 정동을 감지하고, 이를 기반으로 문학적 또는 시각적 창작물을 생성할 수 있다. 이는 정동을 주체적인 경험에서 기계적 생성으로 확장하는 미래적인 창작 가능성을 열어 준다.

라. 소결론: 정동을 넘어서

정동은 예술 창작에서 출발점으로서 강력한 잠재력을 지닌다. 이를 서사화하거나 시각적 상징화하는 방식은 작품에 심리적 깊이와 감각적 복잡성을 부여한다. 미래의 창작은 기술과 감각의 결합을 통해 정동적 경험을 확장시킬 가능성을 가진다. 이를 통해 새로운 예술적 형태와 체험을 만들어 갈 수 있다. 이러한 정동의 확장은 예술을 인간의 내적 경험뿐만 아니라, 기술적 혁신과의 상호 작용 속에서 새롭게 창출할 수 있는 기회를 제공한다.

3. 정동은 여러 감정이니까 복합적인 감정

가. 정동(affect)의 주요 특징

날시를 '정동 이론'의 개념으로 읽어 내어 분석하였다. 창작론과 문학 이론을 접목한 시도이다. 정동(affect)은 일반적으로 하나의 고립된 감정보다 더 복합적이고 비분화된 감정 상태를 지칭한다. 다양한 학자들이 정동을 감정(emotion)과 구분하면서 다음과 같은 특성을 강조해 왔다. 날시가 정동 단계에 머무는 것을 이해하기 위해 이를 도식화해 본다.

구분	특징	설명
1. 복합성	여러 감정이 동시에 얽혀 있음	예: 불안 속에 분노와 슬픔이 함께 깔려 있는 상태
2. 비분화성	명확히 언어로 표현되기 전의 감정	'그저 찜찜한', '기분이 이상한' 상태 등
3. 선인지성	감정보다 앞서 몸으로 느끼는 반응	예: 위협을 느끼기도 전에 심장이 뛰는 상태
4. 신체성과 장소성	몸, 공간, 분위기와 밀접하게 연결됨	공간의 분위기에서 전염되거나 퍼지는 정서

표2. 정동(affect)의 주요 특징

날시는 순간적 감동 포착→이미지화(디지털카메라)→언어화(시로 재현)→디카시 완성→그러나 대부분 여기서 머무름→창조적 상상력 부족 등의 일련의 흐름이 정동 단계에 머문다는 사실을 알 수 있다.

정동을 단일 감정이 아니라 복합적·과잉적·분절적 감정의 장(場)으로 이해해야 한다. 정동은 복수의 감정이 얽히고 충돌하며 발생하는 미분화된 정서적 흐름이다.

나. 마수미의 시간성

감정은 해석되었기에 약해진 정동이다. 정동은 의미화되기 전, 기표화되지 않은 힘의 운동이다. 결국에는 마수미도 감정이 있은 뒤, 정동이 있다. 그렇다면 기표는 감각의 산물인가?

(1) 마수미의 시간성: 비선형적 발생이라는 해석

'감정은 해석되었기에 약해진 정동이다.' 이는 '순서'가 아니라 '발생 방식'을 말한다. 즉, 마수미에게는 정동이 시간적으로 먼저 발생하지만, 감정으로 포착되고 나서야 인식되는 '지각의 뒤늦음'이 있다. 이를 그는 'backward-formed capture', 즉 감정은 정동의 '사후적 고정물'이라 부른다.

정동은 감정보다 먼저 발생하지만, 감정이 정동을 뒤늦게 붙잡고 해석하기에 감정이 정동 '이후에 생긴 것처럼 보이기도 한다는 복합적 시간성 구조이다.

(2) 기표는 감각에서 나왔는가

기표(signifier)를 감각의 산물로 볼 것인가, 감정의 산물로 볼 것인가? 이는 '언어의 기원'이라는 철학적 문제로 이어진다.

관점	기표는 무엇의 산물인가?	설명
구조주의 (소쉬르)	기표 = 자의적 기호 체계	세계와의 직접적 연결 없음
현상학·감각 중심	기표 = 감각에서 비롯된 상징화	말하기 이전의 감각/ 지각이 언어의 원천
정동이론/마수미식	기표는 정동 이후의 고정된 흔적	감각이 아니라 정동 → 감정 → 기표로 이동

표3. 관점별 기표 산물

마수미식 구조를 요약하자면, 감각이 신체에 들어와→정동으로 에너지화되고→감정으로 인지되고 해석된 후→기표로 고정된다. 즉, 기표는 감각의 직접 산물이 아니라, 감각→정동→감정이라는 흐름을 거쳐 사회적 언어 체계에 의해 '붙들린 결과'이다.

그 예는 아래와 같다.

[감각] = 불씨
[정동] = 불길(확산, 미분화된 열기)
[감정] = 불의 모양(사회가 해석 가능하게 만든 상태)
[기표] = "이건 분노야!"라는 명명(사회적 명명)

결론적으로, '감정은 해석된 정동이다.' 이는 시간 순서의 '뒤'가 아니라 인식 구조의 고정 방식을 말하는 것이다. 즉, 정동은 감정보다 발생적으로 앞서지만, 의미화는 사후적이다. 기표는 감각의 직접 산물이라기보다는, 감각이 정동으로 유입되고 감정으로 인식된 이후, 사회적 언어 질서가 그것을 '붙들어 명명한 것', 다시 말해, 기호화된 감정의 흔적이다.

가. 비선형 발생

감각→정동→감정이라는 흐름, 결론은 감정의 흔적, 비선형적 발생이라 혼재해서 일어난다는 말이다. 마수미의 입장은 '비선형적 발생'이다. 감각→정동→감정은 순서라기보다는 발생의 흐름, 시간의 층위가 혼재하는 과정이다.

(1) 감정은 정동의 흔적이다

이는 '정동 이후에 감정이 생긴다.'라는 선형 시간 개념이 아니다.

정동은 감정보다 먼저 존재하지만, 우리가 감정이라는 이름으로 그 정동을 붙잡는 것은 사후적이다. 즉, 감정은 정동이 인식되며 굳어지는 하나의 '기표화된 단면', 정동은 그 기표의 밖에서 계속 흘러가는 에너지이다.

(2) 정동은 감정보다 먼저 발생

마수미는 전통 심리학처럼 '감정이 먼저'라고 보지 않고, 그렇다고 감정→정동으로 거꾸로 본 것도 아니다. 대신, 정동은 감정보다 먼저 발생하지만, 시간의 인식 차원에서 감정보다 나중에 '포착'된다. 이것이 바로 마수미가 강조하는 non-linear temporality(비선형적 시간성)이다.

이를 표로 요약하면 아래와 같다.

관점	선형 관점	마수미의 관점 (비선형 발생)
발생 순서	감각 → 정동 → 감정	감각 → 정동(먼저 발생) → 감정(먼저 인식됨)
시간성	순차적, 직선적	동시적 혼재, 인식의 지연
인식 순서	감정이 먼저 포착됨	정동은 나중에 의식되지만 먼저 작동
정동의 위치	감정의 하위	감정보다 더 원초적이고 잠재적인 층위

표4. 선형과 비선형 관점

비유로 다시 풀면, 정동은 먼저 몸에 깔리는 공기이다. 감정은 그 공기를 "아, 이건 분노다."라고 나중에 이름 붙이는 행위이다. 그런데 우리는 이름을 붙인 감정을 먼저 인식하므로, 정동은 뒤늦게 '흔적처럼' 인식되지만, 사실은 항상 먼저 작용한 것이다.

(3) 소결론

마수미는 다른 이들과 '역순'을 주장하는 것이 아니다. 인식의 시간과 신체적 시간의 비대칭성, 즉 '먼저 작용하고, 나중에 인식되는 것'으로서 정동을 말한다.

그래서 감정은 언제나 정동의 흔적, 또는 기호 체계가 고정한 '점'에 불과하다. 하지만 정동은 그 바깥에서 계속 '흐르는 열'로 남아 있다.

라. 발생의 흐름

이 문제는 단순한 순서의 문제가 아니라, '발생(affecting)'과 인식(perceiving), 명명(naming)의 층위가 어떻게 다른 시간성 속에서 작동하는가에 대한 아주 섬세한 철학적 문제이다.

결론부터 말하자면, '감각→정동→감정'이라는 도식은 '인식 가능한 순서'가 아니라, '작용의 계열' 또는 '발생의 흐름'을 설명하는 데 유효한 모형이다. 마수미나 들뢰즈와 가타리는 이것을 '선형 시간'으로 이해해서는 안 된다고 강조한다. 세 개념의 작동 차원을 아래 표와 같이 다시 정리해 본다.

항목	감각 (Sensation)	정동 (Affect)	감정 (Emotion)
작동 층위	물리적 자극/지각	비언어적, 미분화된 에너지 흐름	인지되고 명명된 상태
인식 가능성	불확실/부분적	비의식적/과잉적	의식 가능/사회화됨
언어화 가능성	거의 없음	없음	있음
사회적 해석	없음	없음	가능
시간성	즉각적	즉각적이지만 '선인지적'	뒤늦은 인지와 명명

표5. 층위별 감각, 정동, 감정

왜, '감각→정동→감정'이라고 하는가?

이 도식은 보통 '발생 순서'(ontological order)를 설명하기 위한 것이다. 즉, 어떤 자극이 우리 신체에 영향을 줄 때, 감각은 자극이 신체를 통과하는 첫 번째 물리적 반응(빛, 온기, 진동 등)이다. 정동은 이 감각이 몸 전체에 에너지 흐름으로 확산될 때의 상태(기분 나쁜 기운, 초조함, 이유 없는 긴장 등)이다. 감정은 그 정동 상태가 언어적/사회적으로 의미화되어 붙잡힌 상태("아, 나 지금 화났어.")이다.

이 순서는 발생론적으로 '정동이 감정보다 먼저'이다. 하지만 우리의 인식상 감정을 먼저 포착하기도 한다. 그래서 마수미는 이 과정을 "비선형적 시간성"이라고 말한다.

그럼 '역순'이라는 생각은 왜 드는가?

일반적으로 우리는 자신이 '화났다'는 감정을 먼저 자각하고, "왜 그랬지?" 하며 신체적 정동 상태를 되짚는다. 때로는 어떤 감각(냄새, 촉감 등)이 영향을 주었음을 나중에 파악한다. 이때 우리는 '감정→정동→감각'처럼 느끼지만, 철학적으로는 이게 의식의 사후적 구성 과정이며, 정동이 이미 먼저 작동하고 있었다는 것이 마수미의 요지이다.

철학적 결론을 말하자면, 감각→정동→감정 도식은 원인-작용의 흐름을 설명하는 구성 방식이다. 이 세 가지는 고정된 직선적 순서가 아니다. 비선형적·중첩적 시간성 안에서 '겹쳐 발생'한다. 마수미에게 정동은 감정보다 먼저 생기지만, 감정보다 뒤늦게 인식된다. 우리는 때때로 그 순서를 "뒤집혔다."라고 오해한다.

이를 다시 요약하자면, 정동은 감정보다 먼저 작동하지만, 감정보다 나중에 인식된다. 그래서 '감각→정동→감정'은 발생 순서일 뿐, 인식 순서는 때로 반대처럼 느껴질 수 있다.

4. 직관적 사유의 산물, 재생적 상상력의 산물에 머물 것인가

가. 2025년 지역 신문 신춘문예 당선작도 산문 구조

저 많은 소망들을 들어주려면
신은 바쁘겠지
내 소원만 꼭대기에 올려 새치기를 하려는데
한 아이가
누군가 놓고 간 마음을 기웃거린다.
        — 한지선, 경남도민신문 당선작 「소원이 닿지 않는 이유」 전문

낙하산 펴기 전 세상은
얼마나 아름다운가

창공을 한 순간 가른다

오늘도 인생을 건다
푸른 초원을 향해

— 백운옥, 오륙도신문 당선작 「고공낙하」 전문

    인용 디카시 두 편을 시적 자격에 초점을 맞추어 평가해 본다. 한지선의 「소원이 닿지 않는 이유」는 '소망'과 '소원'이라는 개념어를 사용했다. 그 자체로 산문적인 형식을 띤다. 이 디카시는 전통적인 시의 형식이라기보다는 산문적 요소가 강하게 드러난다. 즉, 시조나 자유시처럼 운율이나 형태적인 규칙을 따르기보다는 산문을 행갈이한 형식이다.
　이러한 산문적 형식은 디카시의 한계에 맞닿아 있다. 디카시 역시 디지털 이미지와 텍스트의 결합을 통해 감각적 순간을 포착하지만, 그 감정적 깊이나 문학적 전개는 즉각적이고 직관적인 반응을 중심으로 한다. 한지선의 작품도 소망과 소원을 이야기하면서 정서적 반응을 즉각적으로 표현하는 방식으로 독자에게 감동을 전달하려는 의도를 드러낸다.
　따라서, 한지선의 작품은 산문적인 특성을 지닌 디카에세이에 가까운 작품이다. 이는 시적 창작이라기보다는 감각적 경험을 나열하는 형식에 가깝다. 시로서 자격을 얻기에는 한계가 있다.
　백운옥의 「고공낙하」는 일기장에나 등장하는 '오늘도'라는 시간어, '세상'과 '인생'이라는 개념어, '아름답다'라는 직접 정서만 보더라도 일기 형식의 산문이다. 주로 일기 형식에 가까운 서술적 접근을 보여 주고, 직접적인 정서 표현이 중심이라서 시적 자격을 얻기 어렵다. 이러한 특성은 디카에세이 형식에 잘 맞아떨어진다. 전통적인 시적 형식보다는 산문적이고, 회고적인 성격이 강하다. 결국, 이 디카시도 산문적이고, 일기 형식에 가까운 작품이다.
　이 두 디카시에서 '날시' 개념을 어떻게 구현하고, 작가의 감각적 경험이 텍스트와 이미지로 변환하는 과정을 구체적으로 살펴본다. 한지선의 디카시는 '소원'과 '소망'이라는 개념어를 사용한다. 직관적인 감각적 반응을 표현한다. 이 작품에서 소망을 쫓는 순간적 감동과 그로 인한 감정의 폭발은 '날시' 개념에 잘 부합한다. 즉, 순간적으로 일어나는 감각적 충격이 텍스트로 재구성하는 과정이 디카시 창작에서 핵심적인 부분이다. 예를 들어, "누군가 놓고 간 마음을 기웃거린다"라는 시행에서 감각적인 이미지가 언어로 변환한다. 독자는 그 순간의 정서적 여운을 직관적으로 느낄 수 있다.

또한, 감각을 텍스트로 변환하는 과정을 살펴본다. 이 작품에서 한지선은 디지털 이미지와 텍스트가 결합하는 방식을 통해 그 감각을 포착한다. 시각적으로나 언어적으로 명확히 묘사하지 않더라도, 독자는 그 순간의 감각적 여파를 '느끼는' 경험을 한다. 이 과정이 단순한 '직관적 사유'로 머무르는 경향이 있다. 즉, 창조적 상상력으로 발전하는 데 한계가 있다. 감각적 순간을 단순히 기록하는데 그칠 때, 이론적 창조성을 기대하기 어렵다.

백운옥의 디카시에서 '날시'와 감각적 반응을 살펴본다. '오늘도'라는 시간어와 '세상'과 '인생' 같은 개념어는 감각적인 순간을 포착하려는 의도를 드러낸다. 이 작품 역시 순간적인 감정과 직관적인 반응을 텍스트로 재구성하는 과정에서 '날시'의 개념을 따른다. "창공을 한순간 가른다"라는 구절은 감각적이고 직관적인 순간을 포착한다. 그 감동을 시각적인 언어로 전환하는 방식이 드러난다.

또한, 감각적 이미지를 텍스트로 변환하면서 독자에게 순간적이고 직관적인 감정적 반응을 유도한다. 이 역시 '창조적 상상력'으로 확장하지 않는다. 재생적 상상력의 범위 내에서 기존의 감각을 반복하고, 재구성하는 데 그친다. 이 작품에서도 창조적 상상력의 한계가 드러난다. 그 감각적인 순간을 기록하는 성격이 강해진다.

나. 이론적 관점에서 날시의 한계

두 작품 모두 감각적 경험을 직관적으로 포착한다. 이를 텍스트와 이미지로 변환하는 과정에서 '날시' 개념을 구현했다. 이들이 텍스트와 이미지로 변환하는 과정에서 감각적 순간의 기록이 주가 되고, 그 기록이 창조적 상상력으로 발전하는 과정에는 제한이 있다. 디카시가 '날시'에서 벗어나 진정한 창조적 상상력으로 확장하기 위해서는, 그 순간적 감동을 넘어 새로운 의미와 형상을 창출하는 과정이 필요하다.

한지선과 백운옥의 디카시를 통해 '날시' 개념이 어떻게 감각적 반응을 포착하고 텍스트로 변환하는가? 그 과정이 직관적 사유에 머물고 창조적 상상력으로 발전하는 데 한계가 있음을 알 수 있다. 이들의 작품은 '날시' 개념을 잘 구현한다. 그 창작 과정이 본능적이고 즉각적인 감각의 재현에 그친다는 점에서 디카시 이론의 한계를 보여 준다. 창조적 상상력으로 확장을 위해서는 이러한 감각적 순간을 넘어서는 심화된 시적 창작이 필요하다.

나. 디카시의 직관적 사유와 정동 단계

디카시를 '직관적 사유의 산물', '재생적 상상력의 산물', '창조적 상상력의 산물'이라는 순서로 볼 때, 이론 자체 문제로 인해 정동 단계의 직관적 사유의 산물에 머문 디카시가 9할이 넘는다는 측면을 고려해야 한다. 이를 창조적 상상력이라고 주장하면 곤란하다. 이런 주장을 계속하면 디카시 이론은 무장해제 상태임을 강조하는 셈이다.

디카시를 '직관적 사유의 산물', '재생적 상상력의 산물', '창조적 상상력의 산물'이라는 세 단계로 나누었을 때, 대부분이 정동 단계의 직관적 사유(비이성적 사유 층위)에 머물고 있다는 지적은 매우 중요한 문제이다.

특히 이 과정에서 '창조적 상상력'이라는 용어를 사용하는 것이 적절한지에 대해 의문을 가질 수 있다. 이 문제는 디카시의 본질에 대한 논의에서 핵심적인 문제이다.

디카시가 정동 단계의 직관적 사유에 머물고 있다. 실제로 직관적이고 본능적인 반응을 디지털 이미지를 통해 포착한다. 그 이미지를 문자로 재현하는 것에 그친다는 의미이다. 이는 즉각적인 감정적 반응이나 감각적 자극에 의존하는 것으로, 시적 창작이 감각적 경험을 그대로 드러내는 방식에 가까운 것이라 할 수 있다.

디카시는 감각적 경험이나 극단적인 순간적 감동을 언어로 재현하는 작업이다. 창조적 상상력보다는 재생적 상상력에 더 가까운 특성을 보일 수 있다. 즉, 디카시는 이미 존재하는 감각적 반응이나 이미지를 재생하고 디지털 이미지로 포착하는 방식으로 창작이 이루어진다. 그 과정에서 직관적 사유가 우세하게 작용한다.

다. 창조적 상상력의 한계

디카시의 창작 과정이 본능적이고 감각적인 반응을 포착하는 데 중점을 둔다. 창조적 상상력은 완전히 새로운 형상을 만들어 내고, 기존의 사고방식과는 다른 방식으로 새로운 의미를 창출하는 과정을 의미한다. 하지만 디카시는 기본적으로 이미 존재하는 감각적 순간을 재현하는 형태에 가깝다. 그 자체로 완전히 창조적이라기보다는 재생적인 특성을 갖는다.

디카시에서 시인은 이미 존재하는 이미지나 상태를 디지털 매체를 통해 포착한다. 그 이미지를 시적 언어로 번역하는 작업을 한다. 이는 창조적 상상력의 개념에서 기대하는 완전한 새로움과는 거리가 있는 기존의 것들을 재구성하는 방식에 가깝다. 재생적 상상력은 기존의 자원을 이용하여 새로운 형태로 다시 만드는 것이다. 디카시의 많은 작품은 창조적이라기보다는 변형적인 성격을 지닌다.

라. 디카시의 창조적 상상력과 직관적 사유

디카시가 직관적 사유에서 출발한다고 볼 때, 그것이 창조적 상상력으로까지 확장할 가능성은 제한적일 수 있다. 정동 단계의 직관적 사유는 본질적으로 즉각적이고 감각적인 반응에 가깝다. 그 자체로 새로운 세계를 창조하는 방식이라기보다는 감정의 순간적 표현에 더 가깝다. 디카시의 대부분은 정동적인 경험을 기반으로 한 직관적 사유의 산물에 머문다. 따라서 창조적 상상력을 시적 본질로 자리 잡게 하기에는 한계가 있을 수 있다.

마. 에세이 특성과 창조적 상상력

디카시가 '에세이'라고 느껴지는 이유도 바로 이 점에서 발생한다. 디카시의 많은 작품은 감각적이고 직관적인 순간을 그대로 기록하고 표현하는 방식에 가깝다. 문학적 창조보다는 체험의 기록처럼 느껴지기 쉽다. 이 점에서 디카시가 문학적 상상력을 요구하는 시가 아니라, 감각적 직관에 의존하는 에세이 특성을 띠게 된다.

그렇다면 디카시를 창조적 상상력의 산물로 보는 것은 그 본질적 특성을 오해하는 것일 수 있다. 디카시가 창조적 상상력의 발현이라기보다는, 자연과 현실에 대한 즉각적인 반응을 시적으로 포착하는 과정에 가깝다. 그 창작의 본질은 새로운 형상을 만들어 내는 것이라기보다는 기존의 현실을 직관적으로 담아내는 것에 가깝다고 할 수 있다.

바. 소결론: 디카시와 창조적 상상력

디카시가 직관적 사유의 산물에 머무는 이유는, 감각적 경험을 즉각적으로 포착하고, 재현하는 데 중점을 두기 때문이다. 디카시가 창조적 상상력으로 불리기 어려운 이유는, 그 본질이 기존의 감각적 순간을 변형하고 재구성하는 데 그치기 때문이다. 따라서 창조적 상상력이라는 명칭은 디카시의 직관적이고 재생적인 성격을 고려할 때 적합하지 않다는 점에서 비판적일 수 있다.

디카시는 창조적 상상력이 아니라, 재생적 상상력과 직관적 사유의 산물로 보는 것이 더 적합하다. 그러함에도 불구하고 디카시가 가지는 독특한 시적 가치와 디지털 매체를 통한 새로운 표현 방식은 문학적 실험으로서 의미가 있다.

결국, 직관적 사유와 재생적 상상력에만 의존하는 디카시는 시보다는 에세이 성격이 짙다. 이론적으로도 창조적 상상력의 범주에 포함하기도 어렵다.

이 글에서 디카시의 본질을 상상력의 단계(직관적→재생적→창조적)로 분석한 것은 이론적으로 강력한 도구로 사용한 것이다. 아래와 같이 요약하여 도식한다.

구분	정의	디카시의 현 주소	문학적 대응 장르
직관적 사유	감각적 반응	날시, 이미지 포착	감상문, 수필
재생적 상상력	기존 이미지 재조합	시로 번역된 이미지	시적 수필, 구상 수필
창조적 상상력	전혀 새로운 시 세계 창출	드묾(이론상 가능)	진정한 시

표6. 상상력 단계별 정의

Ⅳ. 상상력의 층위: 정동에서 문화적 코드화까지

임마누엘 칸트(Immanuel Kant, 1724~1804)는 상상력을 공상(空想)과 다르다고 보았다. 감성과 지성의 중간쯤에서 지성에 이르는 통로를 여는 능력이라고 보았다. 상상력(구상력)이란 "직관의 다양을 하나의 형상(形象)으로 종합하"[6]는 능력(A120), "대상이 직관 속에 현존하지 않더라도 이것을 표상하는 능력이"[7](B151)라고 했다. 상상력을 수동적인 '재생적 상상력'과 능동적이고 적극적인 의미를 지닌 '산출적(생산적) 상상력'으로 구분했다. 특히 '산출적 상상력'을 '초월론적 상상력'이라고 보았다.

새뮤얼 테일러 콜리지(Samuel Tayor Coleridge, 1772~1834)는 '일차적 상상력'과 '이차적 상상력'으로 구분했다. '콜리지의 상상력'의 '일차적 상

---
6) 칸트, 『순수이성비판』, 전원배 역, 삼성출판사, 1982, 141쪽.
7) 위의 책, 156쪽.

상력'은 작가가 '보는 것을 창조'한다는 의미이므로 칸트의 '재생적 상상력'과 비슷하고, '이차적 상상력'은 '예술적 창조'라는 의미이므로 칸트의 '산출적 상상력'과 비슷하다.

가스통 바슐라르(Gaston Louis Pierre Bachelard, 1884~1962)는 "상상력이란 오히려 지각 작용에 의해 받아들이게 된 이미지들을 변형시키는 능력이며, 무엇보다도 애초의 이미지로부터 우리를 해방시키고, 이미지들을 변화시키는 능력"[8]이라고 보았다. 또한, '재생적 상상력'과 '창조적 상상력'을 명확히 구분했다. '재생적 상상력'은 지각이나 기억에만 관련된 상상력이고, '창조적 상상력'은 실재나 감각으로부터 자유로운 상상력이라고 했다. '재생적 상상력'이 '창조적 상상력'을 방해한다고 보았다.

1. 디카시 창작 과정: 재생적 상상력과 창조적 상상력

디카시의 창작은 기본적으로 두 가지 상상력의 단계(재생적 상상력과 창조적 상상력)를 거치지만, 대부분의 디카시 작품은 창조적 상상력으로 확장하지 못한다. 재생적 상상력에 머무르는 경향이 강하다.

가. 재생적 상상력(칸트의 재현적 상상력, 콜리지의 일차적 상상력, 바슐라르의 감각적 이미지)

기존의 감각적 경험이나 이미지를 재구성하고 재현하는 과정이다. 디카시의 창작은 즉각적이고 직관적인 감각적 반응을 포착하여 디지털 이미지로 기록한다. 그 이미지를 언어화하는 과정이 주를 이룬다. 이는 칸트의 재현적 상상력과 콜리지의 일차적 상상력에 해당하며, 바슐라르의 감각적 이미지가 그대로 언어화되어 재현되는 작업(재생적 상상력)이다.

---

8) 가스통 바슐라르, 『공기와 꿈』, 정영란 옮김, 이학사, 2007, 19-20쪽.

디카시는 주로 기존의 감각적 순간을 기록하고 재구성하는 형태로 진행된다. 이 과정은 즉각적이고 본능적인 반응에 의존하며, 창조적 상상력으로 확장하지 못하는 한계에 직면한다.

나. 창조적 상상력(칸트의 산출적 상상력, 콜리지의 이차적 상상력, 바슐라르의 이미지 변형)

기존의 감각적 경험을 새로운 형상과 의미로 변형하고 창출하는 능력이다. 디카시에서 창조적 상상력은 기존의 감각적 경험을 새로운 형태로 변형하는 과정이다. 그러나 대부분의 디카시 작품은 창조적 상상력에 의해 새로운 의미나 상징을 창출하는 과정으로 나아가지 않고, 기존 감각을 재현하는 데 그친다.

디카시가 재생적 상상력에 머무는 이유는 기존의 감각적 순간을 재구성하고 기록하고 설명하는 것에 집중한다. 이를 넘어서 새로운 의미나 형상을 창출하는 창조적 변형을 시도하는 작업이 부족하다. 새로운 상징이나 새로운 의미의 생성 없이, 감각적 순간의 기록과 재구성만을 다루는 디카시 작품들이 많다.

다. 왜, 창조적 상상력으로 확장하지 못하는가

디카시의 대부분은 직관적이고 즉각적인 감각의 기록에 그친다. 이는 재생적 상상력의 범주에 속한다. 감각적 순간을 새로운 형태로 변형하거나 새로운 의미를 생성하는 과정은 창조적 상상력으로 확장을 요구하지만, 디카시에서 이를 실현하는 작품은 상대적으로 드물다.

가스통 바슐라르의 이론에 따르면, 지각과 기억에 의존하는 상상력은 재생적 상상력이다. 창조적 상상력은 실재나 감각으로부터 자유로운 상상력이다. 이는 감각적 이미지의 변형을 통해 새로운 의미를 창출하는 과정이다. 대부분의 디카시는 기존 이미지를 재현하거나 설명하는 데 집중한다. 즉, 재생적 상상력에 머문다. 이미지의 창조적 변형으로 나아가지 않는다. 이는 디카시의 주요 한계로, 감각적 순간을 기록하는 작업에 그치지 않고, 새로운 의미와 상징을 창출하는 방식으로 확장해 나갈 필요가 있다.

라. 소결론: 디카시의 한계를 극복하기 위한 제언

디카시 창작의 발전을 위해서는 창조적 상상력을 적극적으로 활용해야 한다. 기존 감각적 경험을 새로운 형태로 변형하고 심화된 의미를 창출하는 작업이 필수적이다. 디카시의 진정한 창조적 확장은 새로운 상징적 의미를 부여하고, 기존의 감각적 순간을 넘어서 새로운 예술적 형태로 변형하는 과정에서 이루어질 수 있다. 창조적 상상력을 통해 디카시는 단순히 감각적 순간의 재현에 그치지 않고, 새로운 예술적 창조의 가능성을 열어 갈 수 있다.

2. 상상력의 층위: 정동에서 문화적 코드화까지

디카시 창작은 단순한 '사진+짧은 시'의 결합이 아니다. 독자와 작가 모두에게 다층적 상상력의 작동을 요구하는 복합적 과정이다. 이 과정은 이미지와 언어의 상호 작용을 통해 정서와 경험을 포착한다. 이를 네 개의 층위(정동→심상화→의미 재구성→문화적 코드화)로 나누어 설명할 수 있다. 각 단계는 창작과 해석에서 상상력의 역할을 구체적으로 분리한다. 디카시가 그 자체로 풍부한 의미를 창출하는 방식을 이해하는 데 도움을 준다.

가. 정동(Affect): 감각의 즉각적 반응

정동은 이미지와 마주한 순간, 언어 이전의 비언어적 감각과 정서가 일으키는 즉각적 반응이다. 디카시 맥락에서 보면, 사진 속 대상이 일으키는 직접적인 감각적 충격이 주도한다. 이 단계에서는 이미지가 보는 이의 감각을 자극한다. 그 자극은 정동적으로 발현한다. 예를 들어, 사진 속 강렬한 색채나 빛의 대비가 독자에게 즉각적인 감각적 반응을 일으킨다. 이는 한 장의 가을 들판 사진을 본 순간, 서늘한 공기, 낙엽의 바스락거림 같은 촉각적·청각적 잔향이 몸에 파동을 일으킨다. 이때는 언어나 의미를 떠나 순수한 감각적 경험이 중심이 된다. 이 단계는 언어 이전 상태이기 때문에 감각이 매우 강렬하게 전달된다. 감각과 정서가 주도적인 요소로 작용한다.

정동(affect)은 이성적 사고를 거치지 않고 즉각적으로 발생하는 감정적 반응이나 몸의 반응을 의미한다. 이는 논리나 분석보다는 감각, 분위기, 감정의 흐름에 기반하며, 비이성적 사유의 산물로 분류한다. "그 사람의 말을 듣자마자 이유 없이 가슴이 답답해지고, 눈물이 날 것 같았다." 이 예문은 논리적 이유나 분석 없이, 어떤 말이나 분위기만으로도 몸과 감정이 즉각 반응하는 현상을 보여 준다. 이런 반응은 '비이성적 사유', 즉 '정동'의 전형적인 예이다.

나. 심상화(Image Formation): 감각의 시각적 및 언어적 형상화

심상화는 정동 단계에서 받은 자극이 머릿속에서 장면으로 형성된다. 그 감각적 자극을 언어적 심상으로 변환하는 과정이다. 디카시 맥락에서 보면, 이미지가 뚜렷한 비유나 상징적 심상으로 변형된다. 예를 들어, 들판의 이미지를 단순히 자연을 묘사하는 것이 아니라, 떠나는 이의 발자국이나 노을 속의 고백 같은 형태로 변환되는 것이다. 이상옥의 '사진과 시가 하나의 생명체처럼 공존'하는 지점이 바로 이 과정에서 나타난다. 사진에서 얻은 감각적 자극이 시각적 이미지로 형상화한다. 다시 언어적 표현으로 이어진다. 이는 감각을 형상화하는 과정이다.

여기서는 비유적 상상력과 언어적 이미지가 중요한 역할을 한다. 이 단계에서 창작자는 감각을 구체적이고 시각적인 형태로 변환한다.

심상화를 상상력의 층위로 살펴본다. "나는 어릴 적 할머니댁 마당에서 뛰놀던 기억이 아직도 생생하다. 푸석푸석한 흙바닥, 낮게 깔린 황토 담벼락, 감나무에서 떨어지던 풋감과 홍시까지, 눈을 감으면 그 장면이 그대로 떠오른다." 이 예문은 과거에 경험한 장면을 머릿속에 '재생'해 떠올리는 것이다. 지각과 기억에 의존하는 '재생적 상상력'의 예이다.

"나는 언젠가 하늘을 나는 도시가 생겨날 거라고 상상한다. 그곳에서는 건물들이 공중에 떠 있고, 사람들은 날개 달린 신발을 신고 자유롭게 하늘을 날아다닌다." 이 예문은 현실에는 존재하지 않지만, 머릿속에서 새롭게 만들어 낸 장면이다. 실재나 감각으로부터 자유로운 '창조적 상상력'의 예이다.

다. 의미 재구성(Meaning Reconstruction): 맥락 속의 서사와 메시지 생성

의미의 재구성은 심상화된 이미지를 개인의 경험이나 사회적 맥락, 문화적 배경에 맞추어 새로운 의미망을 구축하는 과정이다. 디카시 맥락에서 보면, 사진 속의 이미지를 단순한 자연적 요소로 끝내지 않고, 이를 서사적 구조로 변화시킨다. 예를 들어, 사진 속 들판을 떠난 연인을 기다리는 마을로 해석하거나, 환경 파괴에 대한 경고로 재구성하는 과정이다. 이는 저작권 문제나 상업화 비판이 중요한 의미를 창출하는 지점에서 이 단계는 특히 중요하다. 디카시는 단순히 개인적 경험을 넘어 사회적·문화적 메시지를 전달하기 시작한다. 여기서 창작자는 감각적 이미지를 사회적, 역사적 배경과 결합하여 의미를 재구성한다. 이는 시인의 개인적 해석과 사회적 맥락이 결합한 결과물이다.

의미 재구성을 상상력의 층위로 살펴본다. "나는 학교 종소리를 단순한 수업 시작 알림이 아니라, 모험의 문을 여는 마법의 소리로 상상한다. 종이 울리면 우리는 또 다른 세계로 떠나는 탐험가의 길을 걸을 것이다." 이 예문은 학교 종소리라는 익숙한 요소의 의미를 기존과는 전혀 다르게 변형해 상상한 것으로, '변형적 상상력'의 사례이다. 일상적인 사물에 새로운 상징적 의미를 부여한 '창조적 상상력'이다.

"지금 생각해 보면, 혼자서 놀던 그 시절은 외로움이 아니라 나만의 세계를 만드는 연습이었다. 그때의 고요함이 지금의 상상력의 씨앗이었는지도 모른다." 이 예문은 과거의 경험(혼자 놀던 기억)을 새로운 시각으로 해석한 것이다. '해석적 상상력'의 예이다. 단순한 기억을 창조적으로 재해석하여 자기 이해와 연결한 점에서 '창조적 상상력'에 해당한다.

라. 문화적 코드화(Cultural Encoding): 집단적 상징으로 편입

문화 코드화는 개별 창작물을 문화적 상징 체계에 통합하는 과정이다. 창작물은 개인의 감각적 경험을 넘어서 사회적·문화적 기호로 확장한다. 디카시 맥락에서 보면, 개별 창작물이 온라인 커뮤니티, 전시회, 문학 행사 등을 통해 반복·재사용·패러디하면서, 문화적으로 공유하는 상징적 자산으로 변환한다. 예를 들어, '섬진강 디카시 축제'에서 자주 등장하는 강·물·길 이미지는 지역 정체성과 결합하여 문화적 코드로 재편성한다. 이는 특정 이미지나 시행이 온라인 커뮤니티에서 문화적 코드로 반복한다. 이를 통해 디카시는 집단적 경험과 연결하고, 문화적 전통이나 관습과도 결합한다. 이 단계에서는 개별적인 창작물이 문화적 기호로 변형한다. 독자와 사회는 이를 공유된 상징으로 소비하고 재구성한다.

문화 코드화는 상상력 단계까지 가지 않은 이성적 사유의 산물이다. "흰색은 서양 문화에서는 결혼과 순결을 상징하지만, 동양 문화에서는 죽음과 상복을 상징한다." 이 예문은 같은 색(흰색)이라도 문화적 맥락에 따라 서로 다른 의미로 '코드화'되어 있다. 이는 이성적 사유로 체계화된 문화 상징 체계의 예이다. 사람들이 공통된 의미를 부여하고 따르는 규칙이기 때문에, '이성적 사유의 산물'인 문화 코드화에 해당한다.

층위	핵심 작용	디카시 창작 요소	해석의 관점
정동 (비이성적 사유)	즉각적 감각 반응	사진의 빛·색·질감	감각적 몰입
심상화 (창조적 상상력)	감각 → 이미지 변환	비유·상징· 시각적 은유	형상화된 이미지 분석
의미 재구성 (창조적 상상력)	개인·사회 맥락 결합	서사화·메시지	비평·맥락 독해
문화적 코드화 (이성적 사유)	집단 상징 편입	반복·패러디·재전유	문화·매체론적 해석

표7. 상상력 층위와 디카시 창작·해석의 대응 관계

이를 다시 요약하면, 정동은 감각적이고 즉각적인 반응이다. 아직 언어화나 해석 이전의 층위이므로 비이성적 사유(이성과 상상력과 다른 층위)로 분류한다. 심상화는 심상 형성과 시각적 은유를 통해 새로운 의미를 형상화한다. 창조적 상상력의 핵심이다. 이는 재생적 상상력을 바탕으로 하지만, 보이지 않는 것을 심상화할 때 창조적 상상력까지 확장한다. 의미 재구성은 심상에 사회적, 개인적 의미를 덧입히는 행위이다. 해석과 메시지를 부여한다. 변형적, 해석적 상상력이다. 이는 결국, 창조적 상상력이다. 문화적 코드화는 사회적 기호 체계를 활용하고 반복한다. 패러디하는 전략이다. 이성적 사유의 범주에 속한다.

3. 재생적 상상력까지만 확장해 나가면 에세이

디카시의 특성상, 그 작품들이 재생적 상상력의 산물에 가까운 만큼, 사실상 '에세이' 성격이 강하게 드러난다. 에세이와 디카시의 공통점은 직관적이고 감각적인 순간을 담아내는 방식에 있다. 에세이는 자기 경험이나 주관적 사유를 중심으로 글을 풀어낸다. 디카시도 마찬가지로 주관적 감각을 디지털 이미지와 문자로 표현하는 과정에서 자기 경험이나 감각적 직관에 의존한다. 두 장르의 형식적 특성은 매우 비슷하다.

가. 디카시의 에세이 성격

디카시의 시적 창작 방식이 즉각적이고 감각적인 반응에 기반한다. 그것이 재생적 상상력을 통해 다루어진다고 해도, 그 결과물은 문학적 창조라기보다는 체험의 기록에 가깝다. 디카시가 다루는 자연이나 사물에 대한 직관적 감정이나 순간적 인식을 디지털 이미지로 포착하고 텍스트화하는 방식은 사실상 에세이가 갖는 개인적 경험의 재현과 유사하다.

에세이는 논리적 사고도 중요하지만, 감성적 표현을 중요시하는 갈래이다. 자기 고백이나 감정의 탐구가 주요한 특징이다. 디카시 또한 주관적 감각을 표현한다. 이 측면에서 에세이 특성을 지닌다고 볼 수 있다. 디카시는 시적 언어를 사용하지만, 그 내용이나 형식이 기존의 시적 창조와는 다르게 주관적 직관을 중심으로 전개한다. 에세이처럼 자기적 경험을 담아내는 성격이 강하다.

나. 재생적 상상력의 한계

재생적 상상력이란, 기존의 감각적 경험을 다시 구성하는 방식을 의미한다. 디카시에서 디지털 이미지로 포착한 순간의 사진은 직관적이다. 기존의 자연이나 사물을 그대로 재현하는 것에 가까운 경우가 많다. 이 점에서 디카시는 창조적 상상력이라기보다는 재생적 상상력을 활용한다. 결국, 그 창작물이 새로운 창조라기보다는 기존의 것을 다룬 기록이다.

따라서, 디카시가 새로운 의미를 만들어 내는 것보다는 이미 존재하는 감각이나 경험을 반복하고 재현하는 작업이다. 문학적 창조보다는 재현이나 기록에 더 가까운 결과물이다. 이 점에서 디카시를 에세이의 특성을 가진 작품으로 보는 것이 적합하다.

다. 에세이와 디카시의 차이점

디카시가 '에세이' 특성을 띤다고 볼 수 있지만, 그 형식이나 매체는 여전히 시적 표현을 포함한다. 디카시는 디지털 매체를 사용하여 감각적 이미지를 포착한다. 그 이미지를 텍스트로 변환하는 새로운 시적 실험이기도 하다. 에세이와 디카시의 차이점은 형식적 차이에 있다. 에세이는 글을 중심으로 전개하는 논리적이고 서술적인 형태인 반면, 디카시는 디지털 이미지와 언어의 결합을 통해 시각적이고 감각적인 경험을 전달하는 방식이다.

라. 소결론: 디카시 = 에세이 특성

디카시는 직관적 사유의 산물이다. 더 나아가면, 재생적 상상력에 기반한다. 새로운 창조적 상상력이라기보다는 기존 경험의 재구성에 가깝다. 결과적으로 에세이 성격이 강하게 드러난다. 시적 창조보다는 개인적 경험과 감각의 기록에 가까운 성격을 지닌다고 할 수 있다. 디카시를 창조적 상상력의 산물로 정의하는 것은 다소 과도한 해석일 수 있다. 직관적이고 감각적인 반응을 담아내는 작업이라는 점에서 에세이 성격을 더욱 부각시킬 수 있다.

결국, 디카시는 기존의 감각적 경험을 재현하는 방식이다. 직관적이고 감성적인 내용을 디지털 매체를 통해 기록하는 재생적 상상력의 산물이다. 창조적 상상력을 추구하는 전통적 시와는 다른 문학적 접근법을 보여 준다.

4. 디카시 창작물을 볼 때면 디카에세이가 적합

'디카에세이'라는 장르가 옳은가? 가장 중요한 '날시'의 개념은 크나큰 오류이다. 디카시가 '에세이'이고 재생적 상상력에 기초한다는 점에서 장르적 한계가 존재한다. 그 출발점에서 이론적 맹점, 특히 '날시'라는 개념에 대한 문제는 그 핵심적인 오류 중 하나이다.

가. 디카시의 한계: 날시의 오류

'날시'라는 개념은 정동 단계의 직관적 사유에서 출발한다. 때로는 감정 단계의 직관적 사유의 산물이다. 디카시의 이론은 시적 창조와 직관적 반응의 구분을 명확히 하지 않는다. 결국, '직관적 사유'와 재생적 상상력, '창조적 상상력'의 경계를 모호하게 만든다. '날시'가 정동적 감정의 순간적인 직관적 반응을 포착한다고 한다면, 이는 지각과 기억에만 의존하는 재생적 상상력에도 미치지 못한다. 시적 창조라기보다는 감각적 반응의 기록에 더 가깝다.

이 직관적 반응을 시적 창조로 착각할 수 있는 위험이 있다. 이는 '날시'라는 개념을 완전히 새로운 창조로 해석하려는 시도에서 발생한 문제이다. '날시'가 말하는 것은 극단적인 순간적 감동이나 감정적 반응이 아니다. 단지 감각적 경험의 재현에 지나지 않는다. 이를 시적 창조적 상상력으로 발전시키기에는 이론적 모순이 존재한다.

나. 날시와 시적 창조의 구분

시는 창조적 상상력을 바탕으로 기존의 경험을 변형하거나 새로운 의미를 창출하는 예술적 행위이다. 날시는 본질적으로 직관적이고 순간적인 반응에 불과하다. 그러므로 날시를 시의 출발점으로 삼는 디카시는 시적 창조의 본질을 훼손하는 것이다. 그 자체로 감각적 경험의 기록에 가까운 것이기 때문에 '에세이' 성격이 강해질 수밖에 없다.

날시의 개념은 시적 창조라는 전통적인 이해에서 벗어나지 않으면, 창조적 상상력을 제대로 구현할 수 없는 한계에 부딪힌다. 직관적 사유나 감각적 반응을 바탕으로 한 시적 재현은 시적 창조와는 다른 차원의 활동이다. 결국, 날시의 개념은 디카시의 이론 자체에서 큰 맹점을 형성하는 요소이다.

다. 디카에세이(Dica Essay)라는 장르의 가능성

디카시가 에세이 성격을 가질 수밖에 없다. 그것이 직관적이고 감각적인 반응을 포착하는 데 그치고, 시적 창조의 차원을 넘어서는 데 어려움이 있기 때문이다. 디카시의 중심이 날시와 같은 직관적 반응에 있다면, 그것은 결국 에세이의 범주에 속할 수밖에 없다. '디카에세이'라는 새로운 장르가 나올 수 있는 이유도 바로 여기에 있다. 디카시가 감각적 경험을 기록하는 방식에 치중하는 것이라면, 그것은 자기반성이나 경험의 기록에 가깝기 때문에, '에세이' 특성을 띤다.

디카시가 문학적 창조를 목표로 하기보다는, 감각적 순간이나 직관적 사유를 디지털 매체로 포착하고 재현하는 작업에 머문다. 디카에세이라는 이름이 더 적합할 수도 있다. 그 의미에서 디카시는 에세이의 하위 장르로 볼 수도 있다. 이 이론적 오류가 바로 디카시의 본질적 한계를 형성하는 주요 원인이다.

라. 날시와 창조적 상상력의 차이

'날시'가 단순히 직관적 사유에 기반한 감각적 반응이라면, 그것은 상상력이라기보다는 자연적이고 본능적인 반응에 불과하다. 지각이나 기억에 의존하는 재생적 상상력에도 미치지 못한다. 창조적 상상력은 새로운 의미를 창출하고, 기존의 것을 변형하여 새로운 형상을 만들어 내는 것이다. 그런데 날시는 그런 의미에서 기존의 경험을 재현하는 방식이므로 창조적 상상력의 발현이라기보다는 감각적 경험의 기록에 가까운 것이다.

따라서 날시의 개념을 창조적 상상력으로 해석하는 것은 본질적인 오해이다. 디카시가 날시를 바탕으로 한다면, 그것은 시적 창조라기보다는 체험의 기록에 가까운 '에세이'이다.

마. 소결론

결국, 디카시는 '날시'라는 개념을 정동적이고 직관적인 감각 반응으로 정의함으로써, 시적 창조와 감각적 재현의 차이를 명확히 하지 못하는 이론적 한계를 드러낸다. 디카시가 창조적 상상력을 기반으로 하지 않고, 재생적 상상력에 의존하는 한, 그것은 '에세이' 성격을 벗어나기 어렵다. 날시라는 개념 자체가 오류를 내포한다. 디카시는 결국 에세이 갈래에 가까운 작업이다. 시적 창조의 본질과 거리가 멀다.

따라서 디카시는 시라기보다는 '디카에세이'라는 새로운 갈래로 이해하는 것이 더 적합하다. 이론상의 맹점과 장르적 한계를 극복하기 위해서는 날시의 개념과 창조적 상상력에 대한 명확한 구분이 필요하다.

5. 날시와 영감에 결부하는 것이 타당한가

디카시의 이론에서 날시 다음으로 영감을 중시한다. 이것이 맹점이다. 아래와 같이 디카시 창시자와 디카시 문인협회 회장의 주장을 읽어본다.

> 시인이 **영감**으로 포착한 현실 자체를 '**날시**'(그렇다고 모든 현실이 날시가 되는 것은 아니다)로 보고 그것을 육화하듯이 언어로 옮겨 놓는다.
> — 이상옥, 『앙코르 디카시』, 15-16쪽.

> 디카시는 시인의 **창작 역량과 노력**에, **영감(靈感)**을 더하고 **섬광(閃光)**의 시간이 함께 작동하는 예술 형식이다.
> — 김종회, 『디카시, 이렇게 읽고 쓰다』, 64쪽.

이론상의 오류 '영감'! '날시'는 직관적 사유의 산물이라 내면화의 문제이지 영감의 문제는 아니다. 특히 한국에서는 영감을 외부에서 내부로 오는 감을 말한다. 물론 영감의 의미 중에 내면의 뜻도 있다. 오해의 소지가 분명하다. 영감 대신 내면화라는 용어가 적확하다.

'날시'를 영감과 연결 짓는 것은 이론적 맹점을 더욱 부각시키는 지점이다. 날시가 직관적 사유의 산물이라면, 그것은 본질적으로 내면화의 과정이지, 외부에서 내부로 오는 영감의 결과가 아니기 때문이다. 이 점에서 영감이라는 용어는 한국에서 통상적으로 사용하는 의미와 디카시 이론에서 '날시' 개념 사이에 분명한 차이가 있다.

가. 영감의 문제: 외부에서 내부로 오는 것

'영감'이라는 개념은 일반적으로 외부에서 내면으로 오는 갑작스럽고 신비로운 자극을 의미한다. 즉, 주술적이다. 이는 예술적 창조를 이끌어 내는 초자연적 또는 초월적 요소로 간주한다. 예술가가 외부 세계에서 어떤 영감을 받아 작품을 창조하는 과정을 강조하는 개념이다.

그러나 디카시 이론에서 말하는 '날시'는 직관적 사유의 산물이다. 이는 내면에서 나오는 직관적 반응에 가깝다. '날시'는 자극받은 순간의 감정적 반응을 포착한 결과물이다. 이는 '영감'이라기보다는 '내면화된 감각적 반응'에 해당한다. 즉, 외부에서 직접적으로 영감을 받는 것이 아니라, 이미 내면화된 감정이나 경험을 즉각적으로 인지하고 표현하는 것이다.

나. 내면화와 영감: 이론적 혼동

이론적으로 볼 때, 날시를 영감으로 설명하는 것은 큰 오해를 불러일으킬 수 있다. 영감이 외부 자극에 의한 초자연적인 경험에 가까운 반면, 날시는 이미 내면화된 경험이나 직관에 대한 즉각적인 반응이다.

영감이 외부에서 무언가가 작용하여 내면을 자극하는 과정이라면, 날시는 이미 내부에 존재하는 감각적 경험이나 감정적 반응이 즉각적으로 표현되는 과정이다. 따라서 날시를 영감으로 설명하는 것은 내면화 과정과 외부의 자극을 통한 창조적 출발을 혼동하는 결과를 낳는다.

다. 영감 대신 내면화가 적절한 이유

내면화는 내부의 경험이나 감정, 직관이 자기 자신에게 일어난 일로서 인식되고 반응하는 과정을 말한다. 날시는 이런 내면화된 감각이나 직관적 사유가 즉각적으로 언어로 전환되는 과정이다. '영감'보다는 '내면화'라는 용어가 훨씬 더 적절하다. 내면화는 외부 자극보다는 내부의 이미 형성된 경험을 바탕으로 한 감정적이고 직관적인 반응을 의미한다.

즉, 날시는 내부에서 이미 발생한 감각적 반응이나 직관을 디지털 매체로 포착하여 문자화하는 과정이다. 그 개념을 영감으로 설명하는 것은 이론적 혼동을 일으킬 수 있다.

라. 내면화와 디카시

디카시는 날시를 바탕으로 내면화된 직관을 표현하는 것이다. 내면화는 본래 외부 자극에서 시작된 것이 아니다. 내부에서 형성된 감정이나 경험을 깊이 인식한 결과로, 날시의 본질과 맞아떨어진다. 이 관점에서 디카시는 내면화된 직관을 포착하고, 그것을 문자로 변환하는 작업이다.

이렇게 설명했을 때, 디카시는 단순히 영감을 받는 순간을 시적 언어로 재현하는 것이 아니라, 내면화된 감각적 경험을 즉각적으로 포착하여 표현하는 것이다. 그래서 '영감'이 아닌 '내면화'가 디카시의 과정을 설명하는 데 훨씬 더 정확하고 명확한 용어이다.

마. 소결론: 영감의 개념을 넘어서

결국, 디카시의 이론적 맹점 중 하나는 바로 '날시'라는 개념을 영감으로 설명하면서 생긴 혼동이다. 영감은 외부에서 내면으로 들어오는 자극을 강조하는 개념이다. 날시는 이미 내면화된 감각적 반응을 즉각적으로 포착하는 것에 가까운 개념이다. 따라서 '날시'를 영감으로 해석하는 것은 이론적 혼란을 불러일으킬 수 있다. '내면화'라는 용어가 훨씬 더 적절하고 명확하다.

디카시가 내면화된 감각적 경험을 디지털 매체로 포착하여 언어로 번역하는 작업이다. 그 과정은 영감의 개념보다는 내면화의 개념으로 설명하는 것이 더 일관된 이론적 기반을 제공한다. 이 점을 명확히 구분하는 것이 디카시 이론의 핵심적인 개선 방향이어야 한다.

6. 창조적 상상력으로 나아가는 방향 제시

날시의 사진은 정동 단계의 직관적 사유의 내면을 끌어내는 단계, 언어로 풀어내는 단계는 많이 나아가도 결국 재생적 상상력에 머물 가능성이 크다. 이를 창조적 상상력으로 나아가기 위해서는 날시라는 정동의 단계에서 벗어나고, 현실을 설명하는 표현에서 벗어나 사진과 글이라는 두 가지의 상호 보완적 관계를 단절하거나 해체해야 한다.

날시라는 개념이 정동 단계의 직관적 사유를 기반으로 한다면, 그것이 재생적 상상력에 그치지 않고 창조적 상상력으로 나아가기 위해서는 사진과 글이라는 두 매체의 상호 보완적 관계를 단절하거나 해체하는 방식으로 접근해야 한다는 지적은 매우 핵심적이다.

가. 날시: 정동 단계의 직관적 사유

우리가 날시를 정동 단계의 직관적 사유로 이해하는 순간, 그것은 이미 내면화된 감각이나 감정이 즉각적으로 드러나는 과정이다. 이는 사실상 기존의 감각적 경험을 재현하는 단계에 불과하다. 사진이라는 디지털 매체와 문자라는 언어적 매체를 결합하여 그 경험을 포착하고 재현하는 것에 머물 수 있다.

이 경우 날시는 정동적 반응을 즉각적으로 포착하고, 그 결과를 기록하는 과정에 가깝다. 이는 재생적 상상력에 가까운 반복과 재구성의 영역에 한정될 가능성이 크다. 사진을 찍고, 그 감각을 언어로 풀어내는 과정이 새로운 창조로 이어지기보다는, 이미 경험한 감각을 재현하는 작업에 그칠 수 있다는 점이 바로 재생적 상상력으로 머물 수밖에 없는 이유이다.

나. 사진과 글의 상호 보완적 관계: 창조적 상상력으로 나아가기 위한 한계

디카시에서 사진과 글은 원래 서로 보완적인 관계를 형성한다. 사진은 감각적인 순간을 포착한다. 그 이미지를 언어로 풀어내는 글이 그 의미를 확장하는 역할을 한다. 이 방식은 정동적 경험을 시각화한다. 그 시각적 경험을 언어로 풀어내는 일종의 재현적 과정에 가깝다.

창조적 상상력이란, 기존의 경험이나 사물을 변형하거나 새로운 의미를 창출하는 능력을 말한다. 따라서 사진과 글이라는 두 매체가 상호 보완적인 관계로만 작용하는 한, 그것은 기존의 것을 단지 재구성하거나 재현하는 수준에 머물 수밖에 없다. 새로운 창조로 나아가기 위해서는 이 상호 보완적 관계를 단절하거나 해체해야 한다.

다. 단절 혹은 해체: 창조적 상상력으로 나아가기 위한 방법

사진과 글의 관계를 단절하거나 해체하는 방식은 다음과 같은 두 가지 방향을 고려할 수 있다.

(1) 사진과 글의 결합을 넘어서기

디카시가 사진과 글을 결합하는 방식은 이미 그 자체로 재현과 기록에 집중한다. 이 결합에서 벗어나야 한다. 사진이 단순히 감각의 포착을 넘어서서 창조적 상상력의 발현으로 나아갈 수 있도록, 사진을 독립적인 예술적 표현으로 전개해야 한다. 이때 사진은 더 이상 단순히 정동적 감각을 재현하는 것이 아니라, 자유로운 해석과 상상력의 창출을 위한 매체로 기능해야 한다.

마찬가지로, 글 역시 사진의 해석이나 재구성에 그치지 않고, 사진과 독립적인 새로운 의미를 창조해야 한다. 글은 사진의 의미를 확장하는 것에 그치지 않고, 그 자체로 새로운 창조를 이끌어 내는 자유로운 상상

력의 발현이다. 이때 사진과 글이 각각 자율적인 재현적 공간을 형성하면서 서로 다른 방식으로 재생적 상상력을 구현한다.

(2) 사진 자체의 상상력 강화

사진은 본래 시각적 이미지를 포착하는 매체이다. 그것이 순간 포착이라서 감각적 재현이다. 그러나 이에 그치지 않고, 재생적 상상력을 뚫고 창조적 작업으로 나아가야 한다. 사진이 직관적 순간이나 정동적 감정을 단순히 포착하면 곤란하다. 새로운 시각적 해석과 변형된 이미지를 통해 창조적 상상력을 발휘할 수 있어야 한다. 이때 사진은 그 자체로 시각적 언어로 기능하며, 그 의미를 확장하고 변형할 수 있어야 한다.

(3) 언어의 창조적 변형

글 역시 사진과 독립적인 창조적 작업이어야 한다. 언어는 단순히 감각을 묘사하거나 사진을 설명하는 도구가 아니다. 사진의 해석을 넘어서고, 이를 재현하는 재생적 상상력을 뛰어넘어 창조적 상상력을 발휘해야 한다. 언어는 새로운 세계를 만들어 가는 상상력의 매체이어야 한다. 사진을 넘어서서 자기만의 새로운 의미를 창조하는 도구로 사용해야 한다.

라. 소결론: 창조적 상상력으로의 전환

날시는 정동적 직관의 산물에 불과하다. 더 나아가도 그 자체로는 재생적 상상력에 머무를 가능성이 크다. 이를 창조적 상상력으로 발전시키기 위해서는, 사진과 글이라는 두 매체의 상호 보완적 관계를 해체하고, 각각을 독립적인 창조적 표현으로 발전시켜야 한다. 사진은 직관적 감각의 포착을 넘어서서 창조적 상상력의 발현이어야 한다. 글은 사진을 설명하거나 재현하는 데 그치지 않고, 새로운 의미를 창조하는 독립적인 작업이어야 한다.

이 과정에서 중요한 것은 날시의 개념을 정동적 반응과 재현을 뛰어넘고 새로운 창조로 이끌어 내는 방식이다. 사진과 글의 결합이 아니라, 각각의 매체가 창조적 공간을 만들어 간다. 새로운 의미를 형성하고 변형할 수 있도록 하는 상호 독립적인 접근이 필요하다. 디카시는 재생적 상상력을 넘어서, 창조적 상상력의 가능성을 펼칠 수 있을 것이다.

V. 나가기: 비평 이론의 확장 가능성과 대안적 틀 제시

디카시를 단순한 '사진과 짧은 시의 병치'로 정의하는 한, 그것에 대한 비평 또한 감각적 인상 비평 수준을 벗어나기 어렵다. 그러나 앞서 고찰한 바와 같이, 디카시는 정동을 기점으로 한 상상력의 층위를 따라 다양한 의미 작용의 국면을 발생시키며, 매체 환경의 변화와 함께 새로운 창작 주체와 수용 구조를 전제로 한다. 이에 본 장에서는 디카시의 본질을 보다 입체적으로 분석하고 설명하기 위한 비평 이론의 확장 방향과 대안적 이론 틀을 제안한다.

1. 이미지-텍스트 수용 이론의 도입 필요성

디카시는 이미지와 언어가 병렬적으로 결합한 텍스트이다. 이 결합은 단순한 합산이 아닌 수용자의 감각 및 해석 경험 속에서 상호 작용적 의미를 형성한다. 이러한 특성을 설명하기 위해서는 수용 미학(Rezeptionsästhetik)과 함께 '이미지-텍스트 이론'의 적용이 필수적이다.

볼터(Jay David Bolter, 1951~)의 '리미디에이션(remediation)'은 새로운 매체가 기존 매체를 재맥락화하거나 흡수함으로써 작동하는 방식을 설명한다. 디카시에서 텍스트가 이미지를 '보충'하거나 '재구성'하는 구조를 분석하는 데 유효하다.

미첼(W.J.T. Mitchell, 1942~)의 '이미지-텍스트 관계론'은 시각적 상상력과 언어적 의미화 과정 사이의 긴장을 강조한다. 디카시 비평에 적용할 수 있는 분석 도구를 제공한다.

2. 정동 이론의 층위화와 상상력의 구조 분석

기존 디카시 비평은 '정동적 반응'을 감각적 충동으로 환원하는 경향이 있다. 이는 정동 이론의 철학적 함의를 축소하는 것이다. 브라이언 마수미(Brian Massumi)에 따르면, 정동은 감정과 다르게 지각 이전의 잠재적 운동성이다. 개인의 반응을 넘어 집합적 감각 체계의 일부로 작용한다.

따라서 디카시 창작은 단순한 감정의 언표가 아니라, 다음과 같은 층위를 따른다.

정동 - 비자발적 감각 자극(날시)
심상화 - 감각의 내면화 및 이미지화
언어화 - 언어적 형상화 및 구조화
문화 코드화 - 수용자 문화와의 접속

이와 같이 정동→심상화→언어화→코드화로 이어지는 다층적 구조를 전제할 때, 비로소 디카시의 창작 논리와 의미 작용을 비평적으로 해석할 수 있다.

3. 창작 주체의 분산과 기술 매개적 상상력

디카시는 단지 개인의 감정 표현물이 아닌, 기술 매개에 의해 조건지어진 창작물이다. AI로 생성된 이미지, 자동 캡션 기능, SNS 알고리즘

등의 요소는 디카시 창작 과정에 본질적으로 개입한다. 이는 창작 주체가 고립된 개인이 아닌, 기술과 상호 작용하는 '분산된 주체'임을 의미한다.

이러한 맥락에서 필요한 비평 관점은 다음과 같다. 디지털 인문학은 창작 주체를 기술적 환경 속에서 재정의한다. 알고리즘적 상상력 이론은 창작을 의도적 표현이 아닌 기계적 가능성과 감각의 협동 산물로 간주한다.

4. 디카시 비평을 위한 통합 틀 제시

이상의 논의를 종합하여, 이 글은 디카시 비평 및 창작을 위한 5단계 통합 분석 프레임을 다음과 같이 제시한다.

층위	설명	적용 이론
정동	창작의 시원으로서의 감각적 자극(날시)	정동 이론(Massumi, Sedgwick 등)
심상화	이미지의 내면화 및 기억과의 충돌	심상학, 이미지 이론
언어화	정동의 언어적 형상화 및 표현 구조화	구조주의, 텍스트 이론
수용	독자의 감각, 기억, 문화 코드 작용	수용미학, 독자 반응 이론
기술 매개	창작 주체의 기술 의존성과 분산적 구성	디지털 인문학, 매체 이론

표8. 디카시 비평을 위한 통합 틀

이 통합 프레임은 디카시를 감각적 산물에 머무르게 하지 않고, 디지털 시대 감각-기억-기술이 교차하는 복합 텍스트로 인식하는 기반을 제공한다. 더불어 이러한 구조적 접근은 디카시의 창작 교육, 비평 이론 정립, 디지털 문학 일반에 대한 이론적 모델로도 확장될 수 있다.

비평은 단순히 결함을 지적하는 행위가 아니라, 창작의 의미 층위를 탐색하고 확장하는 실천이기도 하다. 디카시는 기존 문학 이론의 경계를 교란한다. 동시에 새로운 해석 프레임을 요청하는 복합적 양식이다. 따라서 향후의 디카시 비평은 기존 문학의 심미적 범주를 넘어, 디지털 감각의 인식론적 전환을 고려하는 통합적 이론화 작업으로 나아가야 할 것이다.

제6장

시조의 시간성 이해

옛시조 속에서 시절이라는 시간성을 정확히 읽어 낸다면
좀 더 쉽게 작품을 감상할 수 있다.

6.
시조의 시간성 이해

1. 들어가기

　많은 사람이 옛시조를 접하는 순간 이해하기 어렵다고 느낀다. 그 이유는 옛시조에 숨어 있는 작가의 심경과 명확한 의미를 읽어 내지 못하기 때문이다.
　학교 교육에서 옛시조를 입시 위주로 배웠던 탓도 있다. 작품 속 주제와 소재를 골라내거나, 지조, 관념, 의지에 대한 감상 정도가 전부였던 학교 교육이 시적 감수성을 말라 버리게 한 것일 수도 있다.
　옛시조를 쉽게 읽는 방법이 없을까 고민하던 끝에 옛시조가 시절가임을 간과해 왔던 것을 깨달았다. 시절가이므로 작품 속 시절을 읽어 내면 모든 것이 쉽게 풀리는 것은 당연한 이치이다.
　옛시조를 읽다 보면, 옛 어른들이 시조를 지어 부른 봄, 여름, 가을, 겨울로 갈마드는 네 계절뿐만 아니라, 그들이 처했던 시대와 판국까지도 생생히 접할 수 있다. 그래서 시절가라 일컬었을 것이라는 추측이 가능해진다.
　'시조'라는 말은 '시절가(時節歌)'라는 말의 함축적 별칭이다. 조선의 학자 이학규(李學逵, 1770~1835)가 문집 『낙하생고(落下生稿)』에 수록한 "수련

화월야(誰憐花月夜) 시조정처회(時調正悽懷)"라는 한시구(漢詩句)에서 시조를 언급하였다. 주에 '시조역명시절가(時調亦名時節歌)'라고 했다. 최초의 시절가라는 문헌상 기록이다. 그리고 유만공(柳晩恭, 1793~1869)이 『세시풍요(歲時風謠)』에 "시절단가음조탕(時節短歌音調蕩)"이라고 하면서 주해(註解)에 '속가왈시절가(俗歌曰時節歌)'라고 했다. 시조는 사계절만을 의미하지 않는다. 그 시대의 판국과 판세를 포괄하는 개념이다. 즉, 시조는 현실성을 반영하는 시문학이다.

옛시조 속에서 시절이라는 시간성을 정확히 읽어 낸다면 좀 더 쉽게 작품을 감상할 수 있을 것이라는 작은 결론에 도달한다.

2. 옛시조의 시간성 읽기

일본의 하이쿠는 계절을 나타내는 기고[季語]라는 계절어와 구를 강제로 끊어 강한 영탄이나 여운을 남기는 기레지[切れ字]라는 조사나 조동사를 반드시 넣어야 했다. 근세에 들어 가와히가시 헤키고토[河東碧梧桐] (1873~1937)가 계절어와 정형의 구속에서 벗어난 신경향 하이쿠 운동을 일으켰고, 그 추종 일파에 의해 영향을 받은 시인은 지금까지도 여러 제약 요소를 뛰어넘은 하이쿠를 창작하기도 한다.

일본의 하이쿠와는 달리 우리 옛시조는 별도로 언어에 대한 제약이 없었다. 옛시조가 지조를 읊었던 시절가라서 시간성이 계절어로 녹아들어 있는 사례가 많다. 특히 서경적·서정적 옛시조에서 계절이 뚜렷하게 나타나는 경향이 있다. '춘하추동(春夏秋冬)'처럼 계절을 직접 나타내는 '직접 계절어'와 '매화, 매미, 단풍, 눈' 등과 같은 계절을 간접적으로 나타내는 '간접 계절어'로 구분할 수 있다. '새벽, 아침, 저녁, 낮, 밤' 등과 같은 비교적 짧은 시간을 직접 나타내는 시어는 '직접 시간어', '햇살, 달빛, 노을' 등과 같은 간접적으로 짧은 시간을 나타내는 시어를 '간접 시간어'로 구분할 수 있다.

  옛시조에서 계절을 나타내는 '계절어'를 하이쿠처럼 사계절만으로 한정하여 일컫는다면 상상력의 폭이 너무 제한적이라서 비교적 긴 시간성의 시어를 포괄하여 '시절어'라고 함이 마땅하다. 물론 비교적 짧은 시간성의 '시간어'를 '시절어'라는 범주에 넣기에는 의미상 적합하지 않다.

  이 글에서 옛시조에 숨 쉬고 있는 비교적 긴 시간성의 시어를 '시절어'라고 칭하여 본다. '춘하추동(春夏秋冬)' 사계절, '정월, 동짓달'과 같은 월, '단오, 추석'과 같은 명절 등이 직접 등장한 시간성의 시어를 '직접 시절어'라고 칭하고, '매화(봄)', '매미(여름)', '단풍(가을)', '눈(겨울)', 모내기(봄), 가을걷이(가을) 등 간접적으로 시간성을 나타내는 시어를 '간접 시절어'라고 칭한다.

  이러한 주장의 배경에는 옛시조 대부분이 별도의 제목이 없이 전래되었지만, 후대에 시간성을 나타내는 '매화', '노고지리' 등과 같이 간접적으로 계절을 나타내는 시어를 기준으로 하여 표제로 삼아 붙인 예가 많기 때문이다. 이것은 일본 하이쿠 역시 제목이 없으나, 작품을 식별하기 위한 목적으로 기고[季語]를 중심으로 제목을 붙이는 것과 같은 맥락인 것이다.

  이 글에서 옛시조의 시절어를 사계절을 중심으로 도출해 내어 시조의 참맛을 느껴 보려 한다. 계절별 시조 두세 수를 예시하면서 제한적으로 읽어 본다.

가. 봄[春]

  춘창(春窓)에 늦이 일어 완보(緩步)하여 나가보니
  동문유수(洞門流水)에 낙화 가득 떠 있구나
  저 꽃아 선원(仙源)을 남 알세라 떠나가지 말아라

— 김천택[1]

초장의 '춘창'이 직접 시절어이고, 중장의 '낙화', 종장의 '꽃'이 간접 시절어이다. 이 시조는 초·중장에서 서사 구조이다가 종장에서 작자의 심중을 확연히 드러내 보인다.
"봄볕이 들어오는 창문에 늦게 일어나 느린 걸음으로 나가 보니, 마을 어귀 흐르는 물 위에 떨어진 꽃잎이 가득 떠 있구나. 저 꽃아, 신선의 세계를 남이 알아차릴 수 있으니 떠나가지 마라."라고 해석해 본다. 종장에서는 꽃에 대한 작자의 마음속 바람이 녹아들어 있다.

> 봄비 갠 아침에 잠 깨어 일어보니
> 반개화봉(半開花峰)이 다토와 피는고야
> 춘조(春鳥)도 춘흥(春興)을 못 이기어 노래 춤을 하는겨
>
> — 김수장[2]

초장의 '봄비', 종장의 '춘조'(봄의 새), '춘흥'(봄에 일어나는 흥결)이 시절어이다. 이들은 합성어로서 직접 시절어와 간접 시절어가 결합되어 있는 모습이라고 보아도 무방하다. 이 시조는 3장 모두 있는 그대로의 서사 구조이다. 봄비가 내린 후 "갠 아침에 잠을 깨어 일어나 보니, 반쯤 벙근 꽃봉오리가 앞다투어 피는구나, 봄새도 봄의 흥에 취하여 조잘거리며 노래하고 날갯짓하며 춤을 추는구나"라며 자연과 사물이 보이는 그대로를 노래한다. 이 시조에서 '아침'이라는 직접 시간어는 '봄'이라는 포괄적인 시절어의 의미를 딛고 올라설 수 없는 보조적인 시간성의 시어 역할만 하고 있다.

---

1) 조선 영조 때의 가인(歌人)(?~?). 자는 백함(伯涵)·이숙(履叔). 호는 남파(南坡). 평민 출신으로 창곡(唱曲)에 뛰어났으며, 김수장 등과 함께 경정산 가단에서 후진을 양성하였다. 영조 4년(1728)에 ≪청구영언≫을 편찬하여 시조 정리와 발전에 공헌하였다. 그의 시조 57수가 ≪해동가요≫에 전한다.
2) 조선 시대의 문인·가객(歌客)(1690~?). 자는 자평(子平). 호는 노가재(老歌齋)·십주(十洲). 김천택과 함께 경정산 가단을 결성하여 시조 보급에 힘썼으며 ≪해동가요≫를 편찬하였다.

> 간밤 오던 비에 앞내에 물 지거다
> 등 검고 살진 고기 버들 넋에 올라괴야
> 아희야 그물 내어라 고기잡이 가자스라
>
> — 유숭[3]

이 시조에서는 특이하게 시절어가 겉으로 드러나지 않고 숨어 있다. 그래서 "등 검고 살진 고기"가 무슨 물고기인지를 읽어 내기만 한다면 시간성은 아주 쉽게 풀린다. 초장의 '간밤 오던 비'만으로는 계절을 알 수 없다. 중장의 '등 검고 살진 고기'가 '버들 넋에 올라괴야'에서 이 물고기가 '쏘가리'임을 짐작할 수 있다. 쏘가리가 살이 오른 시기와 버들 너겁(넋)이 드리워지는 시기가 이 시조의 시간이다. 그 시간은 5, 6월 늦봄이다. 이때 쏘가리는 산란기이며 살이 많이 올라 가장 맛이 있을 때다. '쏘가리(늦봄)'가 간접 시절어인 것이다.

"간밤에 오던 봄비에 앞내의 물이 불어난다. 등 검고 살진 쏘가리가 버들 너겁이 있는 곳에서 파드닥거린다. 아희야 그물을 내어 가지고 오너라. 고기잡이 가자꾸나."라고 해석해 본다. 종장에서 쏘가리 잡이는 봄맞이 놀이의 일종이다. 가을에 미꾸라지가 제맛이듯 봄철에 쏘가리가 제맛이다.

물론 쏘가리는 사계절 모두 볼 수 있는 물고기이다. 하지만 가장 왕성한 활동을 하는 시기가 늦봄인 것이다. 우리는 '종다리'라고 하면 쉽게 봄을 연상한다. 종다리는 사계절 모두 볼 수 있지만, 봄에 짝짓기를 위해 높이 날며 울어 대는 소리 때문에 봄을 알리는 대표적인 새로 인식하고 있다. 이것과 마찬가지로 쏘가리는 늦봄을 떠올리게 하는 물고기인 것이다.

•••
3) 조선 숙종 때의 문신(1661~1734). 자는 원지(元之). 이인좌의 난 때 충청도 소모관을 거쳐, 공조 참판이 되었다. 시조 한 수가 《청구영언》에 전한다.

나. 여름[夏]

> 굼벵이 매미 되어 나래 돋쳐 날아 올라
> 높으나 높은 낢에 소리는 좋거니와
> 그 위에 거미줄 있으니 그를 조심하여라
>
> — 작가 미상

초장의 '매미', 중장의 '매미 소리', 종장의 '거미줄'은 간접 시절어이다. '매미'와 '거미'는 모두 여름을 뜻하는 곤충이다.

이 시조에는 삶에 대한 교훈이 담겨 있다. "굼벵이가 우화하여 날개가 돋쳐 매미가 되어 나무 위에 날아올라, 높고 높은 소리를 내고 있으니 참으로 좋다. 하지만 그 위에 거미줄 있으니 조심하여라"며 어느 선비에게 경고의 메시지를 보낸다. 이 시조는 인간의 삶이 먹이사슬과 같이 곳곳에 위험이 도사리고 있다는 뜻을 담고 있다. 매미는 청렴과 선비를 상징하는 곤충이다. 제아무리 선비 같은 청렴한 기상을 가졌다 하더라도 악의 덫에 걸려들 수 있으니 조심하라는 교훈이 담겨 있다.

> 내 한 낱 산갑적삼 빨고 다시 빨아
> 되나 된 볕에 말리고 다료이 다려
> 나난듯 날랜 어깨 걸어두고 보소서
>
> — 정철[4]

...

[4] 조선 명종·선조 때의 문신·시인(1536~1593). 자는 계함(季涵). 호는 송강(松江). 가사 문학의 대가로 국문학사상 중요한 〈관동별곡〉, 〈사미인곡〉 따위의 가사 작품과 시조 작품을 남겼다. 저서에 ≪송강집≫과 ≪송강가사≫가 있다.

초장의 '산깁적삼'은 '생견(生絹)으로 짠 홑옷(윗도리)'이다. 이것은 여름에 입는 옷이다. 중장 '되나 된 볕'은 '뙤약볕'을 뜻한다. 이것은 대낮이라는 '간접 시간어'임과 동시에 여름이라는 계절을 뜻하는 간접 시절어이다.

"내 생견으로 짠 홑옷 한 벌을 빨고 다시 빨아, 뙤약볕에 말리고 다리고 다려서, 나는 듯 날랜 어깨에 걸어 두고 보소서"라며, 작자는 무더운 여름철에 시원한 생견으로 지은 홑옷을 걸쳐 입고 여름나기를 바라고 있는 듯하다.

다. 가을[秋]

> 팔월 한가윗날 어찌 삼긴 날이완대
> 무심한 달빛은 오늘밤에 칙밝은고
> 임 그려 아득한 마음을 밝히는 듯하여라
>
> — 작가 미상

'팔월 한가윗날'은 '가을'을 나타내는 직접 시절어이다. "팔월 한가윗날 얼마나 기다린 날인데, 무심한 달빛은 오늘밤에 더욱 밝은가, 임 그려 아득한 마음을 밝히는 듯하여라."라고 조정에서 물러나 있는 벼슬아치가 임금을 그리워하는 마음이 담겨 있다. 이것이 아니면 귀양살이를 하고 있는 자가 억울함을 밝혀 주기를 바라는 마음일 수도 있을 것이다.

> 임 그린 상사몽(相思夢)이 실솔의 넋이 되어
> 추야장(秋夜長) 깊은 밤에 임의 방에 들었다가
> 날 잊고 깊이 든 잠을 깨워 볼까 하노라
>
> — 작가 미상

초장의 '실솔'(귀뚜라미)은 간접 시절어이다. 귀뚜라미 울면 가을이다. 중장의 '추야장'(가을의 긴 밤)이 직접 시절어이다. 이 시조는 임을 그리는 정(情)의 노래이다.

"임 그린 상사몽이 귀뚜라미의 넋이 되어, 긴긴 가을밤 깊은 밤에 임의 방에 들었다가, 날 잊고 깊이 든 잠에서 깨어 볼까 하노라"라며 긴긴 가을밤의 쓸쓸함을 노래하고 있다.

라. 겨울[冬]

동짓달 기나긴 밤을 한 허리를 베어내어
춘풍이불 아래 서리서리 넣었다가
어론님 오신날 밤이여드란 굽이굽이 펴리라

— 황진이[5]

인용 고시조는 정든 님이 오신 날 밤이라는 고요한 밤을 배경으로 그리움과 사랑의 정서를 담았다. 가람 이병기는 이 고시조를 놓고 '황진이의 여섯 수 시조 중에 가장 절창(絶唱)'[6]이라고 평가했다. 또한, 가람 이병기는 이 시조를 놓고 "우리 시조시사에서 최고의 걸작이요, 최고 절창"[7]이라 했다. 이 시조에서 '동짓달'은 '겨울'의 직접 시절어이다. '춘풍이불'은 훈훈한 이불이라는 뜻의 '겨울'을 뜻하는 간접 시절어이다.

산촌에 눈이 오니 돌길이 무쳐세라
시비(柴扉)를 여지 마라 날 찾을 이 뉘 있으리

---

5) 조선 시대의 명기(名妓)(?~?). 자는 명월(明月). 서경덕, 박연 폭포와 더불어 송도삼절이라 불리었다. 한시와 시조에 뛰어났으며 작품에 한시 4수가 있고, 시조 6수가 ≪청구영언≫에 전한다.
6) 신석정·이병기,「명시조 감상」, 박영사, 1958, 252쪽.

밤중만 일편명월이 긔 벗인가 하노라

— 신흠[8]

초장의 '눈'은 '겨울'의 간접 시절어이다. 눈이 내리면 겨울이다. 물론 봄눈도 내리지만 대체로 겨울이다. 이 시조는 정적인 겨우살이의 서정이 담겨 있다.

"산촌에 눈이 내리니 돌이 묻혀 버렸다. 사립문을 열지 마라. 날 찾을 이 아무도 없으리. 한밤중에 한 조각 밝은 달이 내 벗인가 하노라."라고 해석해 본다. 깊은 산촌에 눈이 많이 내려 돌이 묻혀 버렸다. 그 정도로 눈이 내렸다면 길을 식별할 수 없을 정도일 것이다. 그래서 아무도 찾는 이가 없을 것 같으니 사립문을 닫아 놓고, 설야(雪夜)에 쏟아지는 달빛을 벗 삼아 외로움을 달래 보려는 심정을 풀어 놓은 것이다.

3. 나가기

옛시조 작법에 시간성을 포함시켜야 한다는 이론적 근거가 없었음에도 앞에서 읽어 본 바와 같이 시간성이 직·간접으로 포함되어 있다. 옛시조는 시절가이기 때문에 시간성이 당연히 포함되어 있을 수밖에 없다. 유숭의 '쏘가리'처럼 독자가 시간성을 유추해야 하는 경우도 있다.

독자의 입장에서 시절어를 도출해 내어 보면, 옛시조의 시간 배경과 작자의 심경과 의도를 이해하는 데 도움이 된다. 어떻게 보면 시간성을 읽어 내는 것이야말로 옛시조 작품의 시적 미학을 올바로 이해하는 첫걸음일 수도 있다.

---

7) 최승범, 『시조 에쎄이』, 창작과비평사, 1995, 175쪽.
8) 조선 인조 때의 학자·문신(1566~1628). 자는 경숙(敬叔). 호는 상촌(象村)·현옹(玄翁)·현헌(玄軒)·방옹(放翁). 선조의 유교 칠신의 한 사람이며 정주학자로 유명하다. 저서에 ≪상촌집≫이 있다.

현대시조는 시절가로서 문학 양식보다는 형이상적인 미학을 추구하는 경향이 더 짙으므로 굳이 시간성에 집착할 필요가 없다. 옛시조를 감상하는 기법으로 적용해 봄이 좋을 듯하다.

그러나 초장은 기(起)이므로 때와 장소를 내재하는 정황을 반영해야 함은 당연하다.

제7장

민조시 이해

민중의 목소리를 담은 시로, 현실 비판과 저항 의식을 시적 언어로 표현한다.
구어체와 집단적 정서를 적극 활용한다.

7.
민조시 이해

　민조시란 무엇인가? 2000년 6월 신세훈 시인이《자유문학》을 통해 발표한 '새 정형시 民調詩(3·4·5·6調) 개척 선언문'에서 답을 찾을 수 있다. 이 선언문 안에 민조시가 무엇인지 모든 것(정형률, 사상적 배경, 구조 등)을 망라한다. 이를 소개한다.

『새정형시 民調詩(3·4·5·6調) 개척 선언문』

　民調詩란 무엇인가? 우리 한민족의 민간 장단으로 흘러내려오는 율조의 소리마치를 문자의 뜻 위에 얹어 빌어 쓴 정형시가 곧 民調詩이다.
　民調詩는 왜 새로운 정형시인가? 우리말의 소리마디를 3·4·5·6調의 정형률에 맞춰 쓴 새로운 시이기 때문에 우리 민족 문학사에는 처음으로 시도해 보는 정형시이다.
　民調詩의 정신인 사상 배경과 3·4·5·6調의 정형 율격 근원은 어디에 그 뿌리를 두고 있는가? 새 정형시인 民調詩의 사상적 배경은 한민족 고유의 정신문화 유산인 '혼'사상에 그 밑바탕을 펼쳐 두고 있으며, 정형 율격 수리의 3·4·5·6調는 한민족의 철학인 수리학에 그 연원을 두고 있다.
　民調詩의 새 정형 자수율을 왜 3·4·5·6調에만 걸어 둔 채 정형시로 정착시키려 하는가? 한민족의 수리 철학은 허수와 실수의 1·3·5·7·9이며, 또 2·4·6·8·10의 10은 0(제로·+)의 개념으로 설정되어 있다. 1(하나)은 곧 3(셋)이며, 3(셋)은 끝수인 9(아홉)였다. 5는 1·3·5·7·9 중의 기둥수리이며, 6은 2·4·6·8·10의 중간 수리인 기둥수이다. 허수와 실수의 중심 수리인 5와 6 다음은 7이지만, 이 7은 우리 민족의 3·4조 말마디가 합해져 되돌아와 모여진 덤의 수리가 7(서양의 럭키 세븐)이다. 그러므로 7을 율조로 잡아 다시 6 뒤에 새삼스럽게 설정하지 않고, 3·4·5·6調로도 충분히 우리의 정신 사상과 율조와 만상의 뜻을 말로 다 표현할 수 있기 때문에 기본 수리 3에서 6까지만 정형 수리로 설정하게 된 것이다. 이는 다 '天符經'이나 — '한단고기'보다 먼저 쓰인 — 박제상의 '징심록' 들에 나타난 한민족 고유의 수리학 원전에 근거한 것이다.

民調詩는 과거 우리 문학과의 정형 자수율 관계가 어떠한가? 신라 때의 향가나 고려 가요·가사 및 백제 사람 왕인이 개척한 '和歌'(일본 정형시)나 우리 가요가 일본으로 건너가 '萬葉'이 된 가요(일본 정형시의 원형)나 조선조의 時調·가사·판소리에 이르기까지 다 그 소리의 장단·가락 음수율을 짚어 보면 결국 3·4·5·6調로 구성돼 있음을 알 수 있다. 그러나 선인들은 시조 부문 하나만 이 땅에 겨우 민족 정형시로 정착시켰을 뿐이다.

최남선 이광수 등은 일본 정형시(7·5조)의 영향(역수입)을 받아 '3·4·5調'를 이 땅 정형시로 정착시키려고 애써 실험했지만, 그분들은 '天符經' '징심록' 들의 허수와 실수에 작용하는 수리 '6기둥수'를 발견해 내지 못해 안타깝게도 실패하고 말았다. 3·4·5·6調는 우연의 일치이지만, 바로 위와 같은 3·4·5調에 내가 '6'의 기둥 수리를 발견해 낸 다음 다시 3·4·5·6調로 정착시킨 새 정형시이다.

民調詩는 조선의 정형시인 時調와는 어떻게 다른가? 시조는 초·중·종장인 3장 6구(3·4/3·4//3·4/3·4//3·5/4·3)로 된 정형시이지만, 살펴보면 모두 3·4·5·6調로 집합 구성되어 있다. 처음 하나(1)인 3으로 시작해서 3

으로 끝난다. 이 3의 수리는 '天符經' 천·인·지(○△□)의 사상인 그 3신 사상의 3철학이다. 초·중·종장 첫머리도 3으로 시작하고, 구마다 첫머리 자수 3도 처음의 1(하나)인 3으로 시작한다. 초장 첫머리 3과 중장 첫머리 3도 합하면 6이요, 중장·종장 역시 6(3+3)에, 초·중·종장 첫머리의 합이 9(3+3+3=끝)이다. 초장 첫머리 첫구도 3이요, 둘째 구도 3이다. 종장 마지막 3수리와 만나면 6수리가 되고, 6은 다시 종·중·초장 첫머리 수리와 음악적으로 화합하면 각각은 9수리(끝)가 되는 수철학 구조다.

시조의 기본 음보인 3·4조와 종장의 5수리 구조가 곧 3·4·5조 율격 구성이며, 초·중장의 기본조인 3·4조를 합하면 7조가 된다. 결국 시조도 말마디 리듬을 분석하면 말머리의 위치만 다를 뿐 역시 3·4·5·6조의 구조로 짜여져 있다. 民調詩와는 구성상 그 형식만 다를 뿐이다.

우리 민족의 정형시인 時調가 있는데, 왜 또 정형시 民調詩를 새로 개척하는가? 무릇 시의 형태는 시대가 지나면 변하는 것이 순리이다. 지금 時調도 많이 변했다. 그러나 3장 6구의 자수(약 43자 내외)가 일본 정형시에 비해 너무 글자 수가 많을 뿐 아니라, 현대 문명·문화 언어를 이 시조에 수용했을 때는 시가 잘되지 않는 약점이 있다. 시조가 이러한 점들을 현대 감각적인 민족시로 소화시켜 내기엔 그 형식에서만 보더라도 너무 벅찬 듯하다.

그래서 나는 향가·여요·판소리·가사·시조…… 들의 정형 율조 구조를 과학적으로 분석해 낸 컴퓨터칩(예:64KD램→64괘 4차원 수리학 응용 후 성공함)의 수리 집합·분산 원리처럼 우리말마디의 수리를 3·4·5·6조로 民調詩 語群에 수용할 경우 자유로이 집합·해체할 수 있는 장점이 있어, 이 새 정형시를 개발한 것이다. 民調詩에는 아무리 어려운 현대의 문명·문화 비평 언어가 시어로 새롭게 끼어든다고 해도 하나 어색하지 않게 시적 효과를 나타낼 수가 있다. 民調詩의 또 한 가지 장점은, 불과 18자로 시 한 수를 뽑아낼 수가 있다는 점이다. 日本의 짧은 정형시(17자)의 자수와 거의 비슷하다. 그러나 각 말 마디마다 얼마든지 거듭 우리의 소리말 장단에 추임새를 매겨 중첩으로 계속 쓸 수 있음도 그 형식에 매인 시조와는 다른 자유로운 언어 세계의 정형시라고 할 수 있다.

〈4333(2000). 6. 26. '自由文學' 편집실에서.〉

이 선언문만으로도 민조시에 대한 궁금증을 해소할 수 있을 것이다. 신세훈 시인이 김순진 시인(스토리문학 발행인)과의 대담에서 민조시 창안 배경에 대해 밝힌 바 있어 그 주요 내용을 소개한다.

"우리의 민족적 자존심을 기존의 전통 정형시인 시조의 3장 6구로만은 현대문명 문화의 비평적 생각이 수용되기 어렵다고 봅니다. 제가 연극영화과를 다니고 그 이후 시조와 가사 등을 면밀히 분석해 본 결과 전부 3·4·5·6조였습니다. 6은 2, 4, 6, 8, 10의 기둥수입니다. 또 5는 1, 3, 5, 7, 9의 기둥수이구요. 이 3·4·5·6조만 있으면 우리 민족의 아픔이나 현대 감각의 모든 감정들을 충분히 처리해 낼 수 있습니다. 3, 4, 5까지는 한국의 대표적 율격이고 6은 3의 중복으로 이룰 수 있으니 채택하였고, 그 뒤 7은 3과 4로 반복되어 나타나기 때문에 없어도 됩니다.

우리 백성을 뜻하는 '民'에다가 율조의 뜻인 '調'와 '詩'를 붙여 民調詩라 명찰을 달았습니다. 개발한 이유는 우리나라의 정형시로 내려오는 시조만으로는 현대 언어나 감정을 다 수용하지 못한다고 생각하기 때문입니다. 많은 시조시인이 과거의 언어에 매달리고 있는 것도 그 때문인데 정형시의 형태가 꼭 시조 하나만을 유지할 필요도 없고, 다양한 형태의 정형시가 나오면 나올수록 문학사적으로나 시적인 운신의 폭이 넓어진다고 생각했고 전통 율격을 살린 3·4·5·6조의 민조시가 필요하다는 인식을 진작부터 해 왔기에 2000년 6월에 '새 정형시 民調詩(3·4·5·6調) 개척 선언문'을 채택 발표하기에 이르렀습니다."

이 글에서 '민조시가 무엇인가?'를 소개하기 위한 목적이므로 민조시 창시자 신세훈의 민조시를 중심으로 다양한 기사 형식(배열 방식)을 읽어 본다. 3·4·5·6조 기본형과 추임새 형식의 중첩에 주목하여 읽어 보면 이해가 빠를 것이다.

왔다가
가는 거는
바람이든가
흰낮달이든가.

— 신세훈, 「낮달뱅이—민조시·121」 전문

인용 민조시 「낮달뱅이—민조시·121」는 3·4·5·6조 기본형 18자만으로 창작한 것이다. 이는 민조시의 기본형 한 수이다. 시조의 용어에 대입하여 말하면, 평민조시이다. 즉. 단민조시이다.

풀머리
깨어있는
동녘산자락 청시울가에,

홀로
나
잠드네.

달머리
잠빛 밝은
서녘강허리 금목목샅에,

나홀로
눈 뜨네.

— 신세훈, 「민조시·1—如如」 전문

인용 민조시 「민조시·1—如如」는 두 수이다. 첫째 수와 둘째 수 공히 3·4조는 기본 1회, 5조는 같은 행에 2회 배열, 6조는 연을 가름과 동시에 첫째 수에서는 2·1·3, 둘째 수에서는 3·3으로 행갈이를 한 민조시이다. 자유시 형식으로 말하면, 4연으로 구성한 민조시이다. 민조시 두 수를 4연 구성으로 창작한 것이다. 다시 말하면, 3 / 4 / 10(5·5) // 2 / 1/ 3 (6) // 3 / 4 / 10(5·5) // 3 / 3 (6)으로 배열한 민조시 한 수이다.

울어라
매미야
울어라,

서울살이
단풍 들 적엔
어쩌나
매미야.

어쩌나
어쩌나,
울어라 매미야.

— 신세훈, 「민조시·4—매미야」 전문

인용 민조시 「민조시·4—매미야」는 한 수이다. 자유시로 표현하면, 3

연으로 구성한 민조시이다. 1연에서 3조를 3회, 2연에서 4·5·6조를 1회, 3연에서 6조를 2회 배열하였다. 특히 2연과 3연의 6조에 주목해 보면, 2연에서는 3·3으로, 3연에서는 3·3·6으로 배열하여 추임새 형식으로 중첩하여 자유롭게 표현하였다. 다시 말하면, 3 / 3 / 3 // 4 / 5 / 3 / 3 (6) // 3 / 3 (6) / 6으로 배열한 민조시 한 수이다.

궁으로
꽃궁으로
몰래 가여,

몰래 한 번
우리 둘
잠시
눈을 감고는,

살꽃내
섞다간,
궁가슴 섞다간,

해 뜨면
떠나요,
먼여행 그렁지.

— 신세훈, 「민조시·13」 전문

인용 민조시 「민조시·13」은 4연으로 구성한 한 수이다. 자유시 형식으로 말하면, 1연에서 3조 1회와 4조 2회, 2연에서 4조 1회와 5조 2회,

3연에서 6조를 3·3·6으로 2회, 4연에서도 6조를 3·3·6으로 2회 중첩 배열하였다. 다시 말하면, 3 / 4 / 4 // 4 / 3 / 2 (5) / 5 // 3 / 3 (6) / 6 // 3 / 3 (6) / 6으로 배열한 민조시 한 수이다.

봄꿈에
배코머리 하야니 센거
흰
머릿뫼, 인
거.

하얀한 쨍배기의 햇덩이거울
가슴 써늘하다.
　　　　　　　— 신세훈,「흰머릿뫼를 이고—민조시·125」전문

인용 민조시「흰머릿뫼를 이고—민조시·125」는 두 수이다. 자유시 형식으로 말하면, 2연으로 구성한 민조시이다. 민조시 두 수를 2연 구성으로 창작한 것이다. 두 수 공히 3·4·5·6조 중첩 없는 기본형이다. 1연에서 첫 행에 3조, 2행에 4조와 5조를 행갈이 없이 배열, 3~5행에 6조를 1·4·1자로 배열하였다. 2연에서는 1행에 3·4·5조, 2행에 6조를 배열한 것이다. 다시 말하면, 3 / 9 (4·5) / 1 / 4 / 1 (6) // 12(3·4·5) / 6으로 배열한 민조시 두 수이다.

인용 민조시를 읽어 보면, 다양한 해석이 나올 것이다. 민조시 창시자 신세훈의 창시 의도와 배열 방식의 다양성을 읽을 수도 있다. 이와 더불어 시적 역량에 대해 긍정과 부정이 함께 드러날 것이다. 나머지는 독자의 몫으로 남긴다.

제8장

풍시조 이해

풍자와 해학을 중심으로 사회와 인간의 모순을 비판한다.
시조의 형식을 빌려 현대적 감각으로 재창조한다.

8.
풍시조 이해

1. 들어가기

　풍시조(諷詩調)라는 새로운 장르를 창안한 시인 박진한은 풍시조로만 현재(2010) 12권의 시집을 냈다. 그는 1960년 《동아일보》 신춘문예로 등단하였고, 『귀로』, 『사랑법』 등의 시집을 펴냈으며, 시문학상, 비평문학상, 펜문학상, 윤동주문학상 등을 받았다. 현재 월간 《조선문학》 발행인 겸 주간을 맡고 있다.
　풍시조 보급 운동을 활발히 전개하고 있는 박진환 시인의 창작 정신과 지칠 줄 모르는 노고에 박수를 보내며, 풍시조가 우리 시의 발전에 기여하는 계기가 되어 주기를 기대해 본다.
　박진한 시인이 그동안 주장해 온 풍시조의 개념, 원리, 시학과 시법, 형식, 주제, 표현 기법, 특징 등을 먼저 요약하여 살펴보고, 그의 작품 3편을 제한적으로 읽어 보려 한다. 박진한의 풍시조와 관련하여 발표된 여러 자료를 요약하여 소개하는 수준임을 밝혀 둔다. 풍시조의 좋고 나쁨을 따지기보다는 그 존재만을 알리는 데 목적이 있기 때문이다.

2. 풍조시란

가. 개념

풍시조(諷詩調)란 '풍자조(諷刺調)'로 쓴 3행 시이다. 풍자적 요소를 매우 중시한다. 풍자적 대상을 왜소화시키는 방법을 통해 조롱하고 멸시하며 농락하는 요소를 포함한다. 풍시조와 풍자조는 분명히 그 시학이나 시법을 달리하고 있다.

나. 원리

풍시조의 원리는 양극화와 양극화를 합일시켜 화해로운 시의 질서를 이끌어 낸다. 수사적으로 말하면 동떨어진 것을 결합시켜 원인적(遠引的) 비유를 성립시키는 컨시트를 즐겨 동원한다. 이것은 양극화와 이를 결합시켜 합성해 내는 컨시트가 담당한다는 이치를 성립시키게 되고 동시에 순수한 통징의 감행을 통해 지적 카타르시스를 체험하게 하는 시이다.

다. 시학과 시법

풍시조는 형이상시와의 맥락성을 강조하면서 출발한 시다. 그 때문에 형이상시학과 시법에 시의 본질과 방법이 잇대어 있다. 풍시조에서 풍자는 단순한 풍자와는 달리 '순수한 통징'을 시법으로 한다. '순수한 통징'은 정신적이고 지적인 징벌을 의미하며 법적, 물리적 힘에 의한 육체적 고통의 감행이 아니라 정신적 감동이나 지적 깨달음을 통해 스스로 잘못을 카타르시스하는 그런 징벌이다.

첫 번째, 시학과 시법은 개인적 카타르시스를 뛰어넘어 집단 카타르시스를 추구한다. 사회 현실, 시대 전반에 걸쳐 자행되고 있는 악이나 부정, 부조리에 대한 통징을 감행한다. 이러한 시적 체험은 정신적 치유로서의 개선이나 악의 교정을 이루어 낸다. 이를 위해 동원된 시법이 아이러니, 펀, 골계, 유머와 같은 지적 레토릭이다.

　두 번째, 양극화의 시학과 시법을 즐겨 차용한다. 상반이나 상충의 두 대립적인 양극성을 통해 팽팽한 긴장을 고조시켰다가 상반의 균형으로 화해를 이끌어 냄으로써 긴장으로부터 해방되는 카타르시스를 체험하게 하는 지적 체험이 그것이다. 풍시조가 역설, 반어, 펀과 같은 아이러니를 즐겨 레토릭으로 동원하는 것은 이 때문이다.

　세 번째, 시학과 시법이 컨시트다. 컨시트의 사전적 의미인 기발한 착상이라는 의미와는 달리 컨시트가 성립시키는 레토릭의 기능은 시법 차원의 해석을 요구한다.

　단순한 착상으로서 기발성, 의외성, 당돌성이 아닌, 서로 합일될 수 없는 양극성을 교묘히 합성 내지 결합시켜 내는 내면적인 힘의 능력으로서의 상상력과 위트가 합작해 이끌어 내는 결합의 기발성이 곧 컨시트로서 이는 레토릭 차원을 넘어선 현대 시법의 중요한 하나라고 할 수 있다.

라. 형식

풍시조는 평시조의 3장 형식을 따르지만, 평시조 가락에 구애받지 않는 자유로운 음수율(음보)은 자유시와 똑같다. 기사 방법은 3행 모두 우측 정렬이다.

마. 주제

3행시에 담긴 주제는 순응적인 평시조와는 사뭇 다르다. 풍시조는 사회 비판적이고 권위 뒤집기와 관련한 주제를 채택한다.

바. 표현 기법

시의 미학적 표현 기법으로 위트와 펀, 유모와 아이러니, 메타포 등을 채택한다.

사. 특징

풍시조는 형이상시의 특징을 지닌 시를 요구한다. 양극화를 통한 풍시조의 시적 텐션과 결구력은 이 세상의 부조리와 비리, 도덕과 윤리의 부재, 환경 오염으로 유발된 기상 재해 등과 여야의 극단적인 대치 정국과 거기에서 오는 폭력적인 정치 현실 등, 시대적 죄의 부패성을 탄식하며 정상화를 촉구하는 순수한 통징을 담고 있다. 따라서 풍시조는 형이상시의 특징과 그 맥락을 같이 한다.

3. 풍조시 읽기

諷詩調는 새로운 시의 하위 양식으로서의 위상을 분명히 설정하고 이를 시로서 실천하는 시학의 실제에 진일보하고 있다. 아직 범 문단적인 인식이나 관심의 환기는 미미하여 민조시와는 달리 공식적인 지지를 받지는 못하고 있다. 최근 참여 시인의 수가 증가할 뿐만 아니라 諷詩調의 질적 수준도 점점 높아지고 있어 풍시조의 앞날이 밝다.

박진한은 《풍시조》(2009, 제3호)에서 "諷詩調는 이런 見者詩學을 실천함으로써 物神時代의 부조리나 비리, 그리고 악행 등에 대한 살아 있는 양심의 육성을 표출할 것을 자청한다."라고 주장하였다. 풍시조는 시조의 한 갈래가 아니다. 글자를 유심히 들여다보면 시절가(時節歌)를 뜻하는 시조(時調)가 아니고 시조(詩調)이다.

박진한의 풍시조집과 《풍시조》라는 제호의 문예지는 풍시조가 지향하는 '위트 펀 컨시트와 순수한 痛懲의 미학'이라는 취지에 걸맞게 정치 풍자 사회 풍자를 중심으로 일정 수준 좋은 실험 결과물을 보여 주고 있다. 풍시조가 어느새 우리 시단에 많이 확산되었다.

특히, 《풍시조》(조선문학사) 창간호에서는 장르 개념을 제시했고, 제2집에서는 풍시조에 대한 문단의 방향, 그리고 제3호에서는 풍시조의 명명이나 성격만이 아닌 풍시조의 시학을 제시했다.

등단 50주년을 맞은 박진환 시인이 30번째 시집 『물신시대(物神時代) Ⅰ』을 출간했다. 이 시집에는 물신시대의 병폐와 비리를 해학적으로 고발하는 풍시조 133편을 실었다. 풍자적 성격이 강한 '풍시조'로는 열두 번째 시집이다.

풍시조란 풍자 투로 쓴 삼행시로, 단순한 풍자와는 달리 시대적 비리나 부조리를 문학적으로 엄하게 징벌한다는 의미의 순수한 통징을 강조한다.

시인은 "인구에 회자되지 않더라도 살아 있는 양심의 육성도 낼 필요가 있다고 생각한다."라고 인식하고 있다. 이어 "물신주의가 지배하는 시대를 꼬집어야 했고 비리와 악행이 만연한 세태를 정신적으로 일깨워야겠다는 생각에 정신적 깨달음을 주는 장르인 풍시조를 만들었다"라고 주장했다.

박진환 시인의 제28시집 『풍시조·X』에 수록된 풍시조 두 편을 읽어보겠다. 문학평론가 최규철의 해설을 요약했다.

> 동맥경화증은 피가 돌지 않아 생긴 병
> 요즘 코리아의 경제가 동맥경화증에 걸렸단다
> 그렇구나 피가 곧 돈, 돈이 곧 피라는 등식이 이 시대의 공식이구나
> ―「피가 곧 돈」 전문

이 풍시조의 "피가 곧 돈, 돈이 곧 피라는 등식이 이 시대의 공식이구나"에서 피와 돈이라고 하는 전혀 유사성이 없는 두 사물과 개념을 기발하게 결합하여 조화를 이룬 컨시트의 전범을 보여 주고 있다. 즉 피가 돌지 않으면 육체가 죽는다고 하는 생리학적인 이론을 경제적인 질서 속에 적용하여 돈이 돌아가지 않으면 사회가 죽는다고 하는 등식으

로 풀어 감으로써 아주 동떨어진 이질성 속에서 정교한 유사성을 찾는 컨시트의 효과를 누리고 있다. 피는 생명체요, 돈은 비생명체의 표상이라 볼 수 있는데 이 두 극단적인 양극화 현상에서 유사점을 발견하고 시로서 형상화했다고 하는 것은 대단한 기지가 있는 메타포인 것이다.

이 시는 황금만능주의와 배금주의 사상의 병폐를 고발한다. 인류의 구원을 위해서는 이런 물신주의 사상에서 탈피해야 한다는 형이상학적 메시지를 담은 순수한 통징이 곁들어 있다. 피와 돈을 등식으로 보아서는 안 된다고 하는 아이러니가 있고, "피가 곧 돈, 돈이 곧 피"라고 하는 패러독스가 들어 있다. 그리고 인체의 생물학적 관점에서 돈의 기능에 대한 경제학적 유사성을 발견하고 생물학과 경제학 용어를 정서의 지적 등가물로 활용한 시적 기법은 형이상시의 요소를 다분히 지닌 시라 할 수 있다.

> 악법·약법, 청문회, FTA로 여·야 붙어도 한판 크게 붙겠다
> 탓하지 말 것이 싸워야 국회답지 잠잠하면 그게 더 두려워
> 마찬가지야, 아이들도 싸움질하면서 크지 않던가
> ―「아이들도 싸우면서 커」 전문

여의도에서 빈번히 일어나는 국회의원들의 난투극을 꼬집고 있다. 아이들이 싸우면서 커 가듯이 국회의원들도 싸우면서 커 가야만 하는가 하는 시인의 통탄이 곁들어 있다. 성숙해야 할 국회의원들과 성숙하지 못한 나이인 어린이들의 양극 현상을 동류부류로 간주하여 이질성 속의 유사성을 찾는 시인의 기지가 번떡인다. 여기에는 양극간의 이질성이 유사성으로 바뀌는 과정에서 서로 잡아당기는 강력한 문장도 들어나 있다. "싸워야 국회답지"에서는 국회가 싸움판이 되어서야 되겠는가 하는 아이러니의 성격을 띤 비아냥거림도 있고, 국회가 변화되기를 촉구하고

갈망하는 통징도 들어 있다.

4. 나가기

문학평론가 최규철은 "박진환 시인의 풍시조에는 형이상시가 갖는 여러 가지 특징을 골고루 갖추고 있다. 그의 풍시조는 패러독스와 아이러니, 그리고 거기에서 유발되는 양극화 현상에서의 텐션, 압축된 시의 의미성 등이 바로 그것이라 하겠다. 그렇다고 해서 풍시조가 다 형이상시인가에 대해서는 그렇다고 전적으로 수긍은 할 수 없으나 상호 유사성이 많다는 점에서 형이상시와 같은 시적 효과를 누리는 시라고 말할 수는 있다."라고 주장하였다.

이와 같은 풍시조 이론을 비판 없이 그대로 수용할 수 있는 여건이 우리 문단에 조성되어 있는 것인가. 어떻게 보면 수용이라는 측면보다 새로운 시 형식을 보급하고자 하는 일종의 문예 운동으로 평가할 수 있을 것 같다. 2000년대 민조시와 더불어 새로운 시형 운동을 전개하면서 시인을 등단시키고 있음은 정착 단계라 보아진다.

제9장

일자시(一字詩) 이해

하나의 문장 안에 시적 순간을 담아내는 초간결 형식.
긴 여운과 강한 인상을 남긴다.

9.
일자시(一字詩) 이해

1. 들어가기

　시인 성찬경(1930~2013)은 줄기차게 '밀핵시론(密核詩論)'을 추구했다. 그가 추구한 '밀핵시'란 시에서 '의미의 밀도'를 최대한 높이려는 시도이다. 시에서 '의미의 밀도'는 시의 규모, 크기, 길이에 비해서 많은 의미를 담았음을 뜻한다. 그는 '의미의 다이아몬드', '의미의 라듐' 같은 시를 '밀핵시'라고 주장했다.

　밀핵시론에 근거한 밀핵시인 「셋잇단음표에 대하여」는 《현대시학》(1988년 9월호)에, 「논 위를 달리는 두 대의 그림자 버스」는 《문학정신》(1989년 1월호)에 발표하였고, 2자 1행 22행 시 「사랑」과 한국 최초의 일자일행시가 된 119행의 「해」를 《현대시사상》(1992년 여름호)에 발표하였다. 《조선문학》(2000년 1월호)에 「불」과 「물」이라는 일자시 일명 '절대시'를 발표했다.

　제7시집『논 위를 달리는 두 대의 그림자 버스』(문학세계사, 2005)의 '시인의 말'에서 성찬경 자신이 추구해 온 밀핵시에 대해 언급하였다. "밀핵시를 추구하는 과정에서 나온 것이 '요소시(要素詩)', '일자일행시(一字一行詩)'이며, 그 궁극의 형태가 '일자시(一字詩)' 일명 '절대시(絶對詩)'이다."

라고 하였다. 더 나아가 이 시집에서 「흙」이라는 시는 아무런 부연 설명도 없는 순우리말 한 글자로 된 시이다. 이것을 성찬경 시인은 '순수 절대시'라고 칭한다. 이 한 글자를 의미의 밀도가 최대한 높은 단계라고 주장한다. 이 시집에 「해」라는 제목의 119자로 쓴 일자일행시가 있다. 즉, 119행의 일자일행시다. 이것이 더 발전하여 4년 뒤 '성찬경 일자시집'이라는 부제를 단 제9시집 『해』(고요아침, 2009)에 수록한 '일자시'의 자양분 역할을 한다. 이 시집에 부연 설명이 덧붙어 있는 '절대시' 70편과 순우리말 한 글자로만 쓴 '순수 절대시' 30편을 수록한다.

밀핵시부터 '순수 절대시'까지 오십 년 가까이 오랜 시간이 걸렸다. '밀핵시'에서 '요소시'로, '요소시'에서 '일자일행시'로, '일자일행시'에서 '일자시(절대시)'로, '절대시'에서 다시 '순수 절대시'까지 발전해 왔다. 이 '순수 절대시'가 '밀핵시'를 끌고 온 성찬경 시인의 실험 종결점이다.

성찬경은 『해』의 후기에 시론을 간략히 밝히고 있다. 그 시론을 요약해 보면 일자시의 골격을 알 수 있다. 다음 네 가지의 텍스트에 주목해 본다. 이들은 많은 모순성을 지니고 있어 이 글에서 비평의 대상이다.

첫째, 절대시에는 넓은 지면의 공간 곧 여백이 필수적이다. 글자 하나와 여백의 대화가 은유적 심상과 의미를 구성한다. 따라서 일자시는 시(문학)의 울타리에 머물 수가 없으며 문학과 미술(공간)의 융합의 국면을 띠는 '크로스 오버'의 양상이고, 이것이 절대시의 궁극적 모습이다.

둘째, 절대시에는 순우리말이 갖는 힘과 깊은 뜻을 음미하는 의도가 숨어 있어 한자어와 관련이 있는 말은 일체 배제하였다. 가령 '물'은 부드러운 액체다. '물' 하면 벌써 부드럽게 흐르는 물의 자태가 절로 떠오른다. 받침의 'ㄹ'은 구불구불 흐르는 물을 연상하게 한다.

셋째, 일자시의 전략적 주제는 넓은 공간에 박혀 보석처럼 반짝이는 우리 고유의 말을 음미하는 일이다. 일자시에서 첨단적인 시(메타시)적 실험과 순우리말의 음미를 접목시킨 것이다.

넷째, 절대시 오른편에는 산문시 풍의 풀이가 붙어 있다. 이를 시의 일부로 보는가, 아니면 보충적 설명에 머무는 것으로 생각하는가 하는 문제는 독자 여러분의 판단에 맡긴다.

이 글에서는 성찬경의 제7시집 『논 위를 달리는 두 대의 그림자 버스』와 제9시집 『해』에 수록된 '일자일행시'와 '일자시'를 중심으로 몇 편 읽어 보려 한다.

2. 일자일행시 읽기

먼저 시집 『논 위를 달리는 두 대의 그림자 버스』에 수록된 「일자일행시」라는 제목의 28행 28자와 부연 설명으로 구성한 '일자일행시', 「해」라는 제목의 119행 119자로 구성한 '일자일행시'를 읽어 본다.

가. / 와. / 봐. / 해. / 둬. / 파. / 써. / 자. / 펴. / 꿔. / 쏴. / 매. / 쳐. / 서. / 놔. 꺼. / 켜. / 까. / 줘. / 빼. / 터. / 따. / 재. / 짜. / 껴. / 펴. / 대. / 떠.

시작 노트[1]

要素詩

내가 더러 시도해 보는 〈요소시(要素詩)〉의 일종으로서, 일자일행의 형태다. 행이 모두 순우리말의 동사이며, 단화된 명령형이다. '가'는 '가라'의 뜻이고, '와'는 '오라'의 뜻이다. 이리하여 각 행의 뜻을 한자로 표시해 보면, 往, 來, 見, 行, 藏, 掘, 書, 寢, 展, 夢, 射, 縛, 擊, 立, 置, 消, 照, 自, 與, 除, 始, 取, 測, 織, 押, 汲, 接, 去, 이렇게 될 것이다. 군더

더기를 뺀 순우리말이 갖는 간결한 아름다움과 힘을 음미해 주었으면
한다.

註¹⁾ 이 시작 노트도 이 시의 구성 요소임.

—「一字一行詩」전문

이 시에서 일자일행으로 배열한 글자들은 한 글자로 된 명령어이다. 이들 시어는 각각 아주 강한 독립성을 지니는 명령어이다. 한 글자 뒤에 마침표(.)를 찍어 놓았다. 어미 '-라'를 붙여 명령하는 것보다 더 간명하고 단호한 명령이다. '가라.', '와라.', '봐라.'보다는 '가.', '와.', '봐.'가 더 단호한 명령이다. 이들 한 글자 뒤에 어미 '-다'를 붙이면 동사 기본형이다.

이 명령어들은 언어적인 측면에서 각 명령어마다 마침표가 찍혀 있어 각 행마다 강한 명령어가 터져 나오는 역할을 한다. 이 명령어들은 독립성이 강하기 때문에 연상적 작용을 할 수 없는 이질적인 언어의 집합에 불과하다. 시인의 개인적 의식이 지배하는 지극히 주관적인 상징 의미를 드러내고 있어 객관적으로 공감대를 형성하기는 매우 곤란하다.

한글 학자가 아닌 이상 한글의 한 글자 한 글자가 의미하는 것을 전부 이해하기란 매우 어려운 일이다. 그나마 시의 일부인 '시작 노트'에서 부연 설명하는 해설과 이들 명령어의 한문이 이 시를 이해하는 데 약간의 도움을 준다. 소리글자(표음 문자)인 한글만으로 일자일행시에 많은 의미를 담기에는 한계가 있다. 한글의 한계는 소리글자이기 때문이다. 한자는 뜻글(표의 문자)이므로 한 글자만으로도 많은 의미를 담을 수 있다.

상형 문자의 경우 글 그 자체가 글이고 그림이기 때문에 많은 뜻을 담아 전달할 수 있으나, 우리 한글은 소리글자라서 서예나 도안과 같은

변형을 시켜 숨은 뜻을 전달하려 해도 한계가 있기 마련이다.

해
달
별
땅
빙
김
참
물
불
흙
넋
피
숨
몸
맘
말
(……)

— 「해」에서

　이들 시어가 서로 어울려 집합을 이루는 것이 아니라, 독립성을 지니고 있어 각 시어의 역할과 의미에 주목한다. 이들 시어는 시인의 개인적 의미에 의해 시어의 개별 상징 의미를 지녔으나, 일반 독자는 이해하기가 곤란하다. 물론 연상 작용을 위한 시적 장치를 한 부분도 있다. 결국, 시인의 개인적 의식이 각 시어 상징의 원형을 설정하고 있어 객관성을 상실한 지극히 주관적 심상이 드러난다.

이들 시편에서 시인이 시도하는 것은 한 글자 언어에 의미를 부여하려는 것이지만, 결국에는 언어 그 자체의 의미를 상실하고 단순한 기호 작용에 지나지 않는 극단적인 현상을 초래한다.

성찬경 시인은 글자 하나가 시 한 편이 된다면 의미의 밀도가 최대치를 얻게 된다고 주장한다. '일자일행시'에서 시의 행을 최소로 줄였을 때 1행이 되는데 이때 글자가 하나밖에 남지 않게 된다. 이것이 '일자시' 일명 '절대시'라고 주장한다. 시집 『논 위를 달리는 두 대의 그림자 버스』의 끝부분에 나오는 「똥」이 그것이다.

3. 일자시(절대시) 읽기

부연 설명이 붙어 있는 '일자시', 일명 '절대시'를 읽어 본다.

똥

(이 시도 일자시(一字詩)다. '똥' 한 글자에 시의 제목도 내용도 다 들어 있다. 요소시(要素詩)의 추구에서 일자 일행시가 나오고, 거기에서 또 일자시가 나왔다. 일자시에는 절대시(絕對詩)라는 이름이 맞겠다. 세상에 이 이상의 절대시가 또 있을 수 있겠는가. 굵고 긴 똥자루 하나가 〈사윗감으로 최고다〉 뚝 떨어진다. 똥은 땅과 울림의 맥이 통한다.)[1]

註[1] 괄호 안에 든 이 글은 사족적 설명이며, 시의 구성 요소는 아니다. 이런 설명도 필요 없는 절대시의 시대가 오고 있다……

—「똥」 전문

이 시는 「똥」이라는 일자시다. 괄호 ( ) 안에 시 '똥'이 제목이면서 본문임을 설명한다. 이 일자시가 절대시임을 정의하고, '똥'에 대한 설명을 덧붙이고 있다. 그러면서 『해』의 후기에서 밝힌 네 번째 시론인 "절대시 오른편에는 산문시 풍의 풀이가 붙어 있다. 이를 시의 일부로 보는가, 아니면 보충적 설명에 머무는 것으로 생각하는가 하는 문제는 독자 여러분의 판단에 맡긴다."라고 주장한 것과는 달리 주석을 달아 "괄호 안에 든 이 글은 사족적 설명이며, 시의 구성 요소는 아니다. 이런 설명도 필요 없는 절대시의 시대가 오고 있다……"라며 이 시의 구성 요소가 아님을 강조하는 모순을 드러낸다. 그런데 「똥」은 성찬경의 일자시집 『해』에서는 변형된 형태로 수록되어 있다. 주석과 부연 설명의 일부를 수정했다. "긴 똥자루 하나가 (사윗감으로 최고다) 뚝 떨어진다. 똥은 땅과 울림의 맥이 통한다."라는 부연 설명만을 산문시로 시화하기 위해 줄여 놓았음을 알 수 있다. 그러나 딱히 '산문시'라고 할 수 있는 내용이 아님을 누구나 알 수 있다.

'일자시' 또는 '절대시와 순수 절대시'는 글자 한 자가 동시에 시의 제목이자 시의 내용이기 때문에 글자 하나가 시로서 성립할 수 있는 최소한의 여건을 갖추고 있느냐 하는 문제에 봉착한다. 『해』의 후기에서 밝힌 "절대시에는 넓은 지면의 공간 곧 여백이 필수적이다. 글자 하나와 여백의 대화가 은유적 심상과 의미를 구성한다. 따라서 일자시는 시(문학)의 울타리에 머물 수가 없으며 문학과 미술(공간)의 융합의 국면을 띠는 '크로스 오버'의 양상이며, 이것이 절대시의 궁극적 모습이다."라는 것과 결부된 성찬경 시인만의 은유법이 있다. 시에서는 은유의 구실이 매우 중요한데 은유는 반드시 'A는 B'라는 2항이 필요하다. 일자시는 1항밖에 없으므로 은유적 구조를 채울 수가 없다는 비판이 예상된다는 것을 성찬경 시인은 알고 사전에 그는 시집 『논 위를 달리는 두 대의 그림자 버스』에서 다음과 같이 주장하였다.

"일자시의 경우 한 글자의 낱말이 은유의 한 쪽 항이라면 그 한 글자를 둘러싸고 있는 넓은 백지의 여백이 은유의 또 하나의 항을 맡게 된다. 이런 까닭에 일자시에는 넓은 백지의 여백이 반드시 필요하다. 예를 들면 '흙'이라는 일자시가 있다면 '흙=백지', 또는 '백지=흙'의 은유적 관계가 성립되며 이런 관계를 놓고 독자는 각자 자유로운 상상의 날개를 펼 수 있다. 그런데 백지(여백)는 문자가 아니다. 백지는 미술적 개념에 속하는 공간이다. 일자시에서 은유의 1항으로 백지의 도움을 받는다면, 그것은 미술의 도움을 받는 셈이 된다. 이런 관점에서 본다면 일자시는 문학과 미술의 '퓨전'적 장르가 된다. 아무리 그렇더라도 넓은 백지에 글자 하나를 놓고 시라고 하기가 어딘지 뻔뻔스러운 것 같아서 작은 활자로 산문시를 닮은 설명을 붙였다. 이 설명은 동시에 시의 제목이자 시의 내용이 되는 그 낱말 자체에 대한 관찰과 고찰이 들어 있다. 이런 경우 그 말소리를 음미하고 동시에 말뜻을 살펴보게 된다."라고 주장하였다. 이러한 주장은 말을 할 줄 아는 사람이라면 누구나 한 글자로 표현되는 낱말을 내뱉을 수 있으므로 모든 인간은 매일 시를 내뱉는다는 의미로 들린다. 다시 말해 모든 인류가 시인이라는 의미와 다를 바 없는 것이다.

4. 순수 일자시(순수 절대시) 읽기

시인 성찬경은 『해』에서 "절대시 곧 일자시는 글자 하나가 곧 시의 제목이며 동시에 시의 내용이다. 따라서 일자시는 물리적으로도 시의 의미의 밀도를 최대한으로 높이는 방법이다. 일자시에서 글자 수를 더 줄이면 시는 소멸한다."라고 주장하였다. 하지만, 일자로 독립하는 순간, 시로서는 의미를 잃었다고 보는 것이 보편적인 생각일 것이다. '의미의 밀도를 최대한 높이는 방법'이라고 성찬경 시인은 주장해 놓고 일자시를 '순수 절대시'라며 종결하는 진정성은 무엇일까. 한 글자보다 더 밀도가 높은 글은 진정 없는가. 모음과 자음만으로도 의미는 존재하지 않는가?

부연 설명이 붙은 일자시(절대시)의 주석은 시의 불완전성을 메우기 위한 장치이다. 이처럼 음소 단위까지 부연 설명을 하면서 음소는 왜 안 된다는 말인가. 근본적으로 시가 아니기 때문이다. 만일 한글을 도형화하였다면 문제가 달라질 것이다. 글과 그림의 조화로 새로운 뜻으로 확장이 가능하기 때문이다.

'성찬경 일자시집'이라는 부제를 단 『해』에서 103자를 일자시로 발표하였다. 그 『해』의 목차는 다음과 같다.

해 / 달 / 별 / 빛 / 밤 / 낮 / 땅 / 집 / 물 / 불 /
감 / 혀 / 힘 / 잠 / 꿈 / 쌀 / 초 / 똥 / 몬 / 눈 /
봄 / 맘 / 말 / 길 / 광 / 피 / 술 / 활 / 솔 / 공 /
틀 / 숲 / 풀 / 젖 / 끈 / 비 / 뽕 / 꿩 / 뼈 / 엿 /
골 / 금 / 때 / 땀 / 말 / 팥 / 배 / 끝 / 칼 / 뿔 /
끌 / 갓 / 목 / 숨 / 붓 / 손 / 발 / 쇠 / 맛 / 멋 /
옻 / 돌 / 눈 / 셋 / 열 / 재 / 님 / 콩 / 티 / 띠 /
못 / 논 / 얼 / 소 / 섬 / 입 / 밥 / 떡 / 흙 / 꿀 /
쑥 / 신 / 칸 / 낯 / 샘 / 코 / 귀 / 울 / 움 / 등 /
무 / 둑 / 뱀 / 곰 / 벌 / 칡 / 숨 / 싹 / 징 / 알 /
터 / 꽃 / 새

103편 중 70편은 부연 설명이 붙어 있는 절대시이다. 일자시는 그 자체가 제목이면서 본문이다. 이 시집의 일자시는 모두 단음절로 된 순우리말이다. 이것이 일자일행시의 불문율이다.

해

  사람이 경험할 수 있는 세계에서 단연 왕좌를 차지하는 것이 해다. 세상에서 해보다 더 크고 밝고 고마운 존재는 없다. 지구상의 모든 생명을 키우는 물리적인 원동력이 바로 해임에랴.
  이 해를 가리키는 순우리말 '해'는 해의 모든 것을 다 담고 있다. '해'의 자음 'ㅎ'은 밝음과 높음과 신성함의 표상으로 울린다. '하늘'의 자음은 'ㅎ' 아닌가. 영어도 그렇다. 'holy', 'heaven', 'white'의 경우가 보기다. '해'의 모음 'ㅐ'는 이를테면 장중(莊重)함의 친밀화(親密化)다. '아비' '아기'를 '애비' '애기'라 할 때 느끼는 감정이 그것이다. 따라서 우리말 '해'는 저 고마운 해가 동시에 우리와 친하기도 하다는 것을 나타내고 있다. 남향집의 고마움은 살아본 사람만이 안다.

—「해」전문

달

  우리말 중에서 빛을 나타내는 말에는 영락없이 'ㄹ'이 들어 있다. 불이 그렇고 '별'이 그렇다. 서양 말도 그렇다. 'light'가 그렇고 'illumination'도 그렇다. 필경 깊은 원리가 숨어 있어서 그렇게 되는 것이며 결코 우연이 아니리라.
  이 시 「달」은 시의 제목도 본문도 모두 이 '달'이란 말 하나에 담아져 있다. 그러니 이 시도 정진정명(正眞正銘)으로 내가 요즈음 시도하고 있는 '일자일행시' 일명 '절대시'이다. (……)

—「달」에서

별

(……)

　이 여백은 오히려 적극적인 표현시공의 각인으로 보아야 할 것이다.
　이 시 「별」은 동시에 시(문학)이자 그림(미술)이다. 문학과 미술 두 예술의 융합으로 볼 수도 있고 새 예술의 반투명적 장르로 보아도 상관없다. 이 시를 '포스트모던'의 시각에서 바라보는 일도 가능할 것이다. 시 「별」 역시 내가 요새 시도하는 〈요소시〉이지만, 이 시는 문자 그대로 일자일행시(一字一行詩)하고도 단 일행으로 되어 있는 시다. 시 제목 '별'과 시의 본문 '별'이란 일자일행시에 흘러들어 하나로 녹아 있기 때문이다. 물론 이런 정도의 부연이 저 「별」이 갖는 뜻의 다는 아니다.(……)

—「별」에서

　「해」, 「달」, 「별」의 공통점은 제목이 본문이다. 왼쪽 면 위에 '해', '달', '별' 한 글자만이 덩그렇 자리 잡고 있다. 우측면 하단에 작은 글씨로 이 한 글자에 대한 시인의 생각을 부연 설명을 덧붙여 놓았다. 이 부연 설명은 시인이 생각하는 절대시의 시론과 순우리말이 갖는 힘과 깊은 뜻을 음미하는 설명이다. 이것을 포함하여 성찬경 시인은 '절대시'라고 한다.
　시인 성찬경은 「별」에 대한 시론에서 "이 여백은 오히려 적극적인 표현시공(表現時空)의 각인(刻印)으로 봐야 할 것이다."라고 밝히면서 "이 시 「별」은 동시에 시(문학)이자 그림(미술)이다. 문학과 미술 두 예술의 융합으로 볼 수도 있고 새 예술의 반투명적 장르로 보아도 상관없다. 이 시를 '포스트모던'의 시각에서 바라보는 일도 가능할 것이다. 시 「별」 역시 내가 요새 시도하는 '요소시'이지만, 이 시는 문자 그대로 일자일행시 하고도 단 일행으로 되어 있는 시다. 시 제목 '별'과 시의 본문 '별'이 「별」이란 일자일행에서 흘러들어 하나로 녹아 있기 때문이다. 물론 이런 정도의 부연이 저 「별」이 갖는 뜻의 다는 아니다."라며 부연 설명을 하고 있다. 이와 같은 시를 몇 편 더 읽어 본다.

쌀

쌀은 먹을 수 있는 사리다. 쌀은 씨 중의 씨다. '씨'의 모음(母音)이 '아'로 밝아지고 게다가 '조'의 조명을 받아 진주도곤 신비한 빛을 발하는 것이 쌀이다. 희고 넓은 종이에 흰 쌀알 하나가 심어져 있다. 싹이 나리라. 오오. 독자 여러분, 그 아름다운 광경을 못 느끼시는가. 쌀! 진정 거룩한 울림인저!

— 「쌀」 전문

비

비가 오지 않게 되는 날 지구의 생명은 사라진다. 비보다 더 자비로운 것은 없다. 소리도 아주 순하고 부드럽다. 비! 하늘에서 단비가 곱게 내려오고 있다.

— 「비」 전문

맛

"맛은 감각의 멋"

— 「맛」 전문

멋

"멋은 마음의 멋"

— 「멋」 전문

앞에서 읽어 본 것처럼 『해』에서 103편 중 70편은 부연 설명이 붙은 일자시 일명 '절대시'이다. 103편 중 부연 설명이 없는 순수 우리말 한 글자만의 시가 모두 33편이다. 그는 이런 시를 '순수 절대시'라 칭하고 있다. 성찬경은 "순수 절대시의 여백은 독자 여러분께서 마음껏 상상의 날개를 펼칠 수 있는 공간이다. 이 공간이야말로 여러분을 위해 개방된 침묵의 텍스트(text)"라고 주장도 했다. 오로지 한 글자만이 제목이면서 본문 내용으로 우측 상단에 찍혀 있다.

밤‖숲‖땀‖팥‖뿔‖재‖콩‖성‖흙‖꿈‖
쑥‖신‖칸‖낯‖샘‖코‖귀‖울‖움‖등‖
무‖둑‖뱀‖곰‖범‖침‖숨‖싹‖징‖알‖
터‖꽃‖새

이들 33편이 일자로 된 순수 절대시이다. 이것은 순우리말의 한 글자로 된 명사이다.

5. 나가기

지금까지 살펴본 것처럼 시집 『논 위를 달리는 두 대의 그림자 버스』에서 '일자일행시'와 '요소시' 또는 '절대시'라는 '일자시'를 시도하였다. 이러한 시도는 그가 '밀핵시론'을 착안한 이후, 그 종결점인 일명 '순수 절대시'를 향하는 하나의 발전 과정이었고, 절대시와 순수 절대시로 엮은 시집『해』는 순우리말 한 글자만으로 의미의 밀도를 최대한으로 높이는 시인 나름의 성과가 있었다.

성찬경의 밀핵시론으로부터 시작한 '일자일행시', 부연 설명을 덧붙인 '일자시'(절대시)를 거쳐, 밀핵시론의 종결점인 부연 설명이 없는 '순수 일자시'(순수 절대시)를 읽어 보면서 그가 주장하는 시론을 살펴보고 긍정적인 면과 부정적인 면을 동시에 감상할 수 있었다. 그의 시론에 대해 약간의 부정적인 평가를 가했지만, 성찬경 시인이 나름대로 이룩해 놓은 밀핵시론의 긍정적인 부분에 대해 박수를 보낸다.

제10장

초단편 소설 이해

짧은 분량 속에 극적 전환과 서사를 담는 서사 형식.
소설적 완결성과 시적 함축을 동시에 지향한다.

10.
초단편 소설 이해
— 소비와 독서 경향

Ⅰ. 들어가기

 최근 우리나라에서 '초단편 소설'이라는 이름을 단 200자 원고지 7매 안팎 분량의 짧은 소설의 소비가 늘어 가는 추세이다. 대부분 초단편 소설의 소비는 SNS, 네이버 웹 소설, 네이버 책·문화판 모바일, 카카오페이지, 판다플립 홈 등을 통한 모바일(mobile, 정보통신의 이동성) 독서 방식으로 이루어진다. 즉, 손바닥의 휴대폰이나 태블릿 PC를 통해 소비가 이루어진다. 아주 드물게 전통적 종이책 독서 방식인 초단편 소설집을 통해 소비가 이루어지기도 한다.
 단편 소설보다 짧은 소설은 프랑스에서 태동했다. 이를 콩트(conte)라고 한다. 보통 200자 원고지 20매 내외의 짧은 소설을 말한다. 쥘 르나르(Jules Renard, 1864~1910)의 콩트 모음집 『Poil de Carotte(빨강 머리)』(1894)가 세계적으로 유명하다. 우리나라에서는 『홍당무』로 번역하여 출판한 책이다. 콩트는《표준국어대사전》에 "대개 인생의 한 단면을 예리하게 포착하여 그리는데 유머, 풍자, 기지를 담고 있다."라고 정의하고 있다. 콩트를 우리말로 장편(掌篇) 소설, 엽편(葉篇) 소설이라고 일컫는다. 우리나라에서 오영수의 작품집 『머루』(문화당, 1954)에 실린 「아찌야」,

「코스모스와 소년」이 유명하다. 과거 문예지에서 콩트 혹은 장편(掌篇) 소설이라는 이름을 단 짧은 소설을 흔하게 읽을 수 있었지만, 최근에는 이를 다루는 문예지가 그리 많지 않다.

일본 SF 작가 호시 신이치(星新一, 1926~1997)는 단편 소설보다 짧은 '쇼트 쇼트(short-short)'를 개척하여 일본에서 유행시키는 데 공헌했다. 평생 1,000여 편의 '쇼트 쇼트'라는 초단편 소설을 발표했다. 400자 원고지 10장 분량이다. 200자 원고지로 20장 분량인 셈이다. 콩트와 분량이 같다.

우리나라에서 출판 유통 중인 초단편 소설은 장주원의 『ㅋㅋㅋ』(문학세계사, 2014), 정선엽의 『양 백 마리』(2020), 김재성의 『5분 소설』(2020) 등이다. 김동식의 『초단편 소설 쓰기』(2021)라는 창작 안내서도 유통 중이다. 이들 단행본에 수록한 초단편 소설과 작법을 텍스트로 하여 읽어 보고자 한다.

이 글에서는 최근 유행하고 있는 초단편 소설 소비와 독서 경향에 관해 그 흐름을 중심으로 간략히 살펴보고자 한다.

2. 초단편 소설 소비 경향

초단편 소설의 소비는 주로 웹 소설(Web Novel) 플랫폼을 통해 이루어진다. 웹 소설(Web Novel)이란 국립국어원의 《우리말샘》에 "인터넷을 통하여 연재하는 소설"이라고 정의하고 있다. 이는 인터넷의 소설 플랫폼에서 연재하는 장르 소설을 통칭하는 개념이다. 웹 소설 연재는 등단 절차를 밟은 소설가나 전문 작가가 참여한다. 전문 작가와 비전문 작가가 혼재해 있지만, 대체로 질 높은 작품을 언제 어디서나 읽을 수 있다는 매력이 있다.

또한, 앱 소설(App Novel)은 초단편 소설 전용 앱을 통해 소비하기도 한다. App은 application의 약자이다. 앱 소설이란 소설을 연재하는 전용 앱이 있어 붙여진 이름이다. 앱 소설은 작가의 비전문성으로 인해 부정적 비판의 목소리도 크지만, 언제 어디서나 읽을 수 있다는 긍정적인 면이 독자에게 매력으로 작용한다.

　모바일 서비스를 통한 독서는 언제 어디서나 읽을 수 있다는 장점이 있다. 젊은 독자에게 시간과 장소의 제약이 없다는 지점은 매우 매력적이다. 그래서 웹툰(Webtoon)처럼 자연스럽게 모바일로 초단편 소설을 소비한다. 웹툰은 웹(web)과 만화(cartoon)의 합성어이다. 웹 소설과 웹툰은 대중교통을 이용할 때나 일상의 자투리 시간이 날 때도 손바닥 안에서 소비할 수 있다는 장점 때문에 이미 우리 일상생활 속에 자리 잡았다. 특히 젊은 애독자들이 두텁게 소비 계층을 형성하고 있다.

　2014년에 가장 먼저 장주원의 『ㅋㅋㅋ』이라는 초단편 소설집이 세상에 나왔다. 69편의 초단편 소설로 엮었다. 편당 200자 원고지 6~7장 분량이다. 『ㅋㅋㅋ』에 관해 임홍택은 『90년생이 온다』(웨일북, 2018)에서 "이 책이 국내에서 초단편 소설의 시작을 알린 것은 분명하다."라고 소개했다. '초단편 소설의 등장'이라는 소제목의 글을 통해 자세히 소개했다. 이를 간략히 읽어 본다.

> 90년생들이 성인이 된 이 시대에는 문학도 '더 짧고 간단하게'를 지향한다. 이는 모바일과 온라인에 철저하게 적응해 버린 90년대생들의 뇌 구조가 더 이상 기존의 소설을 소화하지 못하기 때문이다. 이렇게 등장한 것이 바로 '짧은 소설'이다. 이는 여러 이름으로 불린다. 서든 픽션, 마이크로 픽션, 마이크로 스토리, 쇼트-쇼트 스토리, 엽서소설, 프로즈 트리, 플래시 픽션 등이다. 가장 대표적인 용어는 '초단편 소설'이다.
>
> 　　　　　　　　　　　　　　　　― 임홍택, 『90년생이 온다』에서

위와 같이 초단편 소설은 단편 소설보다 짧아서 젊은 독자층이 선호한다. 이런 현상을 임홍택은 "1990년대생들의 뇌 구조가 더 이상 기존의 소설을 소화하지 못하기 때문이다."라고 주장하기도 했다. 장시간 독서에 시간을 할애하는 일에 거부감을 느끼는 젊은 독자층의 독서 방식에 관해 나름대로 견해를 밝히고 있다.

또한, 서두에서 언급한 바와 같이 대부분 초단편 소설의 소비는 손바닥의 휴대폰이나 태블릿 PC를 통해 이루어진다. 임홍택도 이를 아래와 같이 언급했다.

> 2017년 스튜디오봄봄은 네이버 책·문화판 모바일과 판다플립 서비스 홈페이지에서 '초단편 서비스'를 정식 출시했다. 이곳에는 3분 안팎에 읽을 수 있는 2,000자 분량의 초단편 소설이 연재된다. 조남주, 장강명, 성석재, 손보미, 김연수, 천명관, 듀나, 배명훈, 김사과, 남궁인 등 주목할 만한 작가들이 참여해 초단편 소설을 선보인다.
>
> — 임홍택, 『90년생이 온다』에서

인용문과 같이 초단편 소설 플랫폼의 연재에 전문 작가가 참여한다. 임홍택은 모바일 서비스로 정착한 "3분 안팎에 읽을 수 있는 2,000자 분량의 초단편 소설"의 연재물을 통해 소비가 이루어진다는 점을 강조한 것이다.

또한, 임홍택은 장주원의 초단편 소설의 개척 과정과 그 작품에 관해 아래와 같이 간략히 평가하기도 했다.

> 해학과 풍자가 가득한 그의 글이 초단편 소설이라는 이름을 달고 책으로 출간되기까지는 그를 SNS 스타 작가로 만든 페이스북 친구들이 있었다. 물론 그의 페이스북 친구들은 80년대생들과 90년대생들이 대

부분이다. 그의 글은 특유의 해학을 담아 재미도 있지만, 무엇보다 중요한 점은 짧은 글이라는 것이다. 만약 애초 그의 페이스북 담벼락에 올라온 글들이 스크롤의 압박을 안겨 주는 글이었다면 재미의 유무를 떠나 많은 사람들에게 읽히지도 못했을 것이다.

— 임홍택, 『90년생이 온다』에서

임홍택은 초단편 소설의 주요 독자층에 관해 1980~1990년대생임을 강조한다. 그리고 SNS를 통한 초단편 소설의 소비와 스타 작가 탄생은 물론 작품에 관해 평가를 덧붙이고 있다. 위의 인용 글을 통해 초단편 소설의 소비와 독서 경향을 충분히 짐작할 수 있다.

앞에서 언급한 임홍택의 여러 주장의 글처럼 김동식은 『초단편 소설 쓰기』에서 초단편 소설을 한 편 읽는 데 5분 내외의 시간이 걸린다고 언급하면서 "초단편은 굉장히 경제적인 글"임을 강조했다. 나아가 여러 창작 기법을 선보였다. 예를 들면, 초단편을 쓸 때 유의할 점 세 가지를 언급했다. 첫째, "초단편은 말로 할 때와 글로 읽을 때 드는 시간이 같다." 둘째, "초단편은 반드시 한 호흡에 읽는다." 셋째, "초단편 결말에는 반전이 필수다." 등을 강조했다.

그뿐만 아니라, 초단편 소설에서 가급적 회피해야 하는 이야기 구조를 다음과 같이 언급했다. 첫째, "쓸데없이 자꾸 장면을 넘나드는 글". 둘째, "인물의 시점을 번갈아 가면서 서술하는 글". 셋째, "주인공(중심인물)이 계속 바뀌는 글". 넷째, "처음부터 떡밥을 잔뜩 던져놓고 시작하는 글" 등을 강조했다.

3. 초단편 소설 읽기

현재 유통 중인 초단편 소설집의 수록 편수를 살펴보면, 장주원의 『ㅋㅋㅋ』은 69편, 정선엽의 『양 백 마리』는 29편, 김재성의 『5분 소설』은 30편이다. 이들 초단편 소설집에서 1~2편씩 골라서 김동식의 『초단편 소설 쓰기』라는 단행본에서 소개한 창작 기법에 대입하여 간략히 읽어 보고자 한다. 특히 도입부에 사건과 흡인력 있는 문장을 장치하고, 결말에 반전을 장치하는 작법을 중심으로 읽어 본다.

장주원의 『ㅋㅋㅋ』에 수록한 69편의 초단편 소설 대부분은 200자 원고지 6~7장 분량이다. 그 가운데 「시인이 애인의 외도에 임하는 바람직한 자세」와 「썩은 꽃」은 200자 원고지 2장 분량이다. 이 책의 특징 가운데 하나는 한 편의 초단편 소설 전문이 끝난 다음 쪽에 제목을 편집해 놓았다는 점이다. 문학 작품에서 제목은 적당히 숨기고 적당히 드러내어 호기심을 자극해야 한다. 그래서 일반적으로 제목 다음에 본문을 편집한다. 하지만 이 책은 한 편의 초단편 소설의 전문이 끝난 다음에 제목을 읽을 수 있다. 제목에 대한 선입견을 제거하기 위함인 듯하다. 초단편 소설의 여운이 다음 쪽으로 이어 넘어가 긴 여운의 효과를 증폭시키는 효과가 있다. 이 책에 수록한 초단편 소설 가운데 200자 원고지 2장 분량의 2편을 읽어 본다.

시인은 애인이 애인과 모텔에 들어가는 것을 본다. 사람은 울지만, 시인은 시를 쓴다. 시인은 문득 애인이 된다. 애인이 되어 애인과 모텔로 들어가는 순간, 모텔은 하나의 세계가 된다. 침대는 하얀 도화지가 된다. 어딘가는 튀어나와 있고 어딘가는 움푹 패여 있다. 천 가지 색의 물감이 뿌려지고 소리는 사납지만 애닮다. 오직 나비 한 마리가 있을 뿐이다. 그렇다면 애인은 나방이 된다. 한 번의 날갯짓으로 나비도 되고 나방도 되어 서로의 심연을 핥고 빨고 착취하고 착취당하다가, 마침내 는 고꾸라진다. 아주 빠른 속도로 나방은 애인이, 애인은 시인이, 시인 은 사람이 다시 된다.

— 장주원, 「시인이 애인의 외도에 임하는 바람직한 자세」 전문

인용한 초단편 소설 「시인이 애인의 외도에 임하는 바람직한 자세」의 본문은 공백을 포함하여 337자이다. 200자 원고지 2장 분량이다. 인용 초단편 소설의 도입부인 "시인은 애인이 애인과 모텔에 들어가는 것을 본다. 사람은 울지만, 시인은 시를 쓴다. 시인은 문득 애인이 된다."라 는 세 문장에 주목해 본다.

김동식은 『초단편 소설 쓰기』에서 "초단편은 근본적으로 '사건'이 있 는 이야기이다. 사건이 없다면 아무리 짧아도 초단편이 아니다. 이 지 점이 엽편이나 장편과 미묘하게 다른 점"임을 강조한다. 또한, "소설의 흡인력은 처음 세 문장으로 결정된다."라며 도입부의 중요성을 강조한 다. 이처럼 인용 초단편 소설의 첫 문장인 "시인은 애인이 애인과 모텔 에 들어가는 것을 본다."라는 대목은 사건이다. 이 단편 소설은 사건을 먼저 내세웠다. 그리고 "사람은 울지만, 시인은 시를 쓴다. 시인은 문 득 애인이 된다."라는 대목은 보통 사람과 달리 시인은 그런 부정의 상 황에 맞닥뜨리더라도 시적 상상력을 발휘하여 시를 창작한다는 이야기 구조이다. 처음 세 문장의 중요성이 그대로 녹아들어 있다. 결말의 "아 주 빠른 속도로 나방은 애인이, 애인은 시인이, 시인은 사람이 다시 된 다."라는 문장은 김동식의 초단편 소설의 "결말에는 반전이 필수다."라 는 말 그대로 반전으로 끝맺음한다.

썩은 땅 위에 썩은 꽃이 피었다. 악취가 진동하자 사람들은 저꽃을 꺾 어 버려야 한다며 아우성이었다. 그러나 다들 누군가가 꺾어 주기를 바

랄 뿐, 직접 나서 제 손을 더럽히려는 이는 없었다. 말뿐이었다. 가끔 사람들이 모여 태우는 촛불의 안락한 빛과 온기는 오히려 그 꽃에게 좋은 자양분이 되었다. 썩은 꽃 자체보다 사람들에게 그 꽃을 꺾을 힘이 없다는 것이 더 큰 절망이었다. 한가한 농부는 곡괭이를 버리느라 여념이 없었고 사람들은 점차 그 꽃의 악취에 마비되어 갔다. 썩은 꽃은 꽃을 오염시키고 그 땅은 다시 사람들의 몸과 마음을 더럽히고 있었다.

이제 그 꽃을 꺾어도

또 다른 썩은 꽃이 피어날 것이다.
― 장주원, 「썩은 꽃」 전문

　인용 초단편 소설 「썩은 꽃」의 본문도 공백을 포함하여 337자, 200자 원고지 2장 분량이다. 마치 의도적인 계산을 한 듯 「시인이 애인의 외도에 임하는 바람직한 자세」의 본문 글자 수와 같다.
　인용 초단편 소설의 도입부인 "썩은 땅 위에 썩은 꽃이 피었다. 악취가 진동하자 사람들은 저 꽃을 꺾어 버려야 한다며 아우성이었다. 그러나 다들 누군가가 꺾어 주기를 바랄 뿐, 직접 나서 제 손을 더럽히려는 이는 없었다. 말뿐이었다."라는 도입부 문장에 주목해 본다. 첫 문장인 "썩은 땅 위에 썩은 꽃이 피었다."라는 대목이 비유이기는 하지만, 하나의 사건이다. 그리고 "악취가 진동하자 사람들은 저 꽃을 꺾어 버려야 한다며 아우성이었다. 그러나 다들 누군가가 꺾어 주기를 바랄 뿐, 직접 나서 제 손을 더럽히려는 이는 없었다. 말뿐이었다."라는 대목은 손 안 대고 코 풀겠다는 사람의 이기심 혹은 자신의 손에 피를 묻히지 않고도 문제를 해결할 수 있다는 방어 기제를 작동하는 인간 본능을 표현한 이야기 구조이다. 처음 도입부 문장의 중요성이 그대로 녹아들어 있다.

결말의 "또 다른 썩은 꽃이 피어날 것이다."라는 반전의 문장은 긴 여운을 남긴다.

출판사 서평에 의하면, "형식은 마이크로 픽션(Micro-Fiction)이다."라고 정의하면서 주요 특징으로 "간결성, 다양성, 독자와 작가의 공범 관계, 파편성, 신속성, 가상성" 등을 언급하고 있다. 마이크로 픽션의 개념을 비롯한 출판사의 서평을 간략하게 읽어 본다.

> 마이크로 픽션은 작가의 세계관과 문학 작품으로서의 예술성을 응축시켜 놓는 데 가장 적절한 문학적 방법으로, 영미권에서는 플래시 스토리(Flash Story)라고도 부른다. 많아야 A4 용지 1매 내외 분량의 초미니 소설(창작물)로, 20세기 초부터 라틴아메리카를 중심으로 발전하기 시작하였다. 하지만 본격적인 문학 장르로 자리잡기 시작한 것은 1990년대 초부터이다. 원고지 70~150매밖에 되지 않는 단편 소설보다도 훨씬 분량이 적은 7매 안팎의 초미니 창작물이기 때문에 서사 구조를 제대로 갖춘 전통적인 개념의 소설과는 다르다. 주요 특징으로는 간결성, 다양성, 독자와 작가의 공범 관계, 파편성, 신속성, 가상성 등이 꼽힌다.
>
> 대표적인 미니 픽션 작가로는 보르헤스·마르케스와 멕시코의 사발라(Lauro Zavala) 등을 들 수 있다. 멕시코에서는 1998년부터 2년마다 미니 픽션 세계대회도 열린다. 한국에서는 인터넷 글쓰기를 중심으로 빠르게 확산되는 추세이다. 가볍고 일상적인 이야기를 소재로 하며, 예상을 뒤엎는 경이로운 결말을 갖는 것이 공통된 특징이지만 내용에 있어서는 다채로운 모습을 보여 준다.
>
> — 장주원, 『ㅋㅋㅋ』의 출판사 서평에서

정선엽의 『양 백 마리』라는 단행본은 본문이 양측 정렬이 아니다. 좌측 정렬로 편집했다. 문단의 첫머리마저 들여쓰기 없이 편집했다. 이를 긍정적인 면에서 전통적인 소설 편집 방식에서 벗어나고자 하는 의도라고 평가할 수 있을 것이다. 부정적인 면에서는 단행본 편집 기본 상식을 충분히 습득하지 않은 결과라고 평가할 수 있을 것이다. 전반적으로 한글 맞춤법의 원칙과 허용을 혼용하면서도 일정한 기준 없이 편집했다는 측면에서 보면, 후자의 가능성이 농후하다. 이 책에 수록한 29편의 초단편 소설 가운데 1편을 읽어 본다.

"미친놈."
"미친놈."
2년 혹은 3년 만이니 오랜만에 만난 사이가 아니라고 할 수는 없었다. 하지만 둘은 서로를 얼싸안지도, 악수를 나누지도 않았다. 될 수 있으면 눈도 마주치지 않으려 했다. 팔을 뻗어도 닿기도 힘든 거리에서 엉거주춤 마주하고 있을 뿐이다. 서먹한 분위기는 아니었다. 오히려 늘 그래왔던 것처럼 자연스러웠다. 두 사람은 학교 안쪽으로 발걸음을 옮겼다. 한 사람이 긴가민가한 표정으로 혼잣말처럼 말했다.
(……)
"잠깐 편의점 갔다 올게. 너도 한 캔 더?"
여자가 "어."라고 대답했다.
"이번에도 또 설마 오백은 아니겠지? 예전에 삼백 밖에 안 되던 걸 이틀에 나눠서 마시던 애는 어딜 간 거지? 도통 보이질 않네. 난 걔를 만나려고 오늘 왔던 거였는데. 저기요, 미안하지만 좀 찾아 줄래요?"
"미친놈."
여자가 남자에게 살며시 입을 맞췄다.

— 정선엽, 「미친놈들」에서

인용 초단편 소설의 도입부에서 등장인물인 두 사람은 서로 "미친놈."이라며 욕을 내뱉는다. 이 자체가 긴장감을 고조시키는 하나의 사건이다. 그다음의 "2년 혹은 3년 만이니 오랜만에 만난 사이가 아니라고 할 수는 없었다. 하지만 둘은 서로를 얼싸안지도, 악수를 나누지도 않았다. 될 수 있으면 눈도 마주치지 않으려 했다."라는 도입부 문장에 주목해 본다. 서로 서먹한 관계라는 이야기 구조이다. 처음 도입부 문장의 중요성이 그대로 녹아들어 있다. 결말의 마지막 문장인 "여자가 남자에게 살며시 입을 맞췄다."라는 대목은 반전이다. 이 반전의 문장은 둘의 화해를 암시하며 여운을 남긴다.

김재성의 『5분 소설』에 수록한 30편의 초단편 소설 가운데 1편을 읽어 본다. 앞표지에 부제 형식으로 "5분이면 충분한 초단편 이야기"라고 명시하고 있다. 작가의 말에서 "한 편 한 편의 분량이 2,000자 내외인 이유는 출퇴근길이나 여행을 갔을 때 잠깐씩 펼쳐 보기 좋은 소설을 목표로 쓰였기 때문이다."라고 밝히고 있다.

"고양이가 안 보여." 여섯 살 난 딸아이가 말했다.
"오늘도?" 나는 의자를 돌려 딸을 내려다보았다.
눈 속에 걱정이 한가득하다. 어디 보자…. 지금은 두 시. 아직은 여유가 있다.
"엄마랑 같이 찾아볼까?" 하고 있던 번역 일을 멈추고 딸의 손을 잡고 거실로 나왔다.
(……)
"희서야. 엄마가 알았어. 고양이가 멀리 여행을 간 거였어."
"진짜? 고양이가 엄마한테 말했어?"
"응."
잠시 고민하다 딸에게 기다리라고 말한 뒤 방으로 올라갔다. 알록달록한 편지지를 하나 꺼내 최대한 삐뚤삐뚤하게 글씨를 썼다. 아이가 잠든 뒤 고양이를 화단에 묻어 줘야겠다는 생각을 했다.

"고양이가 희서한테 쓴 편지를 찾았어. 엄마가 읽어 줄게"

"희서한테 고양이가 편지 써 줬어? 아빠랑 똑같네."

편지를 든 손이 조금 떨렸다. 어색하게 미소를 지어 보였다.

"그래…. 아빠랑 똑같네. 희서 편지 받아서 좋겠다…. 이제 읽어 볼게."

딸아이를 안고 머리를 쓰다듬으며 천천히 편지를 읽었다. 곱게 양 갈래로 따진 머리카락이 부드러웠다. 딸은 내 목소리에 조용히 귀를 기울이고 있었다. 두 번째 이별과 두 번째 편지. 노을빛에 그림자가 길게 기울어졌다.

— 김재성, 「또 한 번의 편지」에서

인용 초단편 소설의 도입부에서 "고양이가 안 보여."라며 "여섯 살 난 딸아이가 말했다."라는 문장에 이어 "오늘도?"라고 응대하며 "나는 의자를 돌려 딸을 내려다보았다."라는 대목은 고양이 실종 사건을 말한다. 그리고 "눈 속에 걱정이 한가득하다. 어디 보자…. 지금은 두 시. 아직은 여유가 있다."라는 대목은 아이의 걱정을 덜어 주기 위해 엄마가 고양이를 함께 찾아 나선다는 이야기 구조이다. 도입부에 반드시 장치한다는 사건과 그 흡인력에 관한 중요성이 그대로 녹아들어 있다. 결말의 "두 번째 이별과 두 번째 편지."라는 문장은 고양이의 죽음뿐만 아니라 과거 아빠가 죽었음을 암시한다. 이 자체가 반전이면서 긴 여운을 감돌게 하는 문장이다. 이를 이미 "아이가 잠든 뒤 고양이를 화단에 묻어 줘야겠다는 생각을 했다."라는 진술과 "희서한테 고양이가 편지 써 줬어? 아빠랑 똑같네."라는 대화문에서 암시했다.

4. 나가기

　초단편 소설은 아주 드물게 종이책 초단편 소설집을 통해 소비가 이루어지기도 한다. 주로 웹 소설 플랫폼을 통해 이루어진다. 전문 작가와 비전문 작가가 혼재해 있지만, 대체로 질 높은 작품을 언제 어디서나 읽을 수 있다는 매력이 있다. 앱 소설은 비전문성으로 인해 부정적 비판의 목소리도 크지만, 언제 어디서나 읽을 수 있다는 긍정적인 면이 독자에게 매력으로 작용한다.
　이처럼 모바일 서비스를 통한 독서는 언제 어디서나 읽을 수 있다는 장점이 있다. 젊은 독자에게 시간과 장소의 제약이 없다는 지점은 매우 매력적이다. 대중교통을 이용할 때나 일상의 자투리 시간이 날 때도 손바닥 안에서 이를 소비한다. 이미 우리 일상생활 속에 자리 잡았다.
　현재 초단편 소설을 게재하는 문예지는 없다(?) 앞으로 수준 높은 초단편 소설 창작이 활성화되어 문예지에서도 게재하는 날이 올 수 있기를 기대해 본다. 도입부에 사건을, 결말에 반전을 장치한다는 점을 상기하며 전문 작가이든 비전문 작가이든 초단편 소설 창작에 한 번쯤 참여하는 것도 바람직할 것이라고 주장해 본다.

제11장

짧은 수필 이해

일상의 단상을 짧게 기록하며, 사색과 감정을 간결하게 표현한다.
문학성과 진솔함이 공존한다.

11.
짧은 수필 이해

1. 들어가기

 최근 신문사의 신춘문예 공모에 '수필'을 제외하는 추세이다. 조선일보, 동아일보를 비롯한 유명 일간지 대부분은 수필을 공모하지 않는다. 경남신문, 매일신문, 전북일보, 전북도민일보 등 지방의 일부 신문에서만 공모한다.
 수필은 글을 아는 사람이라면 누구나 쓴다. 전문성이 필요 없다. 우리나라에서 수필이 문학의 갈래에 들어와 있지만, 실제는 글을 아는 사람이라면 누구나 자유롭게 쓸 수 있는 갈래이다. 그렇다면 수필이 왜 문학의 한 갈래에 들어와 있는가?
 수필이 신변잡기의 한계에서 벗어나고자 하는 몸부림으로 예술적 글쓰기를 내세워 왔다. 이를 수용하여 우리나라 사전에도 수필을 문학의 갈래로 인정한다. 문학의 속성인 허구와는 거리가 먼 사실을 다루는 갈래이다. 예술적 글쓰기라는 측면에서 충분히 일리 있는 주장이라서 일부 문단에서는 자조문학(自照文學)으로 수용하여 수필가를 배출해 왔다.
 일부 문단에서는 수필을 문학으로 인정하지 않고, 수필가를 문인으로 인정하지 않는다. 일기와 같은 성찰적 표현의 자조문학(自照文學)은 신변

잡기의 전기적 내용을 주로 다루므로 예술성 확보에 한계가 있다는 것이다.

이 글에서는 최근 짧은 수필의 소비 경향에 관해 그 흐름을 중심으로 간략히 살펴보고자 한다.

2. 짧은 수필의 소비 경향

《표준국어대사전》에 수필이란 "일정한 형식을 따르지 않고 인생이나 자연 또는 일상생활에서의 느낌이나 체험을 생각나는 대로 쓴 산문 형식의 글."이라고 정의하고 있다. 이 정의처럼 인터넷 블로그, SNS 공간의 수필은 하나의 문장 단위로 행갈이를 하거나, 하나의 문단 다음에 한 줄 띄우고 다음 문단을 배열하는 사례가 대부분이다. 이는 글쓰기의 원칙과는 달리 가독성과 편집의 편리성을 고려한 것이다. 분량 면에서도 짧다.

요즘 독자들은 수필집을 사서 읽지 않는다. 시집처럼 얻어 읽는 책으로 인식한다. 시인이나 수필가들은 책을 출판하면 지인들에게 자랑삼아 선물한다. 일부 독자를 제외하고는 읽지도 않고 냄비 받침대로 사용하거나 쓰레기장에 폐지로 분리 배출한다. 그 책들이 중고 서점으로 흘러 들어오면 그나마 다행이다. 언젠가 필요한 사람에게 갈 수 있기 때문이다.

과거 수필은 보통 200자 원고지 20매 내외였다. 30~40매를 요구하는 공모전도 있었다. 최근 공모전에서 대체로 15매 내외 분량이다. 대부분의 문예지에서도 15매 내외 분량의 수필을 싣는다. 이보다 길면 잘 수록하지 않는 추세이다. 일부 문예지에서 10~12매 분량으로 청탁하기도 한다. 이는 길면 읽지 않는다는 최근 독서 경향과 관련이 있다. 계간 『문예창작』 창간(2020) 초기에는 '창작 수필' 꼭지와 분리하여 '짧은 수필'이라는 꼭지에 6~7매 분량을 게재하였다.

2025년 신문사 신춘문예 공모만 보더라도 15매까지 줄어든 추세이다. 매일신문은 15매, 전북일보 15매, 전북도민일보는 15~20매이다. 경남신문은 전통적인 20매를 유지했다.

최근 200자 원고지 6~7매 안팎 분량의 짧은 수필의 소비가 늘어 가는 추세이다. 독자들은 편당 200자 원고지 6~7매 분량의 짧은 수필을 선호한다. 이런 짧은 수필을 게재하는 문예지도 꽤 많다. 수필가들이 개인 작품집을 출간할 때도 짧은 수필을 수록하는 추세이다. 대부분 짧은 수필의 소비는 블로그, SNS 등을 통해 이루어진다. 이는 휴대폰이나 태블릿 PC를 통해 소비가 이루어진다.

현시대의 독자들은 장시간 독서에 시간을 할애하지 않는다. 짧은 수필은 초단편 소설과 비슷한 분량이라서 독자들이 선호한다. 짧은 수필의 소비도 초단편 소설처럼 휴대폰이나 태블릿 PC를 통해 이루어진다. 3~5분 정도면 읽을 수 있기 때문이다.

3. 짧은 수필 읽기

필자의 산문집 『싸락눈 향기 날 때 새봄이 온다』(2018)에 짧은 수필을 수록했다. 4할 정도는 원고지 4~5매의 짧은 수필이다. 그 가운데 원고지 3.1매 분량의「감꽃을 음미하며」와「달빛 머무는 솔」을 읽어 보고자 한다. 두 편 모두 짧은 수필 6~7매 분량보다 더 짧은 수필이다. 본문의 분량 측면 위주로 살펴본다.

감꽃 맛은 삶의 맛입니다.
감꽃은 5월의 새벽이슬을 머금고 떨어집니다. 마흔을 넘기고서야 감꽃 맛을 조금 깨달았습니다. 감꽃의 상큼한 첫맛과 떫은 뒷맛에서 삶의 맛을 조금 깨쳤습니다. 감꽃 맛을 음미하며 스스로 시인 놀이도 했습니다.

　한때, 삶의 첫맛과 뒷맛을 깨달으려고 사색하며 글을 썼습니다. 때로는 의미 없는 헛생각에 잠기어 헛글을 쓰기도 했습니다.

　아직도 진정한 감꽃 맛을 깨닫지 못하였습니다. 설익은 마음가짐 때문입니다. 진정한 감꽃 맛을 알아차리는 순간, 내 안의 나를 발견할 수 있겠지요.

　혹여 껍데기뿐인 나를 찾아 헤매고 있는 것은 아니겠지요.

　인생 그 자체가 껍데기인 것을…. 늘 되새겨 보면서 훌훌 벗어던지고 떠날 채비를 하며 살아가렵니다.

　감꽃 맛에서 홍시 맛이 풍깁니다. 인생의 마지막 순간이 잘 익은 홍시처럼 영글어 떨어지면 좋겠습니다.

　홍시 맛을 음미하며 삶의 맛을 깨달을 쯤 니르바나에 이르는 길이 열려 있을까요?

―「감꽃 맛을 음미하며」 전문

　인용 짧은 수필 「감꽃 맛을 음미하며」는 시적 수필이다. 본문 분량만 200자 원고지 3.1매이다. 글자 수는 공백 포함 465자, 공백 제외 357자이다. 500장 이내의 짧은 수필이다.

　'달빛 머무는 솔'은 은은하면서도 올곧다.

　어느덧 지천명이다. 불혹이 지났지만, 아직 미련하여 생각의 흔들림을 잠재우지 못한다. 스스로 늘 푸른 솔밭에 다가가 한 그루의 솔인 양 동심을 넘나들며 운을 띄워 보곤 한다.

　큰 소망보다 작은 소망을 더 소중히 여기며 '달빛 바라보는 솔', 아니 '달빛 머무는 솔'처럼 마음의 여유와 생각의 사치를 부려 본다.

　생각의 사치는 아름다운 것. 허영심보다 더 나은 것. '달빛 머무는 솔'

은 은은한 빛을 품을 줄 안다.

　나도 '달빛 머무는 솔'의 옷을 입고, 은은한 빛을 품는다. 늘 푸르게, 항상 풋풋하게, 언제나 젊음을 간직한 채 동심 깊은 생각과 글을 벗으로 여기며 살고 싶다.

　'달빛 머무는 솔'은 늘 달을 사모한다. 해를 그리워하며 잔잔히 말하고, 은은히 빛을 품고 싶어 한다.

　시간이 흐르면 달빛이 솔을 사모하여 머물고 싶어 함을 안다. 달빛의 잔잔함과 은은함이 푸른 솔의 곧고 굳은 마음을 소중히 여기고 싶어 한다.

— 「달빛 머무는 솔」 전문

　인용 짧은 수필 「달빛 머무는 솔」도 시적 수필이면서 500장 이내의 짧은 수필이다. 본문 분량만 200자 원고지 3.1매이다. 글자 수는 공백 포함 479자, 공백 제외 358자이다.

4. 나가기

　짧은 수필이든 전통적인 수필이든 허구와는 거리가 먼 갈래이다. 짧은 수필은 분량만 짧을 뿐이다. 수필가는 자신이 전면에 나서 직접 이야기를 풀어낸다. 수필의 화자인 일인칭 '나'는 작가와 동일 인물이다. 주로 독백으로 표현한다. 자성적인 면이 강하다. 그래서 자조문학이다. 때로는 관조적이다. 내용 면에서 철학적이고 지적이다.

　짧은 수필은 블로그, SNS를 통해 소비가 이루어지기도 한다. 공간의 특성상 대체로 짧다. 하나의 문장 단위로 행갈이를 하거나, 하나의 문단 다음에 한 줄 띄우고 다음 문단을 배열하는 사례가 대부분이다.

　종이책으로 소비하기도 한다. 현재 짧은 수필을 게재하는 문예지는 꽤 많다. 앞으로 수준 높은 짧은 수필 창작이 왕성해질 것이다. 문예지에서도 이를 발표할 수 있는 지면을 많이 할애하기를 기대해 본다. 등단 수필가이든 일반인이든 짧은 수필 창작에 참여해 보는 것도 바람직할 것이다.

제12장

복합 다중 시론(複合多重 詩論)의 시적 실험과 탐색

핵심 개념: '복합 다중 시론'은 시의 창작·해석에서 하나의 관점에 국한되지 않고,
다양한 문학 이론·형식·매체를 복합적으로 결합하는 전략.

창작 방법: – 시조·자유시·산문시·영상시 등 장르 간 경계를 허물고 융합.
– 상징, 패러디, 해체, 다매체 이미지를 결합해 새로운 시적 형식 창출.

의　　의: – 독자가 한 시를 여러 층위로 해석할 수 있는 '다중적 읽기' 가능.
– 문학이 다른 예술(영상, 음악, 시각예술)과 상호 작용하며 확장됨.

실험 방향: – 시의 언어·이미지를 재조합하여 '의미의 유동성'과 '다의성'을 극대화.
– 단순한 기법 혼합이 아니라, 독자 경험까지 설계하는 창작.

12.
복합 다중 시론(複合多重 詩論)의 시적 실험과 탐색

―『수선화 꽃잎만 더듬는 늪에 던지는 돌』의 실험 시학

Ⅰ. 들어가며: 복합 다중 시론(complex-multiplex poetics)'의 관점

시집 『수선화 꽃잎만 더듬는 늪에 던지는 돌』(2025)을 쓸 때, 시론을 고민하다가 '복합 다중 시(Complex-Multiplex Poetry)'라는 관점에 무게를 두었다. '복합 다중 시'는 단순히 여러 장르나 시점을 혼합한 것이 아니다. 시의 구성 방식 자체가 다중적 층위와 복합적 관계 구조를 지닌 시이다. 즉, 의미, 화자, 서사, 갈래 등이 복수 혹은 다층적으로 존재하면서 독자가 그 안에서 다양한 해석을 하도록 유도하는 형태이다. 해석학적 연계성에도 주목한다.

시집 『수선화 꽃잎만 더듬는 늪에 던지는 돌』은 탈경계 메타시, 시집 의인화 시, 사회 비판 풍자시를 삼두마차처럼 구동시키는 복합 갈래 실험 시집이다. 핵심은 해체적 메타시이다. 여기에 시의 존재론적 질문, 문학 단체 체제 비판, 예술의 소비와 잊힘에 대한 은유, 사회 구조에 대한 저항을 문학적 기법으로 집약했다.

이러한 '복합 다중 시론'은 시의 구조와 언어, 해석적 층위의 중첩만을 겨냥하는 데 머물지 않는다. 이 모든 복합성을 내부에서 촉발시키는 '복합 다중 상상력'을 창작 주체의 작동 조건으로 전제한다. 이는 단일

한 인식과 감각의 궤적을 따르는 전통적 상상력과는 달리, 타자의 말, 파편화된 기억, 미해결의 감정, 감각 간 충돌 등이 내면에서 복수로 교차하는 방식으로 시를 발생시킨다.

시 안에 화자가 여러 명 존재한다. 다층적 서사 구조(긴장미의 연속성, 병행 구조, 다성적 운율, 다층적 의미 등)이고, 읽는 순서나 조합에 따라 의미가 달라지는 시이다. 아직 대중에겐 낯선 용어일 수 있지만, 문학의 실험성에 적합할 것이라고 확신한다. 이번 실험 시집에 내재시킨 시론을 문예 창작 학술로 발전할 수 있는 용어이기를 기대해 본다.

현대시는 하나의 정체성을 고수하지 않는다. 시가 더는 감정을 유기적으로 조직하는 낭만적 서정의 영역에 머무르지 않는다. 산문과 시의 경계, 비평과 창작의 경계, 현실과 허구의 경계를 오가며 자기 기호를 파괴한다. 시집 『수선화 꽃잎만 더듬는 늪에 던지는 돌』은 바로 이러한 경계 해체의 시학을 실험한 텍스트이다.

이 시집은 장르 혼합, 시적 자아의 분열, 문학 제도에 대한 내적 고발, 시어의 해체 실험, 독자 해석의 유도 등을 통합한 복합 다중 시적 장치이다. 이를 '복합 다중 시(Complex-Multiplex Poetry)'라고 칭한다.

시집 『수선화 꽃잎만 더듬는 늪에 던지는 돌』은 한국 시의 형식과 내용을 경유하며 동시대의 문학장에 강한 파문을 일으킬 수 있는 시집이다. 이 작품은 형식의 파괴와 재구성, 시적 자아의 분열과 복합화, 상징의 중첩과 정치적 풍자라는 면에서 단일한 시 이론으로 분석하기 어렵다. 특히 사회 현상에 관해 사라져가는 순우리말과 경상도 사투리를 활용한 꼬집고 비트는 풍자의 난해성, 기초 자연과학의 태양계의 공전 주기를 활용한 미래 시간성의 난해성, 시적 대상에 대한 다층적 의미의 내적 해체성, 시험 문제와 풀이 형식의 낯설게 하기 기법의 해체성 등을 단번에 해석하거나 분석할 수는 없다. 그만큼 난해한 시이다.

이 시집은 '복합 다중 시(Complex-Multiplex Poetry)'를 다양한 사조와

비평 방법론을 종합한 '복합 다중 시론(complex-multiplex poetics)'의 관점에서 썼다. 이론적 배경은 후기구조주의, 해체주의, 포스트모더니즘, 동양 철학, 비판적 리얼리즘, 메타 시론, 해석학, 수용 미학 등이 혼성적으로 작동하는 구조이다. 이 시론은 단일한 해석 틀을 넘어서는 시의 다성성(Polyphony)과 다층성(Multilayeredness/Stratification), 다의성(Ambiguity/Polysemy)과 함축성(implicit meaning/suggestiveness), 장르 혼성(Genre Hybridization/Genre Mixing), 사회적 담론의 다중층(Multi-layered/Multiple Layers/Multilayered Structure)에 초점을 둔다. '복합 다중 시론'은 텍스트 안의 다층적 언어 사용과 시적 주체의 파편화를 전제한다. 이를 통해 시집 전체의 구조적 긴장과 사회적 맥락을 동시에 해명한다.

'복합 다중 시론'은 하나의 기율이나 관념, 스타일에 고정시키지 않는다. 다중의 시론적 이념과 감각, 형식과 이질적인 장르들을 유기적으로 혼성하거나 혼종시키는 시적 실험들을 포괄하는 메타 시론이다. 이때 '복합 다중 시론'이 표방하는 시적 복합성과 다층성은 단지 외재적 구조나 형식적 배치의 문제가 아니다. 그것을 촉발하고 견인하는 창작 주체의 내면적 사유 작용, 곧 '복합 다중 상상력'에 기초한다. 이 상상력은 단일한 감각의 궤적을 따르지 않고, 해체된 기억, 타자의 발화, 감각의 충돌, 미결의 감정 등이 다성적, 다의적, 다층적으로 병치·교차한다. 가스통 바슐라르(Gaston Louis Pierre Bachelard, 1884~1962)의 4원소론처럼 재생적 상상력과 창조적 상상력, 물질적 상상력, 형태적 상상력, 역동적 상상력, 신화적(원형적) 상상력 등이 유기적으로 내밀하게 작동하는 것과 비슷하다. 이들 상상력이 복합적으로 작동하여 만들어 내는 산물이다. 이는 시를 생성하는 내면의 정신 작용을 지시한다. '복합 다중 시론'은 시를 생산하는 인식론적 방식이자, 존재 방식에까지 연결되는 시적 상상력의 작동 구조를 함축한다.

따라서 이 글에서 '복합 다중 시론'이라는 새로운 이론적 틀을 제안한다. '복합 다중 시론'은 시가 단일한 의미 체계나 장르적 범주에 포섭되지 않고, 기호적 자율성과 정치적 실천성, 비판적 담론성과 메타시적 자기반성을 동시에 수행할 수 있다는 점에서 출발한다. 시와 시론, 창작과 비평의 경계를 넘어선 시적 실천의 가능성을 열어 보인다. 이 글은 『수선화 꽃잎만 더듬는 늪에 던지는 돌』의 '복합 다중 시론'의 이론적 정합성과 시학적 실효성을 실증적으로 검토한다.

이 시론은 기존 시론들과 구분할 수 있다. '복합 다중 시'의 구조와 사유를 설명한다. 이론적 기반과 시적 실험을 통합적으로 탐색한다. 이때 중심이 되는 것은 다성성(polyphony), 혼종성(Hybridity), 자기 지시성(self-referentiality) 등의 시적 장치와 더불어, 이러한 장치들이 작동하도록 견인하는 '복합 다중 상상력'이다. 이는 이질적 감각과 인식, 타자의 목소리와 서사의 파편들이 동시다발적으로 충돌·융합하는 창작 주체의 내면적 사유와 역동을 지칭한다.

II. 복합 다중 시론의 성찰과 차별점

1. 복합 다중 시론의 성찰

시집 『수선화 꽃잎만 더듬는 늪에 던지는 돌』은 '복합 다중 시론(complex-multiplex poetics)'의 실천적 실험장이자, 현대시의 장르적 확장과 시적 인식의 변형을 압축적으로 보여 주는 텍스트이다. 이 시집은 단일한 서정성이나 기성 시 이론으로는 수렴할 수 없다. 다성적 화자 구조, 장르 혼성, 메타시적 반성, 사회 비판적 장치, 독자 참여적 구조 등을 복합적으로 중첩시켜 놓았다. 이러한 특성은 단지 시의 외형적 실험이 아니라, 시를 구성하는 내적 논리와 인식론적 기제를 전복하고 재구성하려는 시도이다.

따라서 『수선화 꽃잎만 더듬는 늪에 던지는 돌』에 내재한 형식 실험과 언어 장치, 시적 자아의 복합 구조, 사회 담론과의 충돌 양상, 그리고 메타시적 자기 지시성 등의 주요 특성을 중심으로 복합 다중 시론의 구체적 양상을 분석하고자 한다. 이를 통해 이 시집이 기존 시 이론과 어떤 차별성을 갖는지, 한국 현대시의 시론적 지형에 어떤 비판과 기여를 던지는지, 실증적으로 규명해 보고자 한다.

2. 복합 다중 시의 정의와 구조

'복합 다중 시(Complex-Multiplex Poetry)'란, 하나의 시집 또는 시편 안에 형식의 복합성, 시적 자아의 다중성, 시어의 실험성, 사회의 기능성, 자기 지시적 구조 등의 다양한 요소가 함께 버무려져 공존과 충돌하는 시적 구조이다. 다음과 같은 속성이 동시에 공존하거나 충돌하는 시적 구조이다.

구분	복합 (Complex/Composite)	다중 (Multiple/Plural/Multiplicity)
정의	이질적 기호 요소들이 하나의 구조 또는 단위 안에서 통합적 총체성을 이루는 상태	독립적이고 분산된 요소들이 구조화되지 않은 병치 또는 중첩의 상태로 존재하는 것
기호학적 특징	기호들이 결합적(syntagmatic) 관계를 형성하며 하나의 텍스트 구조로 조직됨	기호들이 병렬적(heterarchical)이고 분산적인 층위에서 병치되거나, 상호 이질적으로 충돌함
언어적 예시	은유, 아이러니, 중층 서사 등에서 상이한 기호 코드들이 하나의 담론으로 통합됨	다성적 서술, 파편적 자아, 발화 주체의 분열 등 해체적 기호 체계가 병존함
시론적 해석	하나의 시 안에서 복수의 장르·음성·문제가 통합되어 새로운 시적 총체를 창출함	시 안에서 다수의 자아·목소리·시선이 충돌하며 통일된 의미망 형성을 거부함
철학적 연원	구조주의 및 통사론 중심의 통합 개념 (예: Lévi-Strauss, Jakobson)	들뢰즈의 '다양체(multiplicité)', 바흐친의 '다성성(polyphony)' 등 포스트모던의 분산 개념

예시로 비교	서정·서사·비평이 하나의 시적 흐름으로 유기적으로 구성될 때 → 복합 시	하나의 시 안에 여러 주체가 각기 분열된 발화 주체로 나타날 때 → 다중 시

표1. 복합과 다중의 기호학적 차이

이와 같이 '복합'은 이질적 기호 요소들이 유기적 총체성을 이루며 하나의 시적 구조로 통합하는 상태를 의미한다. '다중'은 상이한 기호적 주체들이 분산된 층위에서 병치·충돌하는 탈통합적 상태를 가리킨다. 이 구분은 현대시의 혼성적 구성과 자기 분열적 병존이라는 두 축을 이론적으로 가시화한다.

하나의 시에서 서정적 정조, 사회 비판 담론, 메타시적 언술을 하나의 구조로 통합했다면, '복합 시'이다. 반면, 하나의 시 안에서 여러 주체가 각기 다른 시공간에서 발화한다. 이들 사이의 접속이 느슨하거나 충돌한다면, '다중 시'이다. 결국, '복합'은 이질성의 통합적 조직화, '다중'은 이질성의 병렬적 존재이다. 즉, '복합'은 구조화된 혼성(hybridity)이고, '다중'은 구조화 이전의 분산성과 다양성(multiplicity)이다.

요소	정의
형식의 복합성	운문, 산문시, 시조, 풍자시, 메타시가 혼재
시적 자아의 다중성	시적 자아가 여러 목소리로 분열되어 상호 비판
시어의 실험성	구어체, 순우리말, 방언, 문어체, 속어, 패러디의 혼종
사회적 기능성	문학 제도, 정치 권력, 독자 해석 등을 비판
자기 지시적 구조	시가 시에 대해 말하거나 시집 자체를 주제로 삼음

표2. 복합 다중 시의 정의

이러한 시는 일관성 있게 때로는 형용 모순, 형상화, 이상화, 전경화(前景化), 긴장미, 낯설게 하기, 비유법 등의 시적 미학을 중시한다. 때로는 간접 정서의 시적 미학을 거부하고, 직접 정서로 해석의 충돌을 유도한다. 따라서 '복합 다중 시'는 시의 본질에 대한 성찰적 탐색이다. 시 그 자체를 질문하는 시이기도 하다.

구분	다성성 시론 (Polyphony Poetics)	혼종성 시론 (Hybrid Poetics)	복합 다중 시론 (Complex-Multiplex Poetics)
개념 출발점	바흐친의 소설 이론에서 발전한 '다중 화자성'	포스트모더니즘의 장르 해체·혼종 문화에서 출발	다성성+혼종성+메타시 사회 비판을 통합한 새로운 시론
핵심 요소	다중 화자, 자율적 목소리들의 공존	다양한 장르와 스타일의 혼합	형식·내용·담론·화자의 복합적 충돌과 상호 비판 구조
중심 초점	말하기 주체의 다양성과 비계층성	미학적 실험과 장르의 융합성	언어 실험, 사회 비판, 자아 해체, 시론화까지 포괄
시 구성 방식	주로 화자의 병렬적 공존	형식·스타일의 경계 허물기	서사, 형식, 자아, 해석의 복수성과 전복적 재구성
해석 방법	화자의 상호작용 분석 중심	다양한 장르 코드 간 상호 텍스트성 분석	이론적 해석 + 시적 구조 해체 + 독자 반응까지 통합 분석
예시 작품 유형	김수영, 백석의 일부 시에서 다성적 발화	하이퍼텍스트시, 장르 융합 실험시	『수선화 꽃잎만 더듬는 늪에 던지는 돌』과 같이 다층적으로 설계된 메타시집

표3. 복합 다중 시와 기존 개념의 차이점 비교

이론가들은 사회적 비판이 때로는 선언적으로 읽힌다며 지적할 수 있다. 사회적 비판은 단순히 외부 세계의 구조를 비판하는 것이 아니다. 시적 표현을 통해 그 내면의 복잡한 관계와 갈등을 드러내려는 목적이다. 이 시집의 사회 비판적 메시지는 은유적이고, 상징적인 방식으로 드러난다. 그 표현은 문학적 형식 속에서 다층적 의미를 지닌다. 직접적이고 선언적인 표현이 일부 존재한다. 그것은 비판적인 메시지를 명확하게 전달하기 위한 의도적 선택이다. 동시에 독자에게 사유의 여지를 남기고자 하는 바람을 담았다. 이는 시적 상상력을 통해 사회적, 정치적 메시지를 재구성하려는 시도이다.

3. 복합 다중 시론의 핵심 차별점

'복합 다중 시론(complex-multiplex poetics)'이란, 시 안에 존재하는 화자, 형식, 갈래, 시어, 사회적 맥락, 독자 반응, 시론적 성찰 등을 복합적이고 다층적으로 배치하고 충돌시킨다. 시의 존재론적 질문과 사회적 윤리를 동시에 탐색하는 현대 시학의 총체적 실험 방식이다. 핵심 차별점을 다섯 가지로 요약할 수 있다.

첫째, 통합적 이론 구성이다. 기존 시론이 특정 요소(화자, 형식, 갈래, 주제, 소재 등)에 집중했다면, '복합 다중 시론'은 여러 비평 이론과 시 창작의 실험 요소를 하나의 구조로 통합한다. 후기구조주의, 해체주의, 동양 철학, 비판적 현실주의, 메타 시론, 해석학, 수용 미학 등 다중 이론이 혼성적으로 작동한다.

둘째, 다층적 구조와 내부 충돌을 지향한다. 단순히 여러 화자나 갈래가 병존하는 것이 아니라, 서로 충돌하고 해체한다. 자기비판 구조이다. 시 안에서 화자가 화자를 비판하고, 시집이 독자를 고발한다. 특히 미래의 역사 시험 문제에는 화자가 청자를 시 안에 끌어들여 대화한다. 또한, 읽는 이에게 문제를 풀어 나가도록 유도하여 독자까지 제도권의 현상을 조롱하게 하는 '내부 충돌 구조'이다.

셋째, 시와 시론의 동시 구현이다. '시'가 '시론'을 말하고, '시집'이 스스로 해석하고, 분석하는 메타시의 극단적 형식을 실험한다. 단순한 창작이 아니라, 시적 철학과 비평을 동시에 구현한 텍스트이다.

넷째, 시를 둘러싼 모든 층위의 탐색이다. 시의 언어, 자아, 제도, 독자, 사회적 소비 구조까지 '시를 둘러싼 모든 층'을 비판적 시선으로 포섭한다. 때로는 포용성의 따뜻한 시선으로 선회하기도 한다.

다섯째, 윤리적 실험성과 시적 책임성이다. "산문에 행갈이만 하면 진짜 시인 줄 안다."라는 시행은 한국 문학 단체의 현실을 풍자하면서 시의 본질과 형식을 되묻는 탈장르적 질문이다. 이는 시의 형식이 아니라 진정성과 문학적 정서의 농도가 시를 구성한다. 그 정서를 탈진술적 심상으로 환원하면서도, 때로는 환원을 거부하고, 직접적 진술의 리듬으로 산문과 운문, 시의 내재율과 시조의 운율을 넘나든다. 이러한 '메타시'는 전통적 시 이론으로는 포섭하기 어렵다. 시론 자체를 시로 재전유하는 구조이기 때문이다.

결국, 시적 해체나 미학적 실험에 머물지 않고, 창작자의 윤리와 시적 책임을 함께 묻는 실천적 시론이다. 이는 백석이 평안도 방언, 토속어, 구어체 등을 시어로 채택한 것은, 시의 언어적 혼종성(Hybridity), 지역성을 부각한 언어 실험, 전통 서사의 혼합이다. 김수영의「풀」에서 시적 자아의 시대·사회·개인 간 충돌은, 정치적 실험, 자아 분열, 형식 파괴 등의 측면에서 '복합 다중 시'의 요소이다. '복합 다중 시론'이 기존 한국 현대시의 시론 흐름에서 어디에 위치하는가?

신동문과 신경림의 '참여시론', 김수영의 '형식 해체', 황지우와 박남철의 '해체시' 등과 맥락적 유사성이 있다. 이 글은 이들의 선구적 흔적에서 출발한다.

Ⅲ. 이론적 배경

1. 이론적 배경: 포스트모더니즘 + 해체주의 + 메타텍스트성

'복합 다중 시'는 전통적인 시 갈래의 경계를 넘나들며, 다양한 시적 형식(정형시·산문시·해체시·메타시 등)과 주제(개인·사회·문학·언어)를 다층적으로, 복합적으로 구성한 현대 실험시이다.

이 개념은 포스트모더니즘의 장르 혼성, 해체, 다성성(polyphony), 자기반성(meta-reflection) 등의 전략을 통합하여 시적 언어의 해체와 생성, 정체성과 현실의 다층 구조를 동시에 드러낸다.

구분	시집의 특성	'복합 다중 시' 개념과의 연결
1. 장르 혼합성	시조, 산문시, 서사시, 풍자시, 해체시, 메타시, 정치시 등 다양한 시적 형식 공존	복합(複合): 장르·형식·언어가 뒤섞여 복층적 구조 형성
2. 다층적 주제	문학 제도 비판, 시인의 정체성, 사회 풍자, 시집의 존재론, 장자의 철학적 패러디, 여성화된 시집 등	다중(多重): 정체성과 관점, 층위가 다중적으로 충돌 및 교차
3. 시 내부의 메타성	시집 자체에 대한 시, 시와 비평의 경계 허물기, 시인이 시를 해설함	메타적 자기반성: 시의 해체와 생성이 동시에 이뤄짐
4. 해체적 형식 실험	시어 파괴, 전통 문법 위반, 구어·은유·일상어 혼성, 장자 고사 패러디	경계 해체: 탈경계성과 기호의 전복, 해체주의 문법 실현
5. 사회적 개입과 환기	'공' 등의 기호적 언어유희, 정치적 출제 형식 패러디, 교육 제도 비판	다층 현실 인식: 문학의 기능이 단일 서정에 갇히지 않음

표4. 텍스트 시집이 복합 다중 시라는 명칭이 적합한 이유

'복합 다중 시'는 이 시집의 핵심 문학적 전략과 장르적 구조를 정확하게 명명하는 용어이다. 단일 양식이나 사조로 환원할 수 없는 구조를

지녔다. 그 자체가 시와 비평, 문학 제도와 사회 현실, 정형과 탈형식, 서정과 해체가 교차하는 '다중적 시의 복합체'이다.

포스트모더니즘은 장르 혼성, 패러디, 비약적 상상력을 통한 경계 해체를 핵심으로 한다. 해체주의(데리다)는 언어가 결코 고정된 의미를 담보할 수 없으며, 기표와 기의 사이의 무한한 미끄러짐 속에서 독자가 의미를 구성함을 강조한다. 메타시적 구조는 시가 스스로를 반성적으로 조망하는 시도로, 시의 존재론적 위기를 해석학적으로 노출시킨다.

'복합 다중 시론(complex-multiplex poetics)'은 이러한 이론적 바탕 위에 복합적 구조와 다중화의 형식, 발화 주체 배치, 청자와 독자 참여 형식, 시인의 철학을 '다중 구조'로 번역해 나간다.

다성성(polyphony)은 본래 바흐친(Mikhail Bakhtin, 1895~1975)의 도스토옙스키 소설 분석에서 제시된 개념이다. 인물 간의 대등한 담론적 위치와 이질적 세계관의 병존을 가리킨다. 그러나 시에서의 다성성은 단지 복수 화자의 존재로 환원하는 것이 아니다. 시적 언어는 다양한 갈래, 기호, 맥락, 사회적 발화를 흡수하며 다성적, 다의적, 다층적으로 작동한다.

'복합 다중'이라는 개념은 이러한 다성성(Polyphony), 다의성(Ambiguity/Polysemy), 다층성(Multilayeredness/Stratification) 등을 보다 확장한 차원이다. 이때의 '복합'은 시가 다양한 기호 체계(텍스트, 심상, 담론 등)를 통섭한다는 점을 의미한다. '다중'은 단지 복수성 이상의 상호 충돌성과 자기 분열을 포함한다.

'복합 다중 시론'은 '자기 지시성(self-referentiality)'을 핵심 원리로 삼는다. 시가 자기 자신의 언어, 구조, 의미 작용을 반성적으로 응시한다. 이를 수행하는 경우, 그것을 단순한 메타시(meta-poetry) 이상의 존재로 간주할 수 있다.

여기서 시는 시론적 사유를 포함한 창작 행위이다. 창작은 동시에 비평과 이론의 실천이다. 이러한 '자기 지시적 시학'은 루만(Niklas. Luhmann, 1927~1998)의 '자기 기술 체계' 이론과도 접점을 갖는다. 루만에 따르면 예술은 외부 세계를 반영하기보다 스스로 작동 원리를 구성하고, 그 구성 과정을 통해 자기 지시적 의미 생산을 실현한다.

'복합 다중 시론'의 또 다른 핵심은 기호적 자율성과 정치적 실천성이 공존할 수 있다는 전제이다. 전통적 시론은 이 둘을 대립적으로 보았다. 순수시론은 자율성을, 참여시는 실천성을 중시한다. 그러나 현대시는 이 두 측면을 동시적으로 수행하는 방식으로 진화해 왔다. 즉, 시는 고유한 기호 체계로서 자율성을 유지하면서도, 그 기호 구조를 통해 정치적·윤리적·사회적 발화를 가능하게 한다. 이는 보드리야르(Jean Baudrillard, 1929~2007)의 기호학, 들뢰즈(Gilles Deleuze, 1925~1995)의 리좀 이론, 비트겐슈타인(Ludwig Wittgenstein, 1887~1951)의 언어 게임 개념과 만나는 지점이다.

라캉(Jacques Lacan, 1901~1981)의 '대상 a(objet petit a)' 개념은 시 속에서 결코 도달할 수 없는 욕망의 잔여를 기호화함으로써, 텍스트의 미끄러짐과 독자 해석의 불완전성을 설명한다. 리쾨르(Paul Ricœur, 1913~2005)의 '해석학적 순환' 이론은 독자가 텍스트 전후 맥락을 반복적으로 순환하며 의미를 구성해 내는 과정을 제시한다. '복합 다중 시'의 다층적 의미 생성 방식을 뒷받침하는 이론이다.

특히, 라캉의 '대상 a'는 욕망의 구조를 지배하는 결핍의 기호이다. 『수선화 꽃잎만 더듬는 늪에 던지는 돌』은 이상적인 수용과 완성을 향해 끊임없이 나아가지만, 그 대상은 결코 현현되지 않는다. 이로써 시는 욕망의 반복된 미끄러짐을 통해 독자 해석의 불완결성과 기표 체계의 해체를 유도한다.

이론가들은 '복합 다중 시론'의 개념이 불분명하고, 그 필요성에 대한 설명이 부족하다는 지적을 할 수 있다. 그러나 '복합 다중 시론'은 전통적인 시학적 틀을 넘어선 다층적이고 다차원적인 시적 해석을 가능하게 하려는 시도이다. 기존의 시 이론이 단일하거나 특정한 범주에 집중하는 경향이 있는 반면, '복합 다중 시론'은 다양한 이론적, 형식적 접근을 통합, 복합, 나아가 융합하여 시의 의미 생산을 향해 더 넓은 해석의 가능성을 열어 준다. 이 개념은 다른 이론적 틀과 다르다. 복잡한 시적 실험을 해석하는 데 유용한 방법론을 제공한다. 시집에서 이를 어떻게 구체화했는지, 실험적 형식과 내용이 어떻게 결합하는지 궁금하다면 시집을 읽어 봐야 할 것이다.

2. 탈경계 메타시: 시에 대한 시, 자의식 내재

시집 제1부 「탈경계 메타시」는 자타가 시인이라 불리는 이들의 위선을 낱낱이 드러낸다. 아래 시를 읽어 본다.

> 가짜 시인은 / 산문에 행갈이만 하면 진짜 시인 줄 안다. // 일기문을 / 자전의 글을 / 시라 한다. // 가짜 시인들은 심심풀이로 / 시에 / 고춧가루 / 소금을 / 뿌려 댄다.
> ―「탈경계 메타시 2―시는 다 죽었다 카이」에서

"산문에 행갈이만 하면 진짜 시인 줄 안다."라는 시행은 한국 문학 단체의 현실을 풍자하면서 시의 본질과 형식을 되묻는 탈장르적 질문이다. 이는 시의 형식이 아니라, 진정성과 문학적 정서의 농도가 시를 구성한다. 그 정서를 탈진술적 심상으로 환원하면서도, 때로는 환원을 거부하고, 직접적 진술의 리듬으로 산문과 운문, 시의 내재율과 시조의 운율을 넘나든다. 이러한 '메타시'는 전통적 시 이론으로는 포섭하기 쉽지 않다. 시론 자체를 시로 재전유하는 구조이기 때문이다.

형식적으로는 산문시와 운문시의 경계를 흐린다. 내용적으로는 문학상, 표절, 주술적 영감에 기대는 작법, 심지어 시인의 의도와 무관한 무조건적 구두점 생략까지도 비판한다. 플라톤이 영감설을 옹호했다고 오판하는 강단 비평가나 문인들을 비판한다. 시인 추방론조차 모르는 자라고 비판한다. 이는 시인의 자격과 상상력의 윤리적 책임이다. 시의 미학과 윤리, 언어와 제도, 형식과 내용의 이중 결합을 복합적으로 해체하고, 재구성하는 기획이다. 탈경계 메타시는 단순한 비판을 넘어 시에 대한 시, 시에 대한 시론, 시론에 대한 시, 시인에 대한 시, 동시대 시인들의 자아에 대한 자아비판이라는 점에서 자기 반영적 메타 언어의 정점에 놓인다. 여기서 언어는 구어체, 순우리말, 사투리, 풍자적 장치를 결합하여 제도권의 시 담론을 비튼다.

3. 형식적 복합성: 산문시, 메타시, 시조, 풍자시의 병렬

이 시집에서 주목할 점은 문학 갈래의 복합성과 그 형식 실험이다. 산문시와 시조의 병치 구조를 채택했다. 「탈경계 메타시 1~15」에서는 구어체와 산문 구조를 따르지만, 내포한 리듬 구조는 시조의 정형성으로 버무려 놓았다. 제4부의 「엇노리 시조」는 두 편의 연작 시조이다. 각각에 '2연시조'로 엮었다. 그 내부 언어는 풍자체이다.

「탈경계 메타시」의 연작에는 꼬집고, 비틀고, 쑤셔 대는 풍자성을 장치했다. 제3부 「뒷골목에는」의 시들은 시조, 동시, 풍자, 퀴즈형 시 등을 혼합한다. 「뒷골목에는 8」의 부제는 「화성이 태양을 쉰네 바퀴 돌 무렵 한국사 출제 중」이다. 미래 역사 시험 문제 형식의 시이다. 즉, 기성품(ready-made)을 모방하여 시를 정치 풍자의 도구로 사용한다. 100여 년 뒤, 미래의 역사 문제가 있는 다음 쪽 여백 아래 작은 글씨로 "참고 도서에 실린 이름을 본다. / '콩…… 뭐야. 한국 성이 왜 이래! 오자인가?'"라며 청자 혹은 독자의 독백 반응을 끌어들인다. 아래 시도 독자의 참여를 유도한다.

2022~2025년에 한반도에서 가장 가짓조디를 많이 한 혀를 고르시오.

① 청와대 혀
② 서초동 혀
③ 여의도 혀
④ 광화문 혀
⑤ 용산 혀

"콩 선생, 가끔 구라 쳐?"
"쳐!"
"인간이면 누구나 치지. 가끔!"
"가짓조디가 모국어인 사람도 있었다지?"

— 「뒷골목에는 9—수성이 태양을 팔백사십 바퀴 돌 무렵 공동 출제하는 혀」에서

인용 시도 200여 년 뒤, 미래의 역사 시험 문제 형식을 취한다. 즉, 기성품을 모방하여 시를 정치 풍자의 도구로 사용한다. 문제가 있는 다음 쪽 여백 아래 작은 글씨로 "콩 선생, 가끔 구라 쳐?" / "쳐!" / "인간이면 누구나 치지. 가끔!" / "가짓조디가 모국어인 사람도 있었다지?"라는 대화문이 있다. 시험 문제를 출제하는 생성형 AI와 인간과의 대화이다. 달리 보면, 인간 출제자 간의 대화로 읽히기도 한다. 그러나 미래를

상상한다면, 쉽게 읽힐 수밖에 없다.

메타시에 자의식을 내재시켰다. 「시인의 말」부터 「탈경계 메타시 1~15」는 시집 내부에서 시에 대한 명시적 비평을 수행한다. 특히 「탈경계 메타시 2—시는 다 죽었다 카이」는 시적 자의식을 극단적으로 드러낸다. 시의 죽음을 선언하는 동시에 그 죽음을 거부하는 시적 아이러니를 구현한다.

4. 시적 자아의 다성적 구조

이 시집에서 '나'는 하나가 아니다. 다음과 같은 자아를 시마다 등장시켜, '복합 다중 시'에서 시적 주체 자아의 기능을 다중화한다.

자아의 유형	기능
가짜 시인	시 제도의 타락 비판자. 자조와 풍자를 담당
시집의 자아	인격화된 시집으로, 독자에 의해 유린되는 객체화된 시
철학자-시인	장자, 공자, 원효 등을 인용하여 시의 존재론 탐색
뒷골목의 아이	현실의 폭력성과 부조리를 고발하는 동시적 발화 주체

표5. 복합 다중 시에서 자아의 기능

특히 '시집'이 말하는 시는, 시 자체가 주체이다. 시가 말하는 메타 텍스트적 서사이다. 시인-시-독자의 삼각관계를 전복하는 구조로 기능한다. 이는 시의 말하기 주체를 다중화시키는 기법이다.

5. 기호 실험과 의미의 해체

이 시집은 기호학적 실험을 통해 시어를 해체하고, 시의 '읽기' 자체를 해부한다. 마침표와 쉼표에 대해 「탈경계 메타시 7—시적 허용과 시인의 의도」에서는 시인의 '의도'와 무관하게 무작위로 마침표를 생략하는 행위가 의미의 무책임한 탈의미화임을 비판한다. 이는 데리다(Jacques Derrida)적 해체주의가 가지는 '의미의 미끄러짐(slippage of meaning)'에 대한 윤리적 응시이다.

인용, 패러디, 전도 관점에서 장자, 공자, 플라톤, 서정주, 박두진 등의 고전 문헌을 끌어와 오마주와 패러디의 절묘함과 함께 현대적으로 재해석하거나 재맥락화한다. 이는 텍스트의 권위를 해체하고, 새로운 독자 해석을 유도하는 전략이다.

6. 시집의 멍울: 시집의 오브제화와 문학 자본주의

제2부 「시집의 멍울」은 '시집'이라는 물리적 대상에 생명과 감정을 부여한다. 시집은 냄비 받침대로, 화상 흉터를 입은 존재로, 강아지 장난감으로 전락한 현실을 비판한다. 한국 사회에서 비정상적으로 일어나는 시집의 생산과 소비 형태를 고발한다. 이 시편들은 시집을 '읽는 대상'이 아니라 '버려지는 대상'으로 전락시키는 사회 구조에 대한 풍자이자 슬픔이다. 이러한 의인화 전략은 시집이라는 텍스트를 사회적 오브제로 다루면서 문학의 물화(物化), 즉 자본주의적 전락을 형상화한다. 시집이 선물용, 장식용, 쓰레기 취급을 받는 현실은 단지 문학의 위상 저하를 의미하는 것이 아니다. 감정과 정서, 예술의 고유한 지위가 자본의 질서 안에서 소외되는 과정을 드러낸다. '복합 다중 시론'의 관점에서 보면, 이 시편들은 '문학에 대한 사회학적 풍자'와 '시적 정서의 메타 의식'의 중첩 지점이다.

시집은 어떻게 고전의 상상력, 즉, 장자의 상상력과 접속하면서 다시 읽힐 수 있는 지점을 살핀다. 이는 예술의 무용성과 생명성을 동시에 사유하는 기획이다. 결국, 문학의 죽음을 넘어서는 자가 치유의 기능을 포착해 나가는 방식이다.

Ⅳ. 실험 시학과 수용 미학

1. 뒷골목에는: 현실 풍자의 탈구축 시학

제3부 「뒷골목에는」의 연작은 공간의 시학을 빌려 현실의 정치적 모순을 정면으로 고발한다. 현실에서 뒷골목은 비주류의 공간, 소외의 공간이다. 이 시에서는 뒷골목 양아치보다 못한 권력자를 상징하는 객관적 상관물이다. 동시에 진실과 저항의 공간으로 기능한다. 시적 화자는 여섯 달배기 아기의 절규, 벼락 맞은 까마귀, 유아에게 독을 주입하는 사회를 통해 현대 사회의 폭력과 악을 폭로한다. 즉, '뒷골목'은 미르치아 엘리아데(Mircea Eliade, 1907~1986)의 성과 속의 공간으로 말하자면, 속된 공간이다. 결코 성스러운 공간일 수 없다며 꼬집은 것이다.

정치인과 권력자를 우화적으로 등장시킨다. 그들의 언행을 '출제하는 혀', '날뛰는 숫자', '도리도리하는 몸짓' 등으로 전유한다. 이때 시어는 직접적인 비판이 아닌 은유, 우화, 비틀기의 기법으로 사회의 구조적 부조리를 해부한다. 이는 사실주의적 접근과 탈사실주의적 언어 실험이 교차하는 다중 전략이다.

또한, 해체주의의 난해성과 수용 미학을 장치한다. 시 안으로 끌어들인 시 읽기라는 다중적 구조를 형성한다. 이에 해당하는 시를 읽어 본다.

"매우 똑똑하네. 마록(馬鹿)으로 다시 출제하자!" / "출제 문제를 출력할게. 마음에 들 거야."// "친구야, 곰비임비 지식이 굉장하구나. 눈물은 있니?"

―「뒷골목에는 15 ― 해왕성이 태양을 다섯 바퀴 돌 무렵 공동 출제하는 교사」에서

800여 년 뒤, 미래의 역사 시험 문제를 공동 출제하는 교사가 시적 화자로 등장한다. "답을 마록(馬鹿)으로 다시 출제해 볼까?" / "우짜든동 문제답게 출제해 봐." / "배찌 트집 잡지 마라."라며 사투리를 버무려 유머 있게 대화한다. 둘 중 하나는 생성형 AI 교사이다. 생성형 AI 교사가 출제에 참여하고, 문제 풀이를 생성하기도 한다. 나아가 독자를 시 안으로 끌어들여 참여시킨다. 문제를 풀어 나가도록 유도한다. 독자까지 제도권 현상을 조롱하게 하는 '내부 충돌 구조'이다. 이는 수용 미학의 실천이다. 나아가 시집에 역사적 평가를 반영할 수 있음에 대한 역설이기도 하다.

'복합 다중 시론 관점'에서 '기호의 전유와 전복'의 극대화 지점에 주목한다. 정치인의 몸짓을 패러디한 시편은 단지 풍자에 머물지 않고, '몸의 정치학'이라는 새로운 담론의 층위를 형성한다. 말과 몸, 제도와 사적 기억, 우화와 사실이 맞물린다. 이 구성은 시가 미래 사회를 예측하는 사회적 텍스트로도 작용할 수 있음을 실험한다.

이론가들은 이론과 작품 분석의 연결이 느슨하다며 지적할 수 있다. 이론적 사유가 작품을 해석하는 데 필수적인 도구로서 기능한다. 하지만 그것이 시적 의미를 압도하거나 독단적으로 해석하지 않도록 주의를 기울였다. 이론은 작품을 분석할 때 유용한 해석의 지침이지만, 각 시편이 지닌 고유한 언어적, 형식적 실험을 충분히 드러내기 위해 구체적인 텍스트 분석을 병행한다. 이론이 작품 해석의 유용한 틀을 제공하면서도, 작품 자체의 개방성과 다의성을 유지한다.

2. 장자의 시학: 동양 철학의 상상력과 전복의 언어

「탈경계 메타시」의 연작 후반부에서 장자의 철학은 시의 은유체로 깊게 작동한다. 나비의 꿈, 해골의 물, 손톱의 상상력, 참죽나무의 무용성

등은 탈근대적 사유의 장으로 확장해 나간다. 이는 단순한 고전 인용 혹은 인유가 아니라, 장자의 우화를 통해 존재와 실존, 쓰임과 쓰임 없음, 주체와 객체의 경계를 비트는 언어적 실험이다.

여기서 장자의 메시지를 가져와 현실에 비판적 거울을 들이민다. 나무의 쓰임, 손톱의 공격성, 해골의 서사는 동양 철학적 사유를 통해 시의 존재론적 층위를 새롭게 열어젖힌다. '복합 다중 시론'은 이러한 철학적 텍스트의 시적 전유 과정에서 나타나는 인용과 전복, 해체와 재구성을 통합적으로 분석하는 데 적합하다.

또한, 시에서 장자의 상상력은 '실존적 자유'와 '언어의 유희'를 동시에 작동시킨다. 이는 창조의 동력으로 제시한다. 장자는 이 시집에서 '시인이 가야 할 길'이자 '경계 허물기의 화신'으로 기능한다. 시적 자아는 장자와 융합한다. 시인들의 억압된 현실의 감각들을 시로 환기한다.

3. 시의 실험성과 자아의 해체: 시인이라는 기표

시집 전체를 관통하는 중심 시적 화자는 '가짜 시인을 비판하는 자아'이자, 동시에 '무력한 시집'으로 의인화한 시집 자신이기도 하다. 이 다중 화자의 구조는 시집 전반에 '자아의 다성성'을 구현한다. 시인들의 위치 자체를 반성의 장으로 전환시킨다. 여기서 시인들은 주체적 창작자가 아니라, 언어의 힘 앞에서 쩔쩔매는 하나의 기호로 전락한다.

"시인은 돌아이, 또라이다"라는 표현은 이중적이다. 하나는 창작자의 자조이고, 다른 하나는 기존 문학 단체와 시인들을 향한 냉소이자 풍자이다. 시인이라는 자들은 제도와 문학상, 관행과 인맥, 표절과 물신의 구조 속에서 허우적거리는 존재이다. 이는 곧 문학 제도 전체에 대한 전면적 비판으로 이어진다.

또한, 시적 화자는 신화와 고전을 새롭게 수용하면서 자기 언어를 통해 고전과 경쟁한다. 고정된 자아가 아닌 '재구성되는 자아'로서 탈경계적 실험의 핵심적 주체이자 객체이다. 결국, 언어의 무게에 눌리면서도 동시에 언어를 비틀어 세계를 재구성한다.

4. 독서 행위와 문학 제도에 대한 비판

「시집의 멍울」의 연작은 시집 자체의 인격화를 통해 독자의 소비 행위, 문학의 물화(物化)된 시장성을 고발한다.

시편	독서 행위 풍자
「시집의 시집살이」	시집이 냄비 받침, 개장난감으로 전락
「화상 흉터」	시집이 김치찌개에 덮여 불타는 은유
「헌책방 모퉁이에서」	시집이 구석에서 '눈물'을 배우는 장면

표6. 독서 행위 풍자 비교

이러한 시편은 '문학의 무가치화'에 대해 문학으로 저항하는 전략이다. 이는 문학 제도에 대한 시인들의 자기비판적 성찰을 요청하는 시적 언어이다.

이론가들은 해석이 지나치게 이론에 종속되어 독자의 해석을 제한할 수 있다며 우려할 수 있다. 그러나 이론적 접근을 통해 한 가지 해석을 제시한다. 이를 독자가 자율적으로 확장하고 재구성할 수 있는 여지를 남긴다. 시집에 대한 해석이 특정한 이론적 틀에 기반하지만, 그 목적은 오히려 독자가 시의 다의적 특성을 이해할 수 있는 통찰을 제공하는 데 있다. '복합 다중 시론'은 독자들에게 다양한 방식으로 접근할 수 있는 장을 마련한다. 그 이론적 틀은 단지 하나의 출발점일 뿐이다. 따라서 독자의 해석 여지는 충분히 열려 있다.

'복합 다중 시론'은 단순한 이론적 틀을 넘어 문학과 비평의 경계를 넘나드는 실험적 텍스트를 만들어 간다. 이 시론은 독자가 시와의 관계를 재구성한다. 시의 존재론적 질문을 스스로 탐색하게 만든다. 시는 이제 더 이상 고정된 의미를 전달하는 도구가 아니라, 다층적이고 열린 해석의 공간을 제공하는 실험적 플랫폼이다.

'복합 다중 시론'을 통해, 이 시집은 독자에게 새로운 문학적 경험을 제시하며, 그 속에서 시가 자기반성과 사회적 비판을 동시에 수행하는 과정을 경험하게 한다. 시와 비평, 창작과 독자가 서로 영향을 주고받으며 다중적 의미를 창출해 나가는 실천적 문학의 가능성을 보여 주는 시집이다.

5. 복합 다중 시의 윤리: 돌을 던지는 자의 책임

시집 『수선화 꽃잎만 더듬는 늪에 던지는 돌』이라는 표제는 핵심 심상의 '복합 다중 시'의 핵심 윤리를 상징한다. 표제 시를 읽어 본다.

> 수선화 꽃잎만 더듬는 늪에 던지는 돌 / 퐁당 // 그리스 신화에 나오는 미소년 나르시스처럼 늪에 빠져 허우적거리는 독사 / 서서히 더 깊은 늪에 빠져든다. // 수선화 꽃잎만 더듬는 늪에 던지는 돌 / 퐁당퐁당
> ― 「수선화 꽃잎만 더듬는 늪에 던지는 돌」에서

수선화는 시의 표면적 아름다움 혹은 상투적 서정을 은유한다. 늪은 시의 위기이자 문학 단체와 독서 행위의 타락을 상징한다. 돌을 던진다는 행위는 시적 화자가 그 늪에 저항하는 창작적 행위를 의미한다. 즉, 시적 화자는 "시를 죽이는 자들을 위해 시를 다시 창조하는 윤리적 결단"을 선언하는 것이다. 이를 달리 읽으면, 자아도취에 빠진 권력자의

윤리적 징치를 장치한 것이다. 윤리적 결단, 윤리적 징치는 '복합 다중 시'의 마지막 목적으로 작동한다.

더불어 신화적 상상력과 창조적 상상력의 결합으로 상황의 긴장미, 내용의 긴장미를 추구한다. 과거와 현재 사건을 겹쳐 놓고, 나아가 미래 현상을 예측하기도 한다. 이를 통한 분명한 메시지는 자아도취의 위험성을 경고한다. 자아도취에 빠지는 순간, 자멸의 길, 소멸의 길로 나아간다는 역사의 이치와 삶의 이치를 담아 놓았다.

주요 시어 '나르시스', '수선화', '늪' 등은 각각 자아도취와 자멸을 상징한다. 이런 시어만으로도 가스통 바슐라르의 4원소 중 '물'의 심상으로 구조화하였음을 읽을 수 있다. 또한, 물질적 상상력, 형태적 상상력, 신화적 상상력 등으로 창조적 상상력을 발휘하였음을 읽을 수 있다.

또한, 『수선화 꽃잎만 더듬는 늪에 던지는 돌』이라는 표제 자체가 하나의 시이다. 표제 시는 시집 전체의 시론이 응축된 메타시 구조를 강하게 띤다. 특히 반복되는 시구 "수선화 꽃잎만 더듬는 늪에 던지는 돌"은 언어와 이미지의 표피만을 더듬으며 본질에 도달하지 못하는 무력한 창작의 반복을 드러낸다. 이는 시적 행위 자체를 대상화하고 반성하는 메타시적 전략이다. 또한, "물수제비로 날아가다 말고 / 퐁 / 가라앉는다"라는 시행은 시 쓰기를 통한 전달과 파문의 시도가 결국에는 무력하게 침잠하는 이미지로 귀결하는 장면이다. 자기 해체적 창작 인식을 압축한다. 이러한 시어들은 복합 다중 시론이 지향하는 자기 지시성과 다층 발화의 구현을 시적 텍스트 차원에서 실현한다. 시론과 시편 간의 구조적·정서적 연계를 뚜렷하게 형성한다.

다시 정리하자면, '복합 다중 시론'의 주요 주제인 '시 쓰기의 반성적 탐색', '시의 무의미화와 재의미화 실험', '자기 지시성과 서사 부재' 등을 매우 밀도 있게 구현한다. 특히 '수선화 꽃잎만 더듬는다'는 시의 표면적 이미지, 관념적 낭만성, 진정성 없는 언어 반복을 직접적으로 풍자하면서도, 자기 자신을 계속 의심하는 시인의 태도를 담고 있어 메타시 구현의 핵심이라 할 수 있다.

V. 복합 다중 시론에 대한 의문과 해명

문학이 자기 언어를 의심하고, 해체하며, 새롭게 구성하려는 시도를 할 때 종종 반발이 발생한다. 이 시집 또한 그러하다. 전통적 의미의 정서적 서정이나 독자 친화적 서사를 기대한 이들에게 난해하고 차가우며, 자폐적으로 보일지도 모른다. 그러나 바로 이 지점에서 되묻는다. 문학이란 반드시 이해 가능하고 감정적 공명을 중심으로만 기능해야 하는가? '복합 다중 시론'은 그 질문의 한복판에서 새로운 문학의 윤곽을 그린다.

이 시집은 분명한 이론적 기반을 바탕으로 구성했다. 포스트모더니즘, 해체주의, 수용 미학, 구조주의 등이 텍스트 내외부에서 활발히 작동한다. 하지만 이 시집은 이론의 예속물이 아니다. 오히려 이론을 시의 내부로 끌어들여, 시가 이론을 '살아 있는 언어'로 변환하는 데 성공한 사례이다. 독자는 단순히 해석의 소비자가 아니라, 그 이론적 장치를 작동시키는 참여자이다. 이 시집은 독자를 감상자로 머무르게 하지 않고, 자연스럽게 역사 문제를 풀게 함으로써 텍스트의 협력적 공동 제작자로 탈바꿈시킨다.

이 시는 정서 자체를 배제하지 않는다. 다만 정서가 어떻게 문학적으로 형식화하고, 재생산하는지를 날카롭게 분석하고 해체할 뿐이다. 지금, 여기의 정서는 종종 상품화되고, 정치화되며, 특정 코드로 유통된다. 이 시집은 그러한 '정서의 산업화'에 반기를 들고, 감정서를 '재현'하는 것이 아니다. 정서가 발화되는 조건 자체를 묻는다. 이는 단지 감정을 버리는 것이 아니다. 다양한 감성의 발생과 구조를 시적 언어로 다시 쓰는 정서적 작업이다.

  실험은 언제나 낯선 지점에 머물러야 한다는 요구는 오히려 실험의 생명력을 갉아먹는다. 이 시집은 반복을 두려워하지 않는다. 반복은 자폐가 아니라, 실험적 시도가 자기 구조를 비평하는 과정이다. 그 반복 속에서 층위의 변화와 의미의 깊이를 형성한다. 기호의 전유와 전복, 화자의 분열, 문법의 파괴는 일정한 리듬을 가지고 반복한다. 그 안에서 항상 다른 방식으로 작동한다. 이것은 오히려 '실험의 내적 논리'가 살아 있다는 증거이다.

  '너무 열려 있어서 아무 말이나 해도 된다.'라는 식의 비판이 있을 수 있다. 텍스트의 열린 구조를 곡해한 결과이다. '복합 다중 시론'은 해석의 지평을 확장하지만, 결코 무질서를 조장하지 않는다. 오히려 그것은 기존의 해석 권력, 즉 저자 중심주의와 폐쇄적 비평 담론에 도전한다. 독자는 의미를 찾기보다는 생성한다. 읽기란 해석의 완결이 아니라, 갱신과 변주의 과정이다. 이 시집은 '이해하는 시'가 아니라, '지속적으로 의미를 호출하는 시'이다.

  이 시집을 문학 제도와 동떨어져 있다며 지적할 수 있다. 그러나 그것은 단절이 아니라 전략적 긴장이다. 이 시집은 문학 제도 바깥에서 외면하는 것이 아니라, 내부로부터의 균열을 유도하는 텍스트이다. 전통적 독법과 비평 틀, 갈래 구분에 균열을 일으키며, 독자와 비평가에게 새로운 문학적 감수성을 요청한다. 이는 시의 가능성을 확장하는 문학적 실천이다.

  이 시집은 쉬운 시도도, 쉬운 읽기도 아니다. 그렇기 때문에 더 필요한 시도이며, 더 오래 읽혀야 할 시집이다. 이 시집의 시도는 문학이 자기 언어를 점검하고, 독자와의 관계를 새롭게 모색하려는 것과 관련이 깊다. 이는 시의 영역을 넘어서, 문학의 존재 방식 자체를 다시 묻는 일이다. '복합 다중 시론'은 하나의 방법론이 아니라, 문학을 살아 있는 생명체로 되살리려는 급진적 요청이다. 이러한 시도가 때로 낯설고 불편할지라도, 그것이 던지는 질문의 힘을 외면할 수 없을 것이다.

'복합 다중 시론'은 자의식 과잉이고, 개념이 불분명하다며 지적할 수 있다. 그러나 '복합 다중 시론'은 자의식 과잉이 아니라 '시가 자기 자신을 성찰하는 메타시적 실험'이라는 문학적 정당성 위에 선 명확한 전략이다. 자의식이 강하다는 것은 곧 시가 자신을 반성하고, 언어와 형식, 사회적 맥락에 대한 자기비판을 수행한다는 뜻이다. 이는 현대 예술의 중요한 조건 중 하나이다. 단지 난해하다는 이유만으로 자의식 과잉이라고 폄하할 수는 없다.

또한, '복합 다중 시론'은 기존의 시 이론들(다성성, 혼종성, 참여시, 해체시 등)의 특징을 융합하고 확장하여 새로운 해석 모델을 제시한다. 개념이 불분명한 것이 아니라, 단일 범주로 환원할 수 없는 시학 현상에 대응하기 위해 고의적으로 '복합성'을 유지하는 것이다.

사회 비판을 선언적으로 표현한다며 지적할 수 있다. 그러나 선언적 표현은 일방적 전달이 아니라 '의도적 장치'이다. 즉, 시 속에서 직접적인 비판 언어는 현실 제도의 부조리를 환기하는 도구이다. 메타시 구조 안에서 '과잉된 진술' 자체가 시적 아이러니와 비판 효과를 창출한다. 게다가 선언적 표현은 시 전체의 리듬이나 은유, 다중 구조 속에서 상징적으로 중화되거나 반어적으로 해석되며, 단순한 메시지 전달을 넘어서는 층위를 구성한다. 예컨대 "산문에 행갈이만 하면 진짜 시인 줄 안다."는 직설은 현실 문학 단체에 대한 통렬한 풍자이다. 동시에 시 형식의 본질에 대한 철학적 질문이다.

이론적 배경의 나열이 과도하고, 철학적 인용이 무비판적이다며 지적할 수 있다. 그러나 '이론의 혼성성'은 '복합 다중 시론'의 핵심이다. 다양한 철학 이론(데리다, 라캉, 들뢰즈, 루만 등)의 인용은 단순한 지식 과시가 아니라, 시의 복잡한 의미 작용을 해명하기 위한 해석학적 장치이다.

예컨대 라캉의 '대상 a'를 통해 욕망의 미끄러짐과 시 해석의 불완결성을 보여 주는 것은, 시의 구조 자체가 결코 완결을 이루지 않는다. 독자와의 상호 작용 속에서 끊임없이 '되풀이되는 생성'이라는 사실을 이론적으로 지지하는 것이다. 이는 단순히 '철학 이름만 인용'한 것이 아니다. 시 해석의 정합성을 확보하기 위한 논리적 장치이다.

형식 실험의 과잉으로 독자의 몰입을 방해한다며 지적할 수 있다. 그러나 형식 실험은 몰입을 방해하는 것이 아니다. '낯설게 하기' 전략을 통해 독자에게 새로운 감각적 경험과 인식 전환을 유도한다. 이는 시의 기능을 감상에서 '사유와 각성'으로 전환하는 현대적 미학 실천이다. 산문시, 시조, 퀴즈형 시, 정치 풍자, 방언 등의 결합은 단지 파괴적 실험이 아니다. 다양한 미적 층위가 상호 충돌하면서 새로운 시적 긴장을 생산하는 장치이다. 특히 시집의 구성이 독자에게 다양한 접근 방식(시험 문제, 시 해설 포함 등)을 열어 둔다. 이는 수용 미학의 관점에서 독자의 능동적 해석을 가능하게 한다.

'복합 다중 시론'이 기존 시론과 중복이다며 지적할 수 있다. '복합 다중 시론'은 단순히 기존의 다성성 시론(바흐친), 혼종성 시론(포스트모더니즘)과 유사한 이론이 아니다. 이론 간 단순 병렬이 아니다. 이질적 사조들을 충돌시키며 '하나의 시 안에 시론·비평·형식 실험·사회 비판이 공존하는 복합 구조'를 제시한다. 다성성 시론은 주로 소설의 화자 구조에서, 혼종성 시론은 주로 미학적 혼합에서 출발한다. 하지만 '복합 다중 시론'은 자기 지시적 시론과 윤리적 실천성까지 포괄한다. 즉, 시가 스스로를 해석한다. 그 과정에서 사회와 독자, 제도에 대해 책임을 묻는 새로운 형식의 시학이다.

독자의 해석 가능성을 너무 의도적으로 설계한 시적 구조는 텍스트의 자율성을 침해한다며 지적할 수 있다. 그러나 오히려 반대이다. '복합 다중 시'는 '해석의 자율성'을 구조 자체로 보장한다. 읽는 순서에 따라 시의 의미가 달라지고, 화자 간의 충돌이나 갈래 간의 대립은 단일한 의미를 거부한다. 이는 해석을 강요하는 구조가 아니다. 해석의 가능성 공간을 확장하는 전략이다. 독자가 시의 '정답'을 찾는 것이 아니라, 스스로의 경험과 맥락에 따라 의미를 구성할 수 있도록 유도한다. 이는 리쾨르(Paul Ricoeur, 1913~2005)의 해석학, 가다머(Hans-Georg Gadamer, 1900~2002)의 수용 미학 이론에도 부합한다.

시집 전체가 지나치게 개념적이고 실험적이어서 정서의 전달이 약하다며 지적할 수 있다. 그러나 이 시집은 실험적이지만, 정서의 배제를 추구하지 않는다. 오히려 정서는 '직접 진술의 형식' 또는 '은유적 해체 구조' 속에 새로운 방식으로 내재해 있다. 예컨대 시집 의인화 파트(「시집의 명울」)에서 시집이 유린당하고 외면받는 묘사는, 정서의 깊이를 메타적 구조로 재현한 것이다. 정서가 노골적으로 드러나지 않는다고 해서 감정이 부재한 것은 아니다. 오히려 감정을 새로운 감각적 리듬과 구조 속에 녹여 내는 것이 이 시집의 실험적 미학이다.

VI. 마무리: 복합 다중 시론으로 본 시적 전략

시집 『수선화 꽃잎만 더듬는 늪에 던지는 돌』은 시에 대한 반성, 시집에 대한 풍자, 시인을 향한 성찰 촉구, 언어와 권력, 고전과 현실, 서정과 풍자의 모든 층위를 아우르는 '복합 다중 구조의 시집'이다. 각각의 시편은 독립적 의미를 갖지만, 연작으로 읽을 때 훨씬 더 풍부한 층위의 의미와 정서, 이념과 사유를 드러낸다. 이는 '포스트 포에틱스(post-poetics)' 혹은 '이론화된 시 창작(theorized poetic creation)'의 모범적인 사례로 볼 수 있을 것이다.

결국, '복합 다중 시론'은 단순히 형식의 다성성이나 해체적 기법을 지시하는 것이 아니다. 그 모든 시적 실험을 가능케 하는 심층적 사유 방식, 즉 '복합 다중 상상력'의 발현 구조를 함께 포괄한다. 이 상상력은 시인이 하나의 언어, 하나의 시선에 머무르기를 거부한다. 서로 충돌하는 감각·기억·역사·의식의 층위를 병치하고 조율하는 내면적 장치로 기능한다. 이러한 의미에서 '복합 다중 시론'은 시의 구조적 이질성과 더불어, 그 구조를 산출하는 사유의 복합성까지 포함하는 총체적 시학이라 할 수 있다.

'복합 다중 시'는 단일 기율의 언어, 일관성 있는 정서, 정형화를 이룬 형식이 아니다. 이질적인 것들의 병치와 충돌을 통해 생성한다. 이때 중요한 것은 그러한 시적 다층성을 가능하게 하는 정신의 내부 동력, 즉 '복합 다중 상상력'이다. '복합 다중 상상력'은 파편화된 감각과 인식, 무수한 타자의 목소리, 실재의 이물감 등을 창작자의 내면에서 비선형적으로 조직하고 변환하는 시적 사유 장치로 기능한다. 이로써 '복합 다중 시론'은 외형적 실험의 논리를 넘어, 시를 통해 존재를 사유하고, 세계에 대한 윤리적 감응을 실현하는 총체적 시의 철학으로 기능할 수 있다. 이는 가스통 바슐라르의 4원소론처럼 재생적 상상력과 창조적 상상력, 물질적 상상력, 형태적 상상력, 역동적 상상력, 신화적(원형적) 상상력 등 이들 상상력이 복합적으로 작동하여 만들어 낸 결과물이다.

'복합 다중 시'는 단순히 다양한 시적 장르나 형식을 혼합하는 작업을 넘어선다. 그것을 가능하게 한 정신의 복합성과 상상력의 다층성을 전제로 한다. 이는 곧 '복합 다중 상상력'이라는 비가시적 내면 기제를 통해, 언어의 충돌, 타자의 침투, 감각의 불협화음을 감내하면서도 그것을 시적 언어로 조직하려는 창작적 욕망과 윤리적 태도와 연결한다. '복합 다중 상상력'은 시를 외부 이론의 도식에 끼워 맞추는 것이 아니다. 시를 통해 사유하고 존재하며, 감각하고 응답하는 시적 주체의 살아 있는 구조적 사유 방식을 뜻한다. 따라서 복합 다중 시론은 형식적 실험이다. 동시에 존재론적 실험이다. 언어 실험과 윤리 실천이 동시적으로 작동하는 동시대 시의 총체적 이론적 플랫폼이라 할 수 있다.

이러한 시적 다층성과 구조적 이질성은 창작 주체의 내면에서 작동하는 '복합 다중 상상력'에 기반한다. 이 상상력은 통합하지 않은 기억, 감정, 인식, 타자적 언어들이 비선형적으로 충돌하고 병치한다. 이는 시적 형식으로 변환하는 과정을 지시한다. '복합 다중 시론'은 그러므로 단지 외재적 이론이 아닌, 시를 탄생시키는 정신 작용의 층위까지를 포함하는 총체적 시의 철학이다.

이 시집은 단일한 주제나 형식, 정서에 갇히지 않는다. 오히려 시 자체를 파괴하고, 조롱하고, 다시 세우는 일련의 과정에서 시의 본질을 다시 묻는다. '복합 다중 시론'은 이러한 작품에 적합한 해석 도구이다. 시의 해체와 재구성, 정체성과 기호화, 현실과 은유를 통합적으로 분석할 수 있는 유효한 분석 틀이다.

궁극적으로, 이 시집은 한국 현대시에 던지는 강력한 메타적 질문이자, 제도권 문학의 한계를 조롱한다. 그 너머의 언어를 모색하려는 실험적 시도이다. 시는 고정 형식과 서정의 영역에 머물 수 없다. 시인들은 자아의 해체를 통해 새로운 시적 공동체를 지향해야 한다. 이러한 점에서 『수선화 꽃잎만 더듬는 늪에 던지는 돌』은 동시대 한국 시의 경계를 확장하는 하나의 사건일 수밖에 없다.

시집 『수선화 꽃잎만 더듬는 늪에 던지는 돌』은 단지 갈래 실험의 총합이 아니다. 시의 철학적 기초와 언어적 뿌리를 흔든다. 다시 그것을 공감과 충격, 윤리와 책임의 언어로 재조직하려는 시적 총체성의 기획이다.

이 글은 동시대 한국 시론의 지형을 전복하며 창작-비평-철학을 통합한 실천적 시론이다. 이론과 작품이 호흡을 함께하는 새로운 비평의 가능성을 열어 놓는다.

이 시론은 향후 다양한 시집에 적용될 수 있는 분석 도구로서도 유효하다. 장르 혼성, 기호 해체, 자아의 다층성을 특징으로 하는 현대 시집들에 '복합 다중 시론'을 적용함으로써, 한국 시문학의 해석 지평을 확장하는 데 기여할 수 있을 것이다.

제13장

장자적 상상력 이해

핵심 개 념: 장자의 철학에서 비롯된 경계 해체와 자유로운 상상을 시 창작에 적용.

철학적 배경: – '만물제동(萬物齊同)': 모든 존재는 본질적으로 평등하며 차이가 경계를 만들 뿐
 이라는 사유.
 – '호접몽(胡蝶夢)': 현실과 환상의 경계를 허무는 꿈과 깨어남의 전환.

시 적 적 용: – 시 속에서 자아·타자, 현실·환상, 생·사의 경계를 흐림.
 – 구체적 사물 묘사 속에 무한한 변환과 자유를 부여.

의   의: – 언어의 고정성을 벗어나 '변화하는 의미'를 창출.
 – 시의 해석 가능성을 무한히 열어 두어 독자의 사유를 자극.

13.
장자적 상상력 이해

Ⅰ. 서론

'장자적(莊子的) 상상력'이라는 용어는 장자의 철학적 사유와 상상력의 창조적 특성을 문학과 예술에 적용하려는 시도에서 비롯된 개념이다. 필자가 평론에서 이 용어를 사용한 것은, 장자의 초월적이고 상상적인 사고방식이 현대 문학에 어떻게 영향력을 미쳤는지 설명하기 위한 중요한 방법론이기 때문이다.

'장자적 상상력'이라는 용어를 적극적으로 사용해 왔다. 아직 보편적인 용어는 아니다. 국립중앙도서관 검색 자료 중에 '장자적 상상력'이라는 용어를 사용한 기사는 두 편밖에 없다. 이상호가 『동아시아 문화연구』 제53집(한양대학교 출판부, 2013)에 발표한 「박목월의 초기시에 내포된 莊子的 상상력 연구」라는 학술 논문이 있다. 그 후 필자가 격월간 『수필시대』 통권 제75호(2017)에 「장자적(莊子的) 상상력을 내포한 수필과 시 읽기—무위자연(無爲自然)과 물아일체(物我一體)의 이상향」이라고 발표한 평문이 있다.

특히 제7평론집 『상상력과 문학의 성찰』(2019)과 연구서 『신화적 상상력 읽기』(2022)에 수정 보완한 원고를 수록하였다. 이는 '장자적 상상력'

을 현대 문학의 시와 수필 평론에 대입한 것이다.

'장자적 상상력'은 '무위자연'과 '물아일체'처럼 장자의 철학적 핵심 개념을 시와 수필 창작에 녹여 넣을 수 있다. 시와 수필의 표현에서 어떻게 구현되는지를 탐구하는 데도 매우 유용한 개념이다. 즉, 비평 이론으로도 사용할 수 있다. 그 자체로 문학 비평에 새로운 길을 열어 주는 중요한 용어이다.

장자(莊子)는 고대 중국의 도가 사상에서 중요한 위치를 차지하는 인물이다. 그의 철학은 자유롭고 비논리적인 상상력과 기발한 비유와 우화가 중심이다. '장자적 상상력'은 도교 철학과 깊은 연관이 있다. 그의 사상에서 나타나는 주된 특징은 자유로움, 비판적 사고, 경계를 넘나드는 사고이다. 주요한 개념 몇 가지를 통해 '장자적 상상력'을 설명할 수 있다.

장자의 철학은 자연과 인간, 주체와 객체 간의 본질적 조화를 강조한다. 그의 '무위자연'과 '물아일체' 개념은 현대적 해석에 중요한 기초이다. 이는 문학적 자유와 상상력 확장을 촉발하는 개념이기 때문이다.

그러나 장자 사상을 현대 문학의 창작 기법에 과도하게 적용하는 과정에서 이론적 오류가 발생할 수 있다. 첫째, 장자의 철학을 현대적 자유와 직접적으로 연결하면서, 원래의 철학적 의도를 왜곡할 위험이 존재한다. 예를 들어, 무위자연의 개념을 단순히 문학적 자유와 동일시하거나, '물아일체'를 자아 해체와 연관 지으면, 철학적 맥락을 놓칠 수 있다. 둘째, 상상력의 개념이 철학적 기초 없이 단순히 문학적 기법으로 환원될 우려가 있다. 이는 장자 철학의 심오한 존재론적 통찰을 제대로 반영하지 못할 수 있다. 이와 같은 과도한 재구성은 철학적 깊이를 제한할 수 있다. 이 글에서는 장자 철학의 핵심 개념을 문학 창작의 자유와 연관시키는 과정에서 이론적 한계와 그 가능성에 대해 살펴볼 것이다.

II. 장자 사상의 핵심 개념 이해

1. 장자 사상 이해

장자(莊子)는 중국 도가(道家) 철학의 대표적인 사상가 중 한 사람이다. 그의 철학은 무위자연(無爲自然)과 물아일체(物我一體)라는 핵심 개념을 통해 자연과 인간, 존재의 본질을 깊이 있게 탐구한다.

가. 무위자연(無爲自然)

'무위자연'의 사전적 의미는, "사람의 힘을 더하지 않은 그대로의 자연. 또는 그런 이상적인 경지."《표준국어대사전》이다. 장자는 노자의 '무위자연' 사상을 수용했다. 장자의 '무위자연'은 세상의 본래 모습과 흐름에 거스르지 않고, 자연스럽게 살아가는 태도를 말한다. 인간의 이성이나 욕망으로 세상을 조작하려 하기보다는, 자연의 도(道)에 따라 자신도 조화를 이루며 살아가는 삶이 이상적이라는 것이다. 예를 들면, 물은 스스로 흐르고, 바람은 스스로 분다. 이처럼 자연의 흐름을 따르는 삶이 '무위자연'이다. 장자는 인간도 이처럼 억지로 애쓰지 않고, 순리대로 살 때 진정한 자유와 평화를 누릴 수 있다고 봤다.

나. 물아일체(物我一體)

물아일체의 사전적 의미는, "외물(外物)과 자아, 객관과 주관, 또는 물질계와 정신계가 어울려 하나가 됨."《표준국어대사전》이다. 장자는 인간과 사물, 즉 주체와 객체의 구분을 허물고, 세상 만물과 자신을 하나로 보는 경지를 말한다. 이는 자아 중심적 사고('나'와 '타자'의 구분)를 넘어, 모든 존재가 하나의 흐름 속에 있다는 깨달음이다. 예를 들면, 나무가 되고, 물고기가 되며, 바람이 되는 것처럼 세상 만물과 감응하며 하나가 되는 경지를 말한다. '호접지몽(胡蝶之夢)'은 내가 나비인지, 나비가 나인지 분간이 안 되는 꿈 이야기이다. 이는 물아일체의 대표적인 우화이면서 상징이다. 이는 '만물제동(萬物齊同)' 사상과 연결하여 이해할 수도 있다.

다. 형이상학적 경계를 넘는 사고

장자는 '변화'와 '상대성'을 중요한 철학적 주제로 삼았다. 예를 들어, 그는 '숲과 기러기' 이야기를 통해 쓰임과 쓰임 없음이라는 상대적인 가치와 존재의 의미를 탐구한다. 그는 모든 것이 상대적이고 변화하는 세계 속에서 절대적인 기준을 설정하는 것에 관한 반기를 들었다. '장자적 상상력'은 고정된 진리나 형식에 얽매이지 않는다. 끊임없이 변화하는 무한한 가능성을 열어 둔다.

라. 상징과 은유의 사용

장자는 비유와 상징을 통해 철학적 개념을 설명한다. 예를 들어, '나비 꿈 이야기'는 장자가 꿈에서 자신이 나비가 되었다는 꿈을 꾸고, 나중에 깨었을 때 자신이 인간인지 나비인지 구분할 수 없게 되는 이야기를 통해 존재와 인식의 불확실성을 탐구한다. 이 이야기는 꿈과 현실의 경계를 넘나드는 상상력을 보여 준다. 우리가 알고 있는 현실이 얼마나 불확실한지에 대한 깊은 철학적 성찰을 담았다.

마. 자유와 해방

장자의 상상력은 또한 개인의 자유를 강조한다. 그는 "천하를 얻고 싶다면 자유로워야 한다."고 주장한다. 그는 인간이 자아를 확립하고, 외부 세계나 타인의 기대에 얽매이지 않도록 해야 한다고 생각했다. 그의 상상력은 한계를 설정하지 않고, 가능한 모든 길을 열어 두는 자유로운 사고를 지향한다.

바. 애매함과 유희적 사고

장자의 사고는 종종 애매하다. 이를 통해 인간의 한계를 넘어서려고 시도한다. 그는 '상상력의 유희적 특성'을 즐기며, 기존의 규범이나 질서에 구속되지 않으려 했다. 예를 들어, 그가 자주 사용하는 '물고기 이야기'는 사람의 상식적 사고를 초월하는 방식으로, 물고기의 자유로움과 인간의 제한된 삶을 대비시키며 상상의 경계를 넘나든다.

2. 철학적, 문학적, 이론적 오류 점검

철학적 개념을 문학에 적용할 때는 문학의 특성과 주제에 맞는 신중한 해석이 필요하다. 장자의 철학을 지나치게 일반화하거나 특정 맥락에 맞게 왜곡할 수 있기 때문이다.

가. 장자의 무위자연 단순화

장자의 '무위자연'은 단순한 무행위가 아니다. 자연스러운 흐름에 따른 행동을 의미한다. 이를 지나치게 '아무것도 하지 않는' 상태로 단순화하면 철학적 깊이를 훼손할 수 있다.

나. 장자의 철학을 현대 문학에 과도하게 일반화

장자의 상상력은 현대 문학의 모든 형식에 일관되게 적용할 수는 없다. 특히 현실주의나 사실적 문학에서는 그의 철학이 맞지 않을 수 있다. 모든 문학적 실험을 장자적 사고로만 설명하는 것은 편향적 해석이다.

다. 장자의 상상력과 문학적 실험의 관계를 과도하게 단순화

장자의 철학은 형식의 해체와 자유로운 사고를 지향한다. 이는 현대 문학의 모든 실험의 핵심으로 일반화하기 어렵다. 문학적 실험은 사회

적, 정치적 배경과도 밀접하게 연관된다.

라. 상대주의적 사고의 남용

장자의 상대주의적 사고는 특정 상황에서 중요한 철학적 개념일 수 있다. 이를 모든 문학 작품에 적용하려는 시도는 가치 판단을 흐리게 할 수 있다. 문학 작품에서 명확한 윤리적 방향이 필요할 때는 장자의 상대주의를 무리하게 적용하는 것이 부적합할 수 있다.

3. '장자 상상력'의 한국적 의미

현대에서 상상력은 주로 창의성과 이미지 생산의 능력으로 이해된다. 그러나 '장자의 상상력'은 단순한 환상이나 공상을 넘어, 세계를 구성하는 기준 자체, 즉 시비, 유무, 유익과 무익을 해체한다. 그 너머에서 자유롭게 떠다니는 정신적 유영(遊泳)이라 할 수 있다. 이는 상상력의 '철학적 가능성'을 탐구한 선구적 사유라 볼 수 있다.

'장자적 상상력'이라는 용어는 현대 철학자나 문학 이론가들에 의해 사용된 개념이다. 장자의 철학적 사고와 그의 상상력 접근 방식을 설명하는 데 긴요하게 쓰인다. 이 용어를 가장 처음 사용한 사람에 대한 명확한 기록은 없다. 20세기 후반과 21세기 초반의 중국 철학자들이나 문학 이론가들이 장자의 상상력을 설명할 때 이 용어를 자주 사용했다.

특히, 장자의 도가 사상을 서양 철학이나 문학 이론과 비교하면서, 장자의 독특한 사고방식과 상상력 접근이 주목을 받기 시작했다. '장자의 상상력'은 기존의 논리적 사고나 형이상학적 틀을 넘어서는 창의적이고, 자유로운 사고를 의미한다. 이 점에서 그의 철학이 상상력의 자유와 비판적 사고의 모델로 자리 잡았기 때문이다.

가. 한국에서 장자적 상상력 용어 사용 사례

한국에서 '장자적 상상력'이라는 용어는 장자의 철학적 사상과 창의적인 사고방식을 주목하면서 사용하기 시작했다. 이 용어가 특별히 널리 사용된 시점이나 특정 인물에 의해 처음 사용되었다는 명확한 기록은 없는 듯하다. 다만, 한국에서 장자의 철학과 상상력은 주로 문학 비평, 철학, 예술 이론의 영역에서 중요한 논의 주제로 다뤄 왔다.

고은 시인은 장자적 사고를 문학적 상상력으로 끌어들이며, 자유로움과 무위의 사상을 창작에 접목시키려 했다. 그 외에도 허무주의나 상대주의, 해체주의적 사고와 장자의 철학을 자연스럽게 연결하였다. 그의 상상력은 한국 현대 문학에서 중요한 기법으로 다루어졌다.

한국 철학자들, 특히 서양 철학과 동양 철학의 비교 연구를 하는 학자들 사이에서 장자의 사고를 강조하였다. 그중에서도 '장자적 상상력'은 도가적 사고의 핵심으로 다뤄졌다.

김용옥은 '장자의 철학'을 해석하며, 자유로운 상상력과 무위의 철학을 설명했다. '장자적 사고'를 강조했다. 그의 해석에서 장자의 상상력은 기존의 틀을 넘어서며, 한국 철학의 현대적 적용에 중요한 영향을 미쳤다. 김진석 같은 철학자들도 장자적 사고를 현대의 비판적 사고와 연결하며 상상력의 자유로운 해석을 시도했다.

이성복 시인은 장자적 자유를 형상화하고, 기존의 규범에서 벗어난 창의적 상상력을 표현하고자 했다. 한국 현대 시에서는 장자의 자유로운 상상력과 자연에 대한 묘사를 감각적 언어와 형이상학적 시의 기법으로 차용한 예가 많다.

나. 장자적 상상력의 한국적 의미

한국에서 '장자적 상상력'은 비판적 사고나 자유로움, 형이상학적 상상을 결합한 개념으로 사용한다. 이는 주체의 해방과 자연의 순응, 상대적 진리에 대한 탐구 등을 통해 나타난다. 즉, 한국에서 이 용어는 기존의 틀을 넘어서는 상상력, 경계와 규범을 허물고 새로운 가능성을 열어 가는 사고를 의미하는 경우가 많다.

결국, '장자적 상상력'은 한국에서 문학과 철학, 예술 전반에서 확산해 온 개념이다. 그 사용은 주로 자유로운 상상, 해체적 사고, 비판적 상상력의 범주에서 이루어졌다.

4. 『신화적 상상력 읽기』에서 '장자적 상상력'

필자는 『신화적 상상력 읽기』(2022)에서 '장자적 상상력'을 중요한 개념으로 다루었다. 장자의 철학을 시적 상상력과 결합하여 분석했다. 장자의 상대주의적 사고와 변화의 자유를 창작의 기초로 보고, 시와 수필에서 물아일체와 상대성을 읽어 냈다.

이 평론은 장자의 철학적 상상력을 현대 수필과 시에 연계하여 탐구했다. 특히 '장자적 상상력'이 시에서 어떻게 변용되고, 구체적인 시적 형태로 발현하는지를 살펴보았다.

시에 장자의 상상력을 어떻게 현대적 맥락으로 풀어냈는지에 대한 분석은 매우 유의미하다. 특히 '나비', '손톱', '정자나무' 등의 이미지를 현대적 사물이나 개념과 연결하여 장자의 철학적 상상력을 재해석하는 방식으로 사용했다. 이는 시적 자유와 상상력의 확장이다.

이 평론은 장자의 철학적 상상력을 현대 시와 결합시켜 분석한 작업이다. 철학과 문학이 어떻게 유기적으로 결합하는지를 잘 보여 준다. '장자적 상상력'을 창조적이고, 현대적인 맥락에서 재해석한다. 다양한 시적 예시를 통해 그 상상력의 구현을 깊이 있게 탐구한다. 이 평론은 '장자적 상상력'의 중요성을 문학적 맥락에서 풀어냈다. 현대 문학의 상상력 확장을 위한 기초적인 이론을 제시하는 데 성공한 작품이다.

또한, 장자적 상상력을 수필과 시를 통해 탐구하고, 무위자연과 물아일체의 이상향을 탐색하는 매우 흥미로운 작업이었다. 인용한 작품들을 통해 장자의 철학과 상상력, 특히 장자의 꿈과 우화적 요소들이 어떻게 현대 문학 작품에 융합하여 나타나는지를 보여 준다. 철학적 깊이와 문학적 창의성의 조화에 초점을 두었다. '장자적 상상력'을 내포한 작품들의 분석을 매우 세밀하고 정교하게 전개하였다.

III. 시집 『수선화 꽃잎만 더듬는 늪에 던지는 돌』의 장자적 상상력

1. 탈경계적 상상력

시집 『수선화 꽃잎만 더듬는 늪에 던지는 돌』(2025)에는 장자적 상상력이 중요하게 역할을 한다. 특히, 「탈경계 메타시」 연작에서 장자의 사상과 상상력이 직접적으로 드러난다. 예를 들어, 「장자의 나비 꿈」이나 「장자의 해골」 등의 시편들은 장자의 철학적 개념, 특히 물아일체(物我一體)와 상대성, 변화의 개념을 실험적으로 다루었다. 장자의 상상력은 고정된 경계를 넘어서는 사고와 자유로운 형상화를 지향한다. 이는 시의 구조와 내용에 깊은 영향을 미친다.

가. 상대성과 변화

장자의 '호접지몽(나비 꿈)'처럼, 시는 현실과 상상을 넘나드는 경계를 허문다. 물리적이고 정신적인 한계를 넘어서려는 시도를 보여 준다. 특히, 장자의 개념인 '물아일체'는 시인과 자연, 인간과 사물 간의 경계를 허물며 상상력의 무한성을 강조한다. 이러한 사고는 시에서 주제와 형식의 자유로운 전개를 가능하게 한다.

나. 자유로운 상상력과 형상화

시집의 주제는 장자의 사상을 반영하여, 기존의 틀을 넘어서려는 실험적 접근이다. 예를 들어, 「장자의 기러기」나 「장자의 나무」에서는 자연과 인간의 관계를 재정립한다. 전통적인 시의 형식과 언어의 한계를 넘어서는 시적 상상력을 구현한다. 이는 '무위자연'의 개념처럼 자연스러운 흐름을 중시하며, 시적인 상상력의 자유로움을 추구한다.

다. 탈경계적 사고

시집 전반에 걸쳐 탈경계라는 개념이 중요한 역할을 한다. 이는 장자의 해석을 통한 자유롭고 열린 사고를 의미한다. 시의 형식과 내용을 고정하지 않고, 다양한 상징과 이미지로 다층적 의미를 펼친다. 시는 단순히 외적인 설명이나 논리를 넘어, 독자에게 상상력의 자유로움을 제공한다. 다성적 운율을 통해 해석의 여백을 남긴다.

결론적으로, 이 시집은 '장자적 상상력'을 통해 기존의 시적 경계를 넘어서며, 자유롭고 변화하는 상상력을 탐구한다. 장자의 사유를 창작의 기초로 삼은 것이다. 자기 안의 상상력을 풀어내고, 독자와의 상호 작용을 통해 새로운 의미와 해석을 가능하게 한다.

2. '탈경계'는 장자적 상상력 핵심

이 일련의 시편(「탈경계 메타시 8-15」)은 장자의 사유를 중심축으로 하여 고전과 현대, 철학과 일상, 삶과 죽음, 유용과 무용(無用) 사이를 넘나든다. 서사적·서정적 실험을 시도한다. 이 시들을 장자적 상상력이라는 관점에서 평가하면, 다음과 같은 특징들이 두드러진다.

가. 탈경계는 장자적 상상력 핵심

장자는 현실과 비현실, 생과 사, 인간과 자연, 주체와 객체, 꿈과 깨어남의 경계를 허무는 사유를 전개했다. 이 시편들도 문학의 형식, 시의 경계, 의미의 고정성을 전면에서 허문다. '서사와 시의 경계 탈피' 측면에서 보면, 시로 보기 어려울 정도의 산문적 서술도 있다. 장자의 철학을 입체적으로 설명하는 메타 시구도 등장한다.

'사유의 전복' 측면에서 보면, '무용의 쓰임', '소요유', '호접지몽', '나무의 그늘' 등 장자의 개념을 전복적으로 재현하여 오늘날의 감각으로 탈바꿈한다. '형식의 해체와 유희 측면'에서 보면, 시의 정형성을 해체한다. '친구와의 대화' 형식을 빌려 장자와 포스트모던 시의식을 중첩한다. 장자 특유의 허허실실, 풍자적 화법과 매우 유사한 방식이다. '장자적 상상력'은 경계에 갇힌 사고를 푸는 힘이다. 이 시들은 그 정신을 비교적 충실히 구현한다.

나. 무용지용의 시학: 쓸모없음의 가치

시편 전체에 걸쳐 장자의 '무용지용' 사상이 두드러진다. 예를 들면, 해골을 밟고 기억 속으로 돌아가는 아이의 시점(회고적 시점), 바다에 닿지 못하고 죽는 개구리, 날지 못하는 기러기의 죽음, 쓰임이 없어 살아남는 장자의 나무 등으로 구성했다.

이들은 모두 유용성 중심의 세상에 대한 반감과, 무용함 속의 자유를 상상하려는 시적 사유이다. 이는 장자의 철학에서 존재론적 상상력, 곧 '다르게 존재하기', '보잘것없는 것의 의의'를 드러내는 상상력과 상통한다.

다. 주체와 객체 전복: 혼융의 사유

장자의 상상력은 '주객 이분법'의 해체로도 유명하다. 나와 타자, 인간과 자연, 꿈과 현실의 구분이 사라지는 경지를 말한다. 시 속에도 이러한 요소가 자주 드러난다. '장자의 나비 꿈' 측면에서 나와 나비의 구분이 없는 경지를 표현한다. '장자의 손톱' 측면에서 '예술과 무기', '여성성과 권력성'의 이분법을 전복한다. '장자의 기러기' 측면에서 무용성과 유용성의 구분을 허물고, 쓸모없는 존재의 죽음을 반어적으로 드러낸다. '장자의 소요유' 측면에서 장구벌레→성충, 물고기→새처럼 변신하는 존재를 통해 '본질'과 '변화'의 구분을 허물었다. 이는 장자의 '제물론(齊物論)'에 입각한 존재 평등의 상상력의 산물이다.

라. 허실과 역설의 미학

장자의 글은 풍자, 패러디, 역설, 탈맥락화한 우화로 가득하다. 이 시들도 이러한 표현을 적극 차용한다. 친구와의 대화에서 드러나는 현대의 시를 "똘끼다!", "서정주도 산문을 시라 우겼다!"라는 대사는 장자의 허실과 역설을 현대 감각으로 풀어낸 유희이다.

장자가 아내의 죽음에 질그릇을 두드리며 노래했다는 일화와, '저승개'를 보는 할머니의 환상을 연결하는 장면은 삶과 죽음에 대한 장자의 비극을 초월적 감각으로 계승한 것이다.

마. 시 자체가 메타 장치이자 사유의 실험장

인용 시들은 단지 장자의 개념을 이야기하는 게 아니다. 장자의 사유 그 자체를 시의 방식으로 실험한다. 시의 형식 실험 측면에서 보면, 시적 운율이나 압축이 희박하더라도, 사유 구조의 낯설게 하기, 서술체의 은유화를 통해 탈경계의 철학을 구현한다. '시에 대한 시'라는 측면에서 보면, '시란 무엇인가?'를 끊임없이 반문하고 해체한다. '언어의 전복성'

측면에서 보면, 시어 자체를 기능화하기보다, 존재론적 질문의 도구로 삼는 '철학적 시도'이다.

평가 요소	내용
경계 허물기	형식, 내용, 철학적 주제에서 모두 경계 허물기의 정신이 살아 있음
무용의 가치를 드러냄	장자의 '무용지용' 개념을 현대적 이미지로 다층화
존재의 전환 상상력	생물의 변신, 죽음과 삶의 혼융, 우화적 표현으로 구체화
풍자와 허실의 재치	친구와의 대화, 손톱 이야기 등 유머와 반어로 장자의 화법 모사
메타적 자기반성	시에 대한 성찰이 시의 중심 테마로 전개

표1. 장자적 상상력 기준 평가

이 연작 시는 단순한 장자 인용의 반복이 아닌, 장자적 사유 방식, 즉 '탈경계적 상상력', '전도된 시각', '존재의 평등한 시선', '유쾌한 허무주의' 등을 현대시의 언어로 실험하고 전개하는 메타시이다. 장자의 사상을 창조적으로 재해석한 '시적 장자학'의 시도이다.

3. 장자적 상상력 시 읽기

가. 탈경계 메타시 8—장자의 해골

1
콧구멍 달라붙는 날
가난한 시인
산에서 땔감을 줍다가 해골을 밟는다.
(……)

3

"시인이란, 똘끼를 토해 내어 글의 예술로 승화해 나가는 자다."
"시인은 돌아이, 또라이라는 말이제?"

— 「탈경계 메타시 8—장자의 해골」에서

핵심 내용은 시적 화자의 어린 시절, 해골을 본 기억을 회상하며 죽음에 대한 질문을 던진다. 원효 스님의 해골 물 일화를 소환하고, 죽음, 공포, 종교, 미신, 시의 경계에 대한 친구와의 철학적 논쟁을 펼친다.

항목	내용
탈경계성	산문과 시, 서술과 대화, 철학과 일상, 어린아이의 시선과 사유가 뒤섞임. 장자의 '형이상학과 형이하학의 자유로운 교차'를 닮음.
죽음과 생명에 대한 관점	해골을 통해 죽음을 거부하거나 애도하지 않는 장자적 허무주의를 탐색.
비판적 상상력	친구와의 대화로 현대시의 규범, 형식, 경계를 풍자와 냉소로 해체. 이는 장자의 문체—역설, 우화, 유머—와 유사.
주요 특징	시 형식을 통한 철학적 메타화. 원효와 장자의 사상을 엮으며 종교적·철학적 죽음 인식을 전복적으로 사유.

표2. 장자적 상상력 평가

죽음을 삶과 동등하게 바라보는 장자의 형평[齊物] 정신, 해골이라는 상징을 통해 존재의 본질을 상상하는 역설적 시선으로 풀어낸 탈경계 메타시이다. 장자의 해체적 사유 방식과 맞닿아 있다.

또한, 가난한 시인은 물질적인 가치나 욕망에 얽매이지 않는 존재로, 장자가 말하는 자연스러움과 자유로움에 가까운 삶을 산다. 장자의 철학은 이러한 삶을 강조하며, '자연'에 순응하는 삶을 지향한다.

해골을 밟는 행위는 죽음과 자연의 경계를 허물고, 물아일체를 실현하는 상징적인 행동이다. 장자는 죽음을 자연의 일부분으로 받아들인다. 그것을 초월하는 자유로운 존재를 지향한다. 해골을 밟는 행위는 그러한 사유를 시각적으로 보여 준다.

(1) 가난한 시인과 장자의 철학

"가난한 시인"은 외부 세계의 물질적 가치나 사회적 규범에 구애받지 않고, 오직 자기 내면의 진리와 표현에 집중하는 인물로 볼 수 있다. 장자의 철학에서도 이러한 존재는 중요한 의미를 가진다. 장자는 '자연'과 '도(道)'에 순응하며, 인간의 욕망과 제약을 초월해 자유로운 존재가 되는 것을 강조한다. 즉, 그는 세속적인 가치관을 벗어나 '자연'의 흐름에 몸을 맡기고, 그것을 따라가려는 삶을 중요시한다.

장자는 '자유로운 영혼'을 강조했다. 이 자유로움은 물질적인 것에 얽매이지 않는 상태에서 진정한 행복을 찾는 것으로 이해할 수 있다. 가난한 시인은 그런 면에서 장자가 말하는 자유로운 존재의 표본일 수 있다. 세상의 물질적 풍요와 욕망에 얽매이지 않고, 내면의 진리나 미학에 충실한 삶을 살고 있다는 점에서 장자의 철학과 잘 맞아떨어진다.

(2) 해골을 밟는 행위와 물아일체 개념

'해골을 밟는 행위'는 단순히 시각적으로나 상징적으로 강렬한 심상을 전달할 수 있다. 이것을 장자의 물아일체 개념과 어떻게 연결할 수 있을까?

장자의 물아일체 개념은 '물과 인간, 모든 존재가 하나'라는 생각에 기반을 둔다. 인간은 자연과 분리된 존재가 아니라, 자연의 일부로서 상호 작용하는 존재라는 것이다. 장자는 세상과의 구분을 허물고, '나'와 '세상'의 경계를 없애려 했다. 즉, 자연을 있는 그대로 받아들이고, 그 속에서 자신의 본래 모습을 찾으려 했다.

해골을 밟는 행위는 한 인간이 죽음을 상징하는 물체인 해골을 밟는 행동이다. 이는 죽음과 생명, 혹은 인간과 자연의 경계를 허물고 물아일체의 상태에 접어드는 것과 비슷하다. 죽음은 인간이 가장 두려워하는 것이기도 하다. 장자의 관점에서는 죽음도 자연의 일부일 뿐이다.

그것을 받아들이는 것이 진정한 자유로 가는 길이라고 볼 수 있다.

이러한 행위는 죽음을 두려워하지 않고, 오히려 그것을 자연의 흐름으로 받아들인다. 죽음을 '나'와 구분하는 독립적 존재로 보지 않고, 하나의 일부분으로 인식한다. 해골을 밟는 행위는 그러한 죽음에 대한 초연함을 상징적으로 표현한 것이다. '나'라는 존재가 죽음과 자연의 일부로 합일하는 순간, 물아일체가 이루어지는 것이다.

나. 탈경계 메타시 9—장자의 개구리

모든 물을
온새미로
품는
바다의 넓은
품

개구리만은 품을 수 없네.
—「탈경계 메타시 9—장자의 개구리」에서

인용 시는 우물 밖으로 나온 개구리가 결국에는 바다에 이르지 못하고 모래톱에서 죽는다. 바다조차도 모든 존재를 품지 못한다. 우물, 시냇물, 강물, 바다로 이어지는 생의 은유이다.

항목	내용
장자의 우화와 연결	『장자』에 등장하는 '우물 안 개구리' 비유를 현대적으로 재해석. 바다로 향하지만 도달하지 못한 비극성을 부여한 점이 특이.

비판적 전복	장자의 자유로운 상상력을 모티브로 하되, 실패한 소요유(逍遙遊)로 그린 점은 현실 비판적 시선 첨가.
형이상학적 상상력	바다=궁극적 진리, 개구리=제한된 존재로 보았을 때, 진리에 다가가려다 죽는 존재의 아이러니.
언어적 실험	시어는 절제되어 있으나, 상징이 강렬. 개구리의 혀에 파리가 앉는 장면은 시적 이미지로도 매우 강력.

표3. 장자적 상상력 평가

장자의 '우물 안 개구리' 우화를 전복적으로 응용한다. 이상과 현실의 불일치, 소요유의 불가능성이라는 장자의 정반대 경로를 통해 오히려 장자 철학의 한계를 드러내는 비판적 상상력을 성취한다.

다. 탈경계 메타시 10—장자의 밤나무 숲

　　매미를 노리는 사마귀
　　사마귀를 노리는 까치
　　까치를 노리는 장자
　　장자를 노리는 숲지기

　　약한 자가 강한 자에게 먹히는 법

　　숲만 보지 말자.

　　　　　　— 「탈경계 메타시 10—장자의 밤나무 숲」에서

인용 시는 매미를 노리는 사마귀, 사마귀를 노리는 까치, 까치를 노리는 장자, 장자를 노리는 숲지기이다. 생태계 먹이 사슬을 통해 가해자-피해자-관찰자 관계를 전복한다. 숲 전체가 생명을 품고 있음을 시사한다. 또한, 약육강식의 시선이 녹아 흐른다.

항목	내용
장자의 우화 차용	장자의 「외편」 '산목' 우화를 현대 생태계로 재해석.
상호 전복적 관계	가해자/피해자의 위치가 계속 뒤바뀌는 것은 장자의 '제물론'(齊物論)과 동일.
순환적 사유	'뫼비우스의 띠'처럼 관계가 반복됨. 장자의 순환적 시간 개념과 일치.
생태적 윤리	숲과 생명의 상호의존적 관계를 통해 현대 생태 감수성을 결합. 장자의 자연 중심 세계관에 부합.

표4. 장자적 상상력 평가

장자의 우화를 생태 윤리와 연결한 변주이다. 생명 평등, 존재의 상호 연결성을 장자의 정신에 충실하게 구현한다.

라. 탈경계 메타시 11―장자의 기러기

> 2
> 달걀이 먼저냐, 닭이 먼저냐?
>
> (창조론자는 성체(成體)인 닭을, 진화론자는 진화의 근원인 달걀이라 답하겠지.)
>
> 시를 쓸 때, 체용론(體用論)도 쓰임이 있겠네.
> ―「탈경계 메타시 11―장자의 기러기」에서

인용 시는 쓸모없는 동물들은 살아남거나 죽는다는 아이러니이다. 닭과 달걀, 씨앗과 열매, 뿌리와 가지의 관계를 통한 존재와 쓰임의 고찰이다. 또한, '시란 무엇인가?'에 대한 메타적 탐색이다.

항목	내용
무용지용	장자의 '무용의 쓰임' 철학을 직접적으로 다룸. 쓸모없는 기러기의 죽음이 핵심 상징.
전도된 논리	주체와 객체를 끊임없이 전도함으로써 존재의 상대성, 쓰임의 아이러니를 장자처럼 사유.
자연의 비유와 시	열매, 씨앗, 가지 같은 자연 요소를 비유로 삼아 장자적 '비정형 논리'를 구현.
시의 철학적 정의	"시는 테두리가 없다"는 말은 장자의 '무위자연'과 상응. 시도 자연처럼 자유롭고 규정 불가해야 한다는 시인의 주장.

표5. 장자적 상상력 평가

장자의 철학을 실천적 시론으로 연결한 메타시이다. 무용지용의 미학, 상대주의, 무규정성의 사유를 시의 본질로 삼으려는 장자적 태도를 잘 드러낸다.

마. 탈경계 메타시 12—장자의 손톱

"평론가님도 손톱 조심해요!"

인조 손톱을 덧붙여 봐.
손톱은 예술이야.

아니, 손톱은 무기야, 무기!
— 「탈경계 메타시 12—장자의 손톱」에서

인용 시는 손톱이 무기이자 예술이라는 일상적 이야기이다. 장자 우화 속 '손톱을 깎지 않는 천자의 후궁'을 인유했다. 시는 과학이 아니라는 선언과 상상력의 자유를 강조한다.

항목	내용
역설적 표현	손톱이라는 평범한 소재로 '무기와 장식', '자연과 문명', '공자와 장자' 간 대립 전개.
상상력 촉발	손톱이 자라는 속도를 과학적으로 설명하나, 바로 "시는 과학이 아니다"라고 전복함. 장자의 허실과 유희를 떠올리게 함.
비유적 실험	공자의 말에서 전복적 의미를 이끌어 내는 시적 상상력은 장자의 방식을 닮음.

표6. 장자적 상상력 평가

일상의 작고 하찮은 사물(손톱)로부터 철학적 사유를 촉발시킨다. 장자의 발칙함, 역설, 일상의 철학을 잘 드러낸 시이다.

바. 탈경계 메타시 13―장자의 나무

> 1
> 장자의 참죽나무 우화
> 한 살은 일만 육천 년
> 그늘에 사람들이 쉬어 간다.
>
> 쓰임이 없어 살아남아 그늘로 쓰인다.
>
> 계수나무, 옻나무 껍질
> 쓰임이 있어 벗겨진다.
>
> ―「탈경계 메타시 13―장자의 나무」에서

인용 시는 장자의 참죽나무 우화를 변주하고, 쓰임 없는 존재의 생존, 존재의 역설을 담았다. 시도 무용하게 보여야 생존하고 자유로울 수 있음을 녹여 넣었다.

항목	내용
우화의 충실한 재구성	장자의 대표적 우화 '쓰임이 없어서 베지 않는 나무'에 대한 충실한 시적 재해석.
무용의 미학	무용함이 오히려 생존과 자유의 조건이 된다는 핵심 장자 사상이 명확히 드러남.
메타 시적 전개	시의 무용함을 장자의 무용지용에 빗댐. 시론적 선언이자 철학적 저항.

표7. 장자적 상상력 평가

장자의 사상을 가장 직접적으로 구현한 시이다. 무용의 쓰임, 시의 존재 이유, 생존의 아이러니를 시적 언어로 정교하게 풀어내려 했다.

사. 탈경계 메타시 14—장자의 호접지몽

재생적 체험 정서를 자유로운 연상 작용으로 변용, 미래 지향적으로
승화하여 새로운 정서로, 구체적인 이야기로 창조해야 창조적 상상력.
― 「탈경계 메타시 14—장자의 호접지몽」에서

인용 시는 꿈과 현실, 나와 타자의 경계를 넘나드는 이야기이다. 고등어, 붕어, 미역, 장자의 꿈속 존재가 모두 혼재해 있다. 마지막에는 '창조적 상상력을 발휘하는 시인'이기를 희망한다.

항목	내용
호접지몽 재해석	고전적 '나비 꿈'의 현대적 재구성. 나인지 고등어인지 시인지 모를 '정체성의 전복'
자기 해체적 상상력	존재가 고정되지 않음. '나는 시가 되고 싶다'는 선언은 시의 주체 해체와 동일.
화자의 경계 붕괴	꿈/현실, 생/사, 인간/자연, 시/인물의 구분이 사라짐. 장자의 '제물론' 구현.

표8. 장자적 상상력 평가

장자의 존재 불확정성, 탈자아, 상호 변형적 존재론을 강렬하게 형상화한 시이다. '장자적 상상력의 절정'에 해당한다.

아. 탈경계 메타시 15—장자의 소요유

붉은 맛 찾는 날갯짓은 뱅뱅거림일 뿐
솟구침이나 날아다님일 수 없다.

물고기가 새로 몸을 바꿔
여섯 달을 날아간 뒤 쉰다.

진화론으로 풀어낸 장자, 고대 과학자라 부르리라.
— 「탈경계 메타시 15—장자의 소요유」에서

인용 시는 장자의 '소요유(逍遙遊)' 사상을 언급한 것이다. 진화, 변이, 자유, 비행의 이미지로 탈경계화하여 상상한다. 이에 창작자의 자의식과 시론이 철학적으로 연결한다.

항목	내용
소요유 개념의 시적 구현	장자의 '하늘을 나는 물고기, 변형하는 존재'를 시로 형상화.
자유와 해탈의 이미지	장자의 '절대적 자유'를 시적 환상으로 표현. 물고기→새의 변화는 장자의 상상력 대표 메타포.
시론과 연결	시의 본질을 자유로운 변이로 보며, 장자의 무위자연과 상통.

표9. 장자적 상상력 평가

장자의 철학 중 가장 핵심인 '소요유'를 상징·은유·화법을 통해 형상화한다. '장자적 상상력'의 정수로 손꼽을 수 있는 시이다.

이 시편들은 각기 다른 장자 우화를 현대적으로 재창조한다. 그 안에서 시의 존재론, 사유 방식, 표현의 자유를 실험한다. 장자의 고전은 단순히 인용 대상이 아니다. 시적 실험과 철학적 도발의 재료가 되어 '시란 무엇인가?'에 대한 본질적 질문을 던지고 있다.

4. 장자적 상상력으로 시에 장치한 전경화, 형용 모순, 형상화 표현

　위의 인용 시편들은 전경화, 형용 모순, 형상화를 통해 장자의 철학을 구체적이고 상징적인 방식으로 풀어낸다. 전경화는 기존의 사물과 개념에 대해 새로운 시각을 제시한다. 형용 모순은 상반된 개념들이 공존하는 복합적인 의미를 전달한다. 형상화는 추상적이고 철학적인 사유를 구체적인 이미지로 변환하여 독자가 직관적으로 느끼도록 만든다. 이 세 가지 기법은 각각 시의 깊이를 더하고, 독자가 장자의 형이상학적 사유와 자유로운 상상력을 온전히 느낄 수 있도록 돕는다.
　전경화, 형용 모순, 형상화 기법은 장자의 철학을 반영하여 기존의 인식 틀을 넘어서고, 형이상학적인 상상력을 펼치는 방식으로 사용한다. 각 시에서 이 기법들이 어떻게 작용하는지 살펴본다.

가. 전경화(前景化)

　전경화는 "언어를 비일상적으로 사용하여 두드러지게 보이도록 하는 일. 상투적인 표현을 깨뜨림으로써 새로운 느낌이나 지각이 일어나도록 하는 것으로 프라하학파가 언어학과 시학에서 쓴 용어"(《표준국어대사전》)이다.
　전경화는 사물이나 개념에 대한 전통적인 시각을 넘어, 새로운 관점으로 재구성하거나 전환하는 기법이다. 이 기법은 일상의 상식적인 사고를 뒤집거나, 상징적 의미를 확대시켜 새로운 의미를 창출하는 데 사용한다.

전경화는 창조적 상상력의 산물이라기보다는, 창조적 상상력을 촉발하는 표현 양식이자 수사적 장치이다. 따라서 그것은 창조적 상상력의 층위 '자체'라기보다는, 그 층위에 도달하거나 그것을 자극하는 통로에 가깝다.

(1) 장자의 해골

해골이라는 사물은 죽음을 상징한다. 이 시에서 해골은 죽음의 경계를 넘어서는 존재로 등장한다. 특히 "고사리손으로 모은 솔가리"와 연결하며 시간과 공간을 초월하는 존재로 전경화한다. 할아버지와의 대화에서 해골은 '옛날 사람'이라는 모호한 표현을 통해, 해골이 단순한 유물이 아니라 '과거와 현재를 잇는 상징적 존재'로 변화한다.

전경화한 해골은 인간 존재의 일시성과 지속성을 연결하는 매개체이다. 죽음과 삶의 경계를 넘나드는 상징적 역할을 한다.

(2) 장자의 개구리

개구리는 '우물 안 개구리'라는 전통적인 표현에서 우물 밖으로 나가려는 존재로 변형한다. 이 시에서는 개구리가 바다로 가기 위해 떠나는 여정을 묘사한다. 결국, 바다에 이르지 못하고, "모래톱에서 숨을 거둔다"는 비극적인 결말을 맞이한다.

전경화의 기법은 개구리의 제한된 세계관을 넘어서는 시도로, '모든 생명체는 더 큰 세계로 나아가려고 한다.'라는 의도를 드러낸다. '우물 밖'이라는 표현은 제한된 인식에서 벗어나 자유로운 시각으로 세상을 바라보려는 시도를 의미한다.

(3) 장자의 기러기

기러기라는 동물은 전통적으로 조직적 이동을 상징한다. 이 시에서는 기러기의 울음을 통한 의미 변화를 전경화한 것이다. 기러기의 '쓰임이 없음'을 강조한다. 그것이 자연의 흐름에 따른 존재 가치로 재구성한다.

기러기는 '쓰임이 없어 죽는다.'라는 표현으로 유용성과 무용성을 넘나드는 의미이다. 그 자체가 모든 존재의 자유로운 흐름을 상징하는 전경화의 존재로 형성한다.

나. 형용 모순(形容矛盾)

형용 모순(oxymoron, 날카로운 바보)을 문학에서 모순 어법이라고도 한다. 모순 어법은 "수사법에서, 의미상 서로 양립할 수 없는 말을 함께 사용하는 일. 이를테면, '소리 없는 아우성', '수다쟁이 벙어리' 따위"《표준국어대사전》이다. 형용 모순은 "형용하는 말이 형용을 받는 말과 모순되는 일. 가령 '둥근 사각형', '유리제의 철기' 따위"《표준국어대사전》이다.

형용 모순은 서로 상반되는 의미를 결합하여 이중적인 의미나 모순적 진리를 드러내는 기법이다. 이 기법은 주로 모순된 개념들이 공존하는 세상을 묘사하는 데 사용한다.

형용 모순은 창조적 상상력의 언어적 실천이다. 그것은 이성의 논리를 잠시 멈추게 하고, 창조적 상상력을 통해 새로운 의미의 가능성을 열어 준다. 그 충돌은 파괴가 아니라, 생성의 긴장이다.

(1) 장자의 해골

'해골은 파헤쳐진 무덤 안에서 뒹군다'와 '할아버지는 무덤에서 멀찍이 거리를 두고 솔가리를 모으라 하신다'라는 표현에서 죽음과 삶의 경계가 모호해진다. 해골은 죽음을 상징한다. 동시에 살아 있는 인간과 연결하여 대화를 나눈다. 그 자체로 삶과 죽음의 모순을 표현한다. "옛

날 사람"과 같은 형용 모순적 표현은 과거와 현재가 함께 존재하는 시간의 상대성을 나타낸다.

(2) 장자의 개구리

개구리가 바다로 가려는 여정은 끝내 실패한다. 그 여정 자체가 미완성으로 끝난다. '우물 밖 개구리'는 자유로움과 불완전성이라는 상반된 개념이 동시에 존재한다. 이는 모순적 상태이다.

이 시에서는 '우물 밖'과 '바다에 이르지 못한' 상황이 자유와 한계라는 두 상반된 개념을 드러낸다. 인간 존재의 끊임없는 갈망과 좌절을 상징한다.

(3) 장자의 기러기

'쓰임이 없어 살아남고'와 '쓰임이 없어 죽는다.'라며 모순적 진리를 표현한다. 유용성과 무용성의 대립적인 개념을 조화시킨다. 기러기의 존재가 '유용하지 않기 때문에 살아남는' 과정과, '무용해서 죽는다'는 과정은 한편으로는 서로 충돌한다. 다른 한편으로는 불가분의 진리로 연결한다. 이는 생명과 죽음의 모순적 관계를 강조한다. 존재의 의미에 대해 깊은 성찰을 요구한다.

다. 형상화(形象化)

형상화는 "형체로는 분명히 나타나 있지 않은 것을 어떤 방법이나 매체를 통하여 구체적이고 명확한 형상으로 나타냄. 특히 어떤 소재를 예술적으로 재창조하는 것을 이른다"(《표준국어대사전》).

형상화는 추상적 개념이나 철학적 사유를 구체적이고, 심상화 형태로 나타내는 기법이다. 이 기법을 통해, 불가사의한 철학적 사고나 추상적 인식을 구체적인 심상으로 변환하여 독자에게 보다 명확한 이해를 돕는다.

형상화는 형상적 사유의 산물이다. 형상적 사유는 이성과 감성의 중재 지점에서 발생한다. 형상적 사유는 때로 이성적 사유의 도움을 받을 수 있지만, 그 본질은 직관적·창의적 사유에 더 가깝다. 이러한 형상화는 경험된 것의 재현(re-presentation)보다는, 표상(presentation)에 가깝다. 칸트나 가스통 바슐라르의 의미에서 '재생적 상상력'의 수준에는 도달하지 못한 상태이다.

(1) 장자의 해골
해골은 단순히 죽음을 상징하는 존재가 아니다. 구체적인 물체로 등장하여 독자가 죽음과 시간의 흐름을 시각적으로 상상할 수 있게 만든다. 또한, 해골을 자연물처럼 묘사하여 시적인 형상화를 통해 독자에게 살아 있는 존재로서의 상징성을 부여한다.
해골을 밟는 시적 화자의 행동은 삶과 죽음의 경계를 구체적으로 그려 내어, 시각적 형상화 기법을 통해 장자의 사상을 명확히 전달한다.

(2) 장자의 개구리
'바다로 가는 개구리'의 이미지는 자유로움을 추구하는 존재로 형상화한 것이다. '모래톱에서 죽은 개구리'는 그 자유에 대한 실패를 명확하게 시각화한다. 이 시에서는 우물 안 개구리라는 구체적인 이미지를 통해 좁은 시각에서 벗어나려는 갈망을 묘사한다. 이는 형상화된 자유의 추구로 나타난다.

(3) 장자의 기러기
기러기를 형상화하여 유용성과 무용성이라는 개념을 구체적인 동물적 형상으로 표현한다. 기러기는 '자유롭게 날아가는 존재'로 형상화한다. 기능적 제약과 자연적 흐름을 동시에 시각적으로 표현한다. 기러기의 '날아가는 모습'은 자유로운 삶을 형상화하는 동시에, 그 자유가 무용하고 의미 있는 것으로 다가오게 만든다.

Ⅳ. 이상의 「오감도 제5호」, 장자적 상상력 읽기

 '장자적 상상력'을 시에서 어떻게 구현할 수 있는가? 대표적인 사례가 이상의 「오감도 제5호」이다. 이상은 「오감도 제5호」에서 인간의 심리와 경험을 비유적이고, 초현실적인 방식으로 표현한다. 존재와 비존재를 넘나드는 시적 상상력의 흐름을 만들어 낸다. 장자의 자유롭고 무위(無爲)의 철학과 일치한다.

 상상력의 초현실성 측면에서 보면, 장자의 철학에서는 현실과 비현실, 존재와 무존재의 경계를 흐릿하게 만든다. 그 너머의 '진짜'를 찾으려는 시도가 지속적으로 나타난다. 이상 역시 「오감도 제5호」에서 현실과 상상을 자유롭게 넘나들며 인간 존재의 불완전함과 갈등을 드러낸다. 상상 속에서 진실을 찾으려는 태도는 장자가 말한 '대자유'의 개념과도 맥락을 같이한다. 예를 들어, 「오감도」의 일부 시에서는 현실과 비현실을 혼합한다. 마치 꿈과 같은 환경에서 사람이 자신의 존재를 다시 묻고, '진짜 나'를 찾아 떠나는 여정을 그린다.

 비유적 동물상 측면에서 보면, 장자에서 동물은 종종 인간의 한계를 넘어서 자유롭고 본능적으로 사는 존재이다. 「오감도 제5호」에서도 이상은 사람을 동물처럼 묘사하거나, 인간을 넘어서 자연의 일부분으로 묘사하는 비유를 사용한다. 예를 들어, '사람이란 무엇인가? 동물이 아닌가?'와 같은 질문을 던지면서, 인간을 고정 틀에 맞추려는 사회적 규범을 넘어서는 존재로 설정한다. 이는 장자적 철학의 '인간은 자연의 일부이며, 규범과 제약을 넘어서야 진정한 자유를 찾을 수 있다.'라는 사상과 일맥상통한다.

'무위의 철학'과 무심한 창작 측면에서 보면, 장자에게 중요한 개념 중 하나는 '무위(無爲)'이다. 즉, 아무것도 하지 않음으로써 자연스럽게 일어나는 모든 일들이 최고의 방식으로 이루어지게 한다는 철학이다. 이상의 시에서도 자주 볼 수 있는 점은 그가 의도적으로 복잡한 논리나 규칙을 따르지 않는다. 오히려 흐르는 듯한 자연스러운 감각을 중시했다. 「오감도 제5호」에서 비논리적이고 상징적인 이미지를 통해 이야기를 전개한다. 마치 장자의 '무위'처럼, 상상력과 창작의 자연스러운 흐름을 따라가는 모습을 보인다.

상반된 세계관의 통합 측면에서 보면, 장자는 상반된 개념들이 서로에게 영향을 미쳐 결국 하나의 존재로 통합한다. 「오감도 제5호」에서도 이상은 대개 상반된 감각적 경험들을 얽히게 하여, 새로운 차원의 진리를 추구한다. 현실과 상상의 경계가 모호하게 겹쳐지고 서로의 존재를 받아들이며 끝없는 가능성을 탐구하는 모습을 그려 낸다.

> 前後左右를除하는唯一의痕迹에있어서
> 翼殷不逝 目不大覩
>
> 胖矮小形의神의眼前에我前落傷한故事를有함.
>
>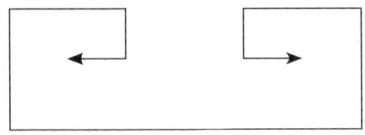
>
> 臟腑라는것은浸水된畜舍와區別이될수있을는가
>
> ―「오감도 제5호」 전문

인용 시는 존재와 인식, 물리적/정신적 세계의 경계를 흐리게 만드는 '장자적 상상력'을 품고 있다. 장자는 '무위(無爲)'와 '자연(自然)'을 중요한 철학적 개념으로 삼았다. 그 세계관은 때때로 우리 일상적 사고를 벗어나, 더욱 자유롭고 유기적인 방식으로 풀어낼 수 있다. 이를 바탕으로 하여 '장자적 상상력'으로 시를 해석해 본다.

1. 前後左右를除하는唯一의痕迹에있어서

이 시행은 "앞뒤 좌우를 제외하는 유일한 흔적"이라고 번역할 수 있다. 이 흔적은 시간과 공간의 제약을 넘어서는 존재의 본질적 자리를 의미한다. 장자에게 '흔적'은 한순간에 한정되지 않고, 흐르는 강처럼 연속적인 변화를 의미할 수 있다. 따라서 이 흔적은 물리적 세계의 구속을 초월하는, 존재의 순수한 상태를 나타낼 수 있다.

장자의 사상에서는 인간의 구속된 시간과 공간을 넘어서서, 그 자체로 존재하는 '자연'의 상태가 가장 이상적인 상태이다. 이런 상태에서는 '흔적'조차 고정된 것이 아닌, 지속적인 변화와 순환 속에서 단지 흐름으로 존재할 뿐이다.

2. 翼殷不逝 目不大覩

이 시행은 『장자』의 「외편」, '산목'에 등장하는 까치 우화이다. 밤나무 숲 이야기에 등장하는 까치이다. 이는 "큰 날개를 가지고도 날지 못한다."와 "큰 눈을 가지고도 사람을 보지 못한다."라는 의미이다. 장자의 철학에서 중요한 개념 중 하나는 '자유로움'이다. 날개가 있음에도 불구하고 날지 못한다는 것은 물리적인 가능성과 불가능성을 넘어서, 무위(無爲)의 상태로 존재함을 의미할 수 있다. 그것은 무언가를 추구하거나, 무엇인가를 하려는 욕망에서 벗어난 상태이다.

장자는 사람이 자신을 벗어날 때 진정한 자유에 도달한다고 보았다. 여기서는 의도적인 행위나 목표를 추구하는 것에서 벗어난다. 존재하는 것도 보는 행위 자체를 벗어나, 존재 자체로서 충분함을 의미한다.

3. 胖矮小形의神의眼前에我前落傷한故事를有함.

"뚱뚱하고 왜소한 작은 신의 눈앞에 나는 내 앞에서 상처받은 이야기를 가진다."라는 문장이다. 이 시행은 하나의 신화적인 이미지나 존재의 다양한 모습들을 반영하는 듯 보인다. 장자의 세계에서는 신이나 신적인 존재가 단지 인간의 형상으로 고정되지 않고, 끝없이 변화하는 자연의 일부로 존재한다. 신은 고정된 실체가 아니다. 무한히 변하는 존재이다.

'상처받은 이야기'는 인간 경험의 고통이나 한계를 나타낼 수 있다. 장자는 이런 고통조차도 자연의 일부로 받아들인다. 그것이 결국 존재의 흐름에 섞여 든다는 생각이다. 이 시행은 삶의 고통과 상처를 신적인 존재와 함께 자연스럽게 동화시킬 수 있다는 메시지를 담고 있을 수 있다.

4. 臟腑라는것은浸水된畜舍와區別이될수있을는가

마지막으로, "장부라는 것은 물에 잠긴 축사와 구별이 될 수 있는가?"라는 물음은 물리적인 구분을 넘어, 존재의 근본적인 일치를 탐구하는 질문이다. 장자는 사물의 경계가 흐려지며, 모든 것은 궁극적으로 하나로 연결되어 있다고 본다. 물에 잠긴 축사도, 인간의 장부도 결국 하나의 존재로서 '자연'의 흐름 속에 있다는 것을 암시하는 것일 수 있다.

이 질문은 단지 신체적이나 물리적인 구분이 아니다. 더 깊은 존재론적 질문으로 읽을 수 있다. 장자는 사람, 동물, 물건, 자연이 서로 다르지 않다. 각자의 상태와 역할이 모두 중요한 의미를 가진다고 보았다. 결국, 인간의 몸이나 장부도, 물에 잠긴 축사처럼 자연의 일부로서 동일한 존재라는 철학적 통찰을 전하는 것일 수 있다.

5. 소결론

장자의 철학은 고정된 의미나 경계를 부순다. 모든 것이 상호 연관되고, 변하며, 유동적이라는 점에서 자유로움을 강조한다. 이 시는 바로 그 흐름 속에서 의미를 찾고, 고통과 존재의 본질을 포용하는 과정을 표현한다고 볼 수 있다. 물리적인 형태나 구속에서 벗어나, 존재의 본질을 있는 그대로 받아들이는 자유로움이다.

인용 시를 장자적 상상력으로 풀면, 존재의 한계를 넘어서, 물질과 정신, 고통과 자유가 모두 유기적으로 연결된 세계를 묘사하는 이야기로 이해할 수 있다.

결론적으로, 이상의 「오감도 제5호」는 '장자적 상상력'의 문학적 구현으로서, 상상력의 자유로움과 초현실적인 비유를 통해 현실의 제약을 넘어서는 존재의 탐구를 보여 준다. 이상이 문학적으로 표현한 자유로운 상상력과 장자의 철학적 사유가 결합하면서, 인간 존재의 본질을 재조명하는 독특한 방식이다. 이렇게 '장자적 상상력'은 단순히 철학적 이론에 그치지 않고, 문학적 표현으로 확장해 나간다. 따라서 읽는 이로 하여금 무의식의 깊은 곳을 탐색하게 만든다.

V. 문학 창작 과정에서 구체적인 적용 문제

장자의 철학을 문학 창작에 적용할 때 발생할 수 있는 이론적 오류는 창작 실천에서 나타날 수 있는 문제들이다. 이와 같은 오류들을 고려해 가며 장자의 철학을 효과적으로 문학적 맥락에 맞게 변형할 필요가 있다. 장자의 철학을 문학 창작에 적용할 때 발생할 수 있는 이론적 오류를 기본적인 철학적 해석의 문제보다는 문학 창작 과정에서 구체적인 적용 문제로 좁혀서 살펴본다.

1. 창조적 상상력의 제한

장자의 철학이 기본적으로 '무위자연'이나 '자유로움'을 강조하는 만큼, 창작에서 이를 표현하려다 보면, 창조적 상상력의 범위가 지나치게 제한될 수 있다. 예를 들어, 너무 '자연적'이고 '무위적인' 요소만 강조하면 이야기가 지나치게 추상적이거나 비현실적이다. 독자가 쉽게 몰입하지 못할 수 있다. 현대 문학에서 요구하는 구체적인 현실감이나 감정의 깊이를 잃을 위험이 있다.

2. 과도한 해석의 문제

장자의 철학적 사고는 모호하고 다층적인 성격을 지닌다. 이를 문학 창작에 적용할 때 과도한 해석에 빠질 수 있다. 즉, 상징적이고 은유적인 의미를 지나치게 강조하면, 독자에게 이해를 어렵게 만들 수 있다. 이 경우 창작자가 전달하고자 하는 메시지가 분명히 드러나지 않거나 독자가 작품을 제대로 이해하지 못할 가능성이 커진다.

3. 형식의 파괴와 통일성 부족

장자의 무위적 사고를 너무 과도하게 적용하면, 문학의 형식적 완성도가 떨어질 수 있다. 문학 작품에서 자주 나타나는 내러티브의 흐름이나 등장인물의 심리적 변화 같은 기본적인 구성 요소를 약화할 수 있다. 장자의 철학을 지나치게 따르다 보면, 문학 작품에서 내러티브나 플롯이 일관성을 잃고 흐트러질 위험이 있다.

4. 현실과의 단절

장자는 '이 세계는 꿈과 같다.'라는 식으로 현실을 초탈하려는 경향이 강하다. 이 철학을 현대 문학에 적용할 때 현실감의 결여가 문제일 수 있다. 사회적 현실이나 정치적, 경제적 맥락을 다루는 작품에서 장자의 철학을 너무 강조하면, 실제적인 문제들을 다루기 어려워질 수 있다. 독자들이 공감할 수 있는 현실적인 연결고리가 약해져, 작품이 지나치게 '공허'하거나 '허무'한 느낌을 줄 위험이 있다.

5. 인물의 정체성 문제

장자의 철학은 고정된 자아를 부정하는 경향이 있다. 이는 문학에서 인물의 정체성을 흐리게 만들거나 약화시킬 위험이 있다. 등장인물이 일관된 목표나 내적 갈등을 갖지 않거나, 너무 쉽게 변화하는 것처럼 보일 수 있다. 특히 인물 중심의 서사에서 그들의 감정선이나 성격 변화가 일관성을 잃으면, 독자들이 인물에게 감정적으로 몰입하기 어려울 수 있다.

6. 문학적 목표와 철학적 목표의 충돌

장자의 철학은 '자연'과의 조화를 이루는 것을 중시한다. 문학 창작의 목표는 때때로 그 이상의 것을 추구한다. 사회적 메시지나 도덕적 교훈을 전달하는 것일 수 있다. 이럴 때, 장자의 철학이 문학적 목표와 충돌할 수 있다. 장자의 철학적 태도에서는 적극적으로 세상에 대한 비판이나 메시지를 전하려는 의도보다는 자연의 흐름에 따르는 것이 더 중요할 수 있다. 따라서 문학적으로 더 선명한 메시지를 전달하려는 시도에 장애일 수 있다.

VI. 결론

'장자적 상상력'은 단순한 고전 해석을 넘어, 현대 문학에서 자유와 창조, 경계 해체의 사유를 실천하는 중요한 문학적 사고 방식이다. 장자의 철학이 지닌 '무위자연', '물아일체', '무용지용' 같은 개념은 현실의 경계를 뛰어넘고 존재의 본질을 탐색하게 만드는 강력한 상상력의 토대이다. 이 상상력은 문학의 형식과 내용을 해체하고 전복하는 창조적 실험의 가능성을 열어 준다.

특히 시집 『수선화 꽃잎만 더듬는 늪에 던지는 돌』의 「탈경계 메타시」 연작은 장자의 상상력을 현대 시적 언어로 전유한다. 존재와 비존재, 유용과 무용, 인간과 자연의 경계를 허문다. 비판적이고 유희적인 시적 형상화를 실현한다. 이 시편들은 장자의 철학을 단순히 반복하지 않고, 현대적 맥락에서 재해석하고 재창조하는 문학적 실천이다.

따라서 '장자적 상상력'은 문학의 본질적 질문인 '시는 무엇인가?', '상상은 어디까지 가능한가?' 등에 관한 대답의 한 방식으로 기능할 수 있다. 문학의 자유와 사유의 확장을 위한 새로운 비평 이론으로 자리매

김할 수 있다.

결론적으로, 이 글은 장자적 상상력을 현대 문학에 적용하여 그 철학적 깊이를 창작의 자유로움과 창조적 해석의 새로운 영역으로 확장시켰다. '무위자연'과 '물아일체'라는 핵심 개념은 문학적 자유와 상상력의 무한 가능성을 여는 열쇠이다. 이러한 개념들은 문학 비평에 있어 새로운 해석의 기회를 제공한다.

이 글은 장자적 사고가 단지 철학적 이론을 넘어, 현대 문학에서 실천적이고 창의적인 도구로서 기능할 수 있음을 증명하였다. 향후 연구는 이 이론을 다양한 문학 갈래와 문화적 맥락으로 확장하여 심화된 탐구로 이어 가야 할 것이다. '장자적 상상력'은 이제 단순한 철학적 접근을 넘어, 문학과 예술의 창조적 실험을 위한 중요한 이론적 기초로 자리 잡을 것이다.

짧은 시의 응축 미학과 파열
– 이바구 인문학 연구서 7

발 행 | 2025년 9월 5일 초판 1쇄 발행
지은이 | 신기용
펴낸이 | 신기용
펴낸곳 | 도서출판 이바구
　　　　부산광역시 부산진구 동성로143(전포동 신우빌딩) 2022호
　　　　T. 010-6844-7957
등 록 | 제329-2020-000006호

ⓒ 신기용 2025　ISBN 979-11-91570-98-4 (03800)
정 가 / 24,000원

※ 이 책은 저작권법에 따라 보호받는 저작물이므로 무단 전재와 복제를 금합니다.